Este es el día y la hora cuando el pueblo latino internacional tomará las naciones del mundo para el Reino de Dios. Los principios y pensamientos que Marcos Witt presenta en este libro asistirán a que esto sea posible. Marcos es un adorador revolucionario y este libro cambiará su vida.

Cindy Jacobs
Fundadora, Generales de Intercesión

Desde que tomamos aquel café en Sanborn's hace más de 10 años, supe que había encontrado una de las bendiciones más exquisitas que hay en el reino de Dios: la amistad de un hombre de Dios. Hay un razgo en el corazón de Marcos Witt que he admirado a lo largo de los años: la grandeza de espíritu que lleva a alguien a levantar, ayudar y apoyar a otros. Yo mismo he sido fruto de esa entrega desinteresada que vive él. Marcos, me alegra que ahora compartas un poco mas de esa fibra de visionario que hay en tu corazón, para que, con este libro, muchos seamos nuevamente retados hacia nuevas alturas en Dios.

Danilo Montero
Compositor y director de alabanza

Ha sido un privilegio conocer a Marcos Witt y ministrar con él. Siempre me impresiona su transparencia, sinceridad y la totalidad del impacto de su ministerio. Gracias a Marcos, América Latina le está cantando a Dios.

Luis Palau
Evangelista

En una generación como la nuestra, en la que hay una grandísima necesidad de contar con modelos que nos desafíen a vivir al máximo para Jesucristo, Marcos Witt sobresale como alguien que no solamente me inspira sino que me desafía a buscar la excelencia. La huella que él ha dejado en mi vida es mucho más profunda de lo que él se imagina y en realidad no tiene tanto que ver con la música, sino con la integriad, la pasión y la entrega absoluta a los propósitos del reino de Dios.

Marco Barrientos
Compositor y director de alabanza

Marcos Witt ocupa un lugar de gran afecto en mi corazón. Su amistad me ha bendecido a través de los años. Su ministerio de alabanza y adoración ha impactado América Latina y otras latitudes, abriendo el camino para un fresco y poderoso mover del Espíritu Santo que hoy sacude muchas naciones. Pero detrás de este gran ministerio encontramos a un hombre forjado por Dios. Como los árboles frondosos que esconden raíces profundas. Esas raíces nos hablan de una vida, de un testimonio, de una historia desconocida para la mayoría. Y en este libro Marcos nos abre su corazón. Nos comparte aquellas experiencias que hoy vemos reflejadas en un corazón de siervo, de humilde adorador, que ha sido y es ejemplo para muchos cristianos. Tiene una escuela que vale la pena conocer.

Rdo. Claudio J. Freidzon
Iglesia Rey de Reyes, Argentina

La primera vez que tuve el gusto de conocer a Marcos Witt fue en 1992, durante un evento que se llevo a cabo en Guatemala. Lo invité a una reunión en mi despacho pastoral y le dije que mis hijos desayunaban, comían y cenaban Marcos Witt. Lo exhorté a cuidar de su testimonio. Gracias a Dios, Marcos ha logrado mantenerse fiel a Dios y firme en la visión que Dios le ha dado.

Rdo. Jorge H. López
Fraternidad Cristiana de Guatemala

Marcos Witt ha sido un instrumento de bendición para mi vida y estoy seguro que para muchas personas también. La luz que Dios ha puesto en él la está compartiendo con todos aquellos, que como yo, un día Dios puso en su camino. He sido tocado por la luz de Jesús que definitivamente brilla en la vida de mi amigo Marcos Witt.

Jaime Murrell
Compositor y director de alabanza

Marcos Witt ha tenido una increíble influencia en la alabanza y adoración por todo el mundo. Su pasión y dedicación me continúan retando e inspirando. No sólo es él un talentoso líder y compositor, también está dedicado a enseñar y habilitar la próxima generación de adoradores.

Don Moen
Compositor y director de alabanza, Integrity Incorporated

Marcos ha sido un instrumento de Dios para restaurar el ministerio de la adoración y alabanza en América Latina. Con su ejemplo ha inspirado, impulsado y ayudado a promulgar otros ministerios. Ha estimulado a miles de jóvenes que antes estaban apagados, mas hoy la llama se ha encendido sin poderse apagar.

Pastora Yolanda Edén
La Catedral del Pueblo, Miami, Florida, EE.UU.

Cuando Dios llama un hombre, lo separa y le da unción para cumplir esa obra con pasión y excelencia. Al tiempo de Dios El llamó a Marcos, un vaso disponible, y que gran impacto ha sido su ministerio. No sólo con su música, sino con la Palabra revelada para el pueblo. Adelante con el manto!

Vicente Motaño
Pionero de la música cristiana en español

Cuando Marcos Witt no era todavía el Marcos Witt que ahora es, tuve el privilegio de entrevistarlo para un programa de televisión. Al terminar la grabación dije algo semejante a lo siguiente: "Por favor no pierdan de vista a este joven, porque pronto van a saber de él a un nivel de carácter mundial."

Años más tarde nos encontramos y él me dijo: "Juan, gracias por la profecía."

La música de Marcos ha cubierto literalmente todo el mundo y, sin embargo, sus pies han seguido sobre la tierra. Su prioridad es que toda la gloria y la honra sea dada al Rey de reyes. Estoy seguro que millones de almas serán bendecidas con la lectura de este libro.

Juan Romero
Pionero de la música cristiana en español

Conocí a Marcos a principios de los años noventa cuando Integrity tuvo el privilegio de producir una grabación en vivo con él. Recuerdo que desde el momento que lo conocí me fue obvio que la mano de Dios descansa sobre su vida, sobretodo por la forma en que el Señor lo usa para impactar América Latina. Lo considero un verdadero pionero en el mundo de habla hispana.

Michael Coleman
Presidente y CEO
Integrity Incorporated

Durante la decada de los noventa, Dios ha manifestado en toda la tierra una renovacion en los corazones de sus hijos hacia la verdadera adoración. Este mover no comenzo en esta década. Es una culminación combinada con otras corrientes del río de Dios que ha venido llamando a sus hijos a una comunión sincera y transparente. Marcos Witt no solamente representa una de la voces principales de este nuevo despertar pero también representa las corrientes del pasado, de nuestros padres que han buscado a Dios con todos sus corazones.

David Greco
Autor y ministro

La vida de Marcos Witt ha sido de un impacto histórico a todo el mundo hispano. Un hombre visionario y talentoso cuya única pasión es que la gente conozca la salvación de Jesucristo a través de todos los medios posibles. Además de su alta calidad musical, su calidad como persona realmente nos hace sentir el gran amor de Dios. Su incansable labor y compromiso son una inspiración para mi vida.

César E. Garza
Fundador, Alas de Aguila

Creo con todo mi corazón que Marcos Witt pertenece a la generación de musicos que Dios levanto en todos los continentes de la tierra para transformar la alabanza, y restaurar una relación de adoración entre el Señor y Su cuerpo. Marcos ha sido definitivamente la puerta que Dios uso en América Latina para ingresar a Su cuerpo a esta dimensión. Y, como si fuera poco que Dios le haya dado un don de semejante magnitud, es reconocido el amor y la humildad de Marcos para promover, entrenar y ayudar a cada hermano y hermana que Dios levanta como salmista.

Pastor Harold Caballeros
Iglesia El Shaddai, Guatemala

Enciende una luz

por Marcos Witt

CASA CREACIÓN

Enciende una luz por Marcos Witt
Publicado por Casa Creación
600 Rinehart Road
Lake Mary, Florida 32746
www.casacreacion.com

A menos que se indique de otra manera, todas las citas de
las Escrituras son tomadas de la versión bíblica Reina-Valera,
revisión © 1960. Sociedades Bíblicas Unidas, 1960.

ISBN: 0-88419-559-7

012345 VP 87654321

Impreso en los Estados Unidos de América

DEDICATORIA

Sin lugar a dudas, las personas que más han afectado mi vida a través de los años son Francisco y Nola Warren. Ministros de Dios dedicados, comprometidos y entregados a la misión de predicar el Evangelio de Jesucristo. A través de ellos pude comprobar que el mensaje que predicamos funciona en la vida de la gente. Con su ejemplo de amor y servicio al Cuerpo de Cristo, pude aprender muchas cosas que ahora son una parte fundamental de mi diario vivir. Padres como ellos merecen ser honrados. ¡Los honro!

Es con mucho cariño y respeto que dedico este libro a estas dos maravillosas personas.

—Marcos Witt

AGRADECIMIENTOS

Extiendo un especial reconocimiento a mi esposa, Miriam. Mujer virtuosa y de fe y llena de la Palabra de Dios. ¡Qué bendición es compartir mi vida contigo! Gracias por todo tu amor y paciencia para conmigo y lo que Dios nos ha llamado a hacer. Tu vida es un ejemplo e inspiración para mí.

A la princesa de mi casa, Elena. Mi hermosa y tierna hija. Gracias por la bendición que has traído a mi vida, la cambiaste para siempre y te aseguro que el cambio fue para mejor. Siempre te amaré.

A mi primogénito hijo, Jonathán. Serás un gran hombre de Dios. Qué privilegio es ser tu padre y amigo. Sé, sin duda, que lo que Dios te ha preparado nos sorprenderá a todos. Te quiero mucho.

A mi hijo Kristofer. Tu sonrisa es algo tan fuerte que llena corazones. Tu gozo es tan grande que contagia a todos los que te rodeamos. Gracias por traer esa alegría a nuestra vida. Te quiero mucho.

A mi hijito Carlos. Qué gran momento vivimos el día que llegaste a nuestra casa. Desde ese instante, las cosas nunca han sido igual. No podemos imaginar la vida sin ti, completaste nuestro gozo. Serás un enorme siervo de Dios. Te quiero mucho.

A toda mi familia que ha sido de tanta bendición e inspiración para mí a través del tiempo. Mis hermanos, Jerry y Felipe, al igual que mis hermanas Lorena y Nolita y sus esposos forman una parte tan importante de todo lo que somos. Gracias por la amistad, el apoyo y el amor que recibí de todos ustedes durante estos años. Los quiero mucho.

A un grupo tan especial que no me puedo imaginar qué sería la vida sin ustedes: La Familia CanZion. ¡Qué privilegio me ha dado el Señor de ser vuestro líder, motivador y guía! Gracias a todo su esfuerzo es que hemos logrado hacer tantas cosas para la Gloria del Señor. Vivo en una deuda eterna hacia ustedes. Les amo en verdad.

Hay un grupo de amigos cercanos que siempre estuvieron conmigo en las buenas y en las malas. A ellos estoy sumamente agradecido: Juan Salinas, Melvin Cruz, Randall González, Benjamín Rivera, Enrique Bremmer, Hermano Víctor, Emmanuel Espinosa, David Bell, Rick Vela, Marco Barrientos, Jorge Lozano, Chuy Olivares, Coalo Zamorano, Mike Herron, Danilo Montero, Pablo Casillas, Huizar y Alma, Samuel Chaparro y Gloria Quiñones. Un grupo de amigos más recientes que han impactado mi vida, ellos son: Esteban Vázquez, Alfonzo y Mercy Ortiz, Herbert Torruella, Sergio Dahielo, Chuy Castañeda, Jorge Márquez, Jorge H. López, Alberto Mottesi, Gerardo y Víctor Cárdenas, Claudio Freidzon, Gama y Claudia Morán, David y Tessie DeVore, Toto Salcedo, Raúl Vargas, Carlos Annacondia y Humberto Golluscio. Gracias por su amistad.

Un grupo al que quiero reconocer muy especialmente es a los alumnos del CCDMAC. Cuando la tempestad es más fuerte pienso en ustedes y regresan a mí los deseos de luchar por lo que soñamos y creemos. Son una enorme inspiración para mi vida. ¡Atrevámonos a seguir soñando! ¡Atrevámonos a ser la generación que cambie nuestro mundo para la Gloria del Señor! Los quiero muchísimo.

A todos los músicos que han entregado su talento y esmero para hacer de este ministerio lo que es. Gracias a cada uno de ustedes que han colaborado o participado en alguna de las grabaciones. Quiero reconocer muy especialmente a Rudy, Chacki, Gerray, Rogelio, Steven y Mike. Gracias por lo que entregaron a la banda. A mi nueva banda, Gabriel, Alan, Andrés, Pablo, Randall y Gustavo, los bendigo.

Quiero agradecer especialmente a Gisela Sawin y todo el equipo de Casa Creación que trabajó en este proyecto. A Tessie, que es una de las personas más extraordinarias que he conocido. A Stephen Strang, que ha sido de mucha inspiración para mi vida. Gracias por tu amistad.

En especial, te damos gracias a ti Señor Jesús. Gracias por el privilegio de servirte. Gracias por permitirme levantar tu nombre en toda América Latina y otros lugares del mundo. Gracias por tu amor y paciencia. Tu misericordia es incomprensible, ¡Señor gracias! Un millón de veces . . . ¡Gracias!

Contenido

Prólogo por Alberto Mottesi. 10

Pensamientos de Miriam Witt 12

Introducción 17

Capítulo 1: Los primeros años 21

Capítulo 2: Jesús, la música y mis espejismos 41

Capítulo 3: Dormido—con los ojos abiertos. 65

Capítulo 4: Bostezando—con la boca cerrada. 89

Capítulo 5: Durango—mi tierra querida 113

Capítulo 6: Una mujer llamada Miriam. 137

Capítulo 7: Un nuevo amanecer. 175

Capítulo 8: La primera explosión. 201

Capítulo 9: El comienzo de una tempestad 233

Capítulo 10: El principio de una victoria 263

Capítulo 11: Una nueva dimensión espiritual 283

Epílogo 307

Apendice por Jerry D. Witt, Jr. 319

Prólogo

C uando el vuelo 921 de Mexicana de Aviación tocó la pista del Aeropuerto del Distrito Federal de México, yo estaba "bañado" en lágrimas. Tal vez mis vecinos en asientos cercanos se habrán extrañado, pero yo no podía contenerme. Leer este libro resultó una experiencia extraordinaria. Descubrir la sabiduría de Nola y de Francisco, reír con la lectura del primer vuelo en paraguas o imaginando el gusto de aquel pay de limón con merengue. Descubrir personajes como Chemita, entender algo más de la profunda personalidad de Juan Salinas o saber un poco de aquellos "tres mosqueteros", para mí fue una experiencia enriquecedora. La tarea como "ministro de música" en San Antonio y la lucha con el "el meón y el puercoespín", son dos de los mensajes más fuertes de la vida de Marcos. Estas lecciones junto a las convicciones del epílogo afectarán las vidas de millones de jóvenes en el mundo.

Definitivamente el encuentro lleno de romanticismo en el último piso de IDS Tower en Minneápolis me conmovió hasta las lágrimas y el relato de la experiencia sobre el tractor y ordeñando vacas me puso a reír a carcajadas. Es que no puede haber un Marcos Witt sin una Miriam, la chica del auto rojo. En fin, este es uno de los libros más extraordinarios que he leído. Me pregunto ¿Será por el profundo amor que siento por Marcos? En parte sí; pero hay mucho más. Detrás de cada página hay una poderosísima enseñanza. La vida de este "hijo de América Latina" levantado por Dios como profeta a las naciones, es una verdadera marca del Espíritu Santo en nuestra generación.

Definitivamente así como podemos, históricamente hablando, decir: antes y después de Martín Lutero, antes y después de Spurgeon, antes y después de calle Azusa, antes y después de Billy Graham; en América Latina podremos señalar: antes y después de Marcos Witt. Millones de vidas han sido afectadas para bien. Decenas de miles de jóvenes pasaron de las aburridas últimas bancas de una tradición religiosa desgastada, a las primeras filas de una dinámica experiencia con Dios. Miles de pastores encontraron una nueva unción para sus ministerios.

Descubrimos que adoración y evangelización son hermanos siameses inseparables, y este descubrimiento abrió los cielos de Dios sobre América Latina. El respeto de Marcos y de los otros líderes del movimiento de adoración hacia la generación pasada lo convirtió en algo así como una "visagra" balanceando la riqueza de ayer con los tesoros de hoy. Yo doy una muy cálida bienvenida a este libro extraordinario. Pronostico que bendecirá ilimitadamente a millones y provocará una ola gigantesca de vocaciones ministeriales. Esta obra corregirá caminos torcidos y señalará la senda para una vida dedicada al Señor. Marcos, muchas gracias por no dejarte marear por el "éxito" y mantener claras las características de un siervo de Dios.

Cuando el Espíritu Santo inspiró al autor de Cantar de los Cantares para escribir: "Porque he aquí ha pasado el invierno, se ha mudado, la lluvia se fue; se han mostrado las flores en la tierra, el tiempo de la canción ha llegado, y en nuestro país se ha oído la voz de la tórtola" (2:11-12), creo que esta época de América Latina estaba en su mente y Marcos Witt ya estaba en su mira. La vida de Marcos y el inicio del nuevo milenio nos ha llenado el alma de canción. Es época nueva, es tiempo de cosecha. Cantemos, adoremos, profeticemos a las naciones; es nuestra época de redención. Es el tiempo que soñaron nuestros padres en la fe santa del Evangelio. ¡Me parece casi increíble!: es a nosotros que nos toca vivirlo. Vivámoslo apasionadamente para Dios. Cada día, cada hora, cada minuto, vivámoslo en el fuego divino de Su presencia.

Con gran alegría introduzco a los lectores el libro mas extraordinario que he leído en los últimos tiempos. Sé que por causa de esta obra millones le darán gloria y honra al único que la merece: Jesucristo, Rey de reyes y Señor de señores. Gracias Marcos por ser fiel.

ALBERTO H. MOTTESI, EVANGELISTA

Pensamientos de Miriam Witt

El libro que usted está por leer, es la sinceria historia de un hombre común, esposo y padre; que a su vez es un líder reconocido internacionalmente. Para la mayoría de la gente él es un ministro de la Palabra y cantante, para otros, tal vez, un hombre de negocios con mucha visión. Para mí, él es simplemente mi mejor amigo y mi fiel amor.

Estoy segura que los varones que lean este libro lo encontrarán inspirador y desafiante. Mientras leen descubrirán cómo Marcos ha buscado siempre, y en todas las áreas de su vida, complacer al Señor.

Este libro simplemente da toda la gloria a Dios, al exponer con verdad las luchas de un hombre, y su necesidad de recibir la gracia, la intervención y el poder divino. Marcos ha estado dispuesto a vivir estas luchas y exponer sus debilidades para ver en su vida el cumplimiento de la voluntad de Dios.

Usted podrá indentificarse con mi esposo, al leer sus luchas por tomar simultáneamente los roles de esposo, padre, hombre de negocios y ministro. Su fe se fortalecerá al ver cómo la fidelidad de Dios ha liberado a Marcos, le ha provisto y sostenido, tanto a él como a su llamado. Además, le será alentador para usted saber que el amor de Dios que mi esposo recibe y entrega contínuamente es la fuente de la habilidad para ser ejemplo en cada área de su vida.

Me siento privilegiada de ser la primera de todos los que reciben de él; no sólo me considera su colaboradora, sino que también me protege, honra y alienta a alcanzar nuevos horizontes como mujer.

Estoy convencida de que hay una gran recompensa en el cielo para cada hombre que invierte constantemente en las vidas de quienes le rodean. En este libro usted verá reflejada la vida de un hombre con un inmenso deseo de amar y servir a otros. Usted será desafiado a creerle a Dios y a creer en las habilidades que Él le ha dado. Se levantará en usted la confianza de que es posible alcanzar el destino que Dios le tiene preparado.

Creo que las mujeres que lean este libro se darán cuenta del valor de creer en los hombres de Dios. Nosotras debemos permitir al Señor que Él nos dé la visión y el entendimiento de Su gran obra en y a través de ellos, a pesar de sus debilidades.

Con el tiempo he aprendido a confiar y apoyar no sólo a Marcos, sino también a las personas que el Señor trae a nuestras vidas, que abrazan la visión que está frente a nosotros y trabajan para verla cumplida.

Para mí es un honor alentar, apoyar y orar por cada familia involucrada en CanZion Producciones. Creo que el éxito de cada uno de nuestros colaboradores es un reflejo del apoyo que ellos reciben de sus propias familias. Muchas de las páginas que ustedes leerán muestran la realidad de momentos de duda interna, y temor al fracaso que pueden sobrecogernos de tiempo en tiempo. Sin embargo, podemos ver que más allá de la limitación humana está la capacidad y el poder de Dios. Sólo Él puede recibir toda la gloria por cada uno de los logros en los que tenemos el privilegio de participar.

No existe para mí mayor satisfacción, que el ver a mi esposo hacer todo lo que Dios le ha predestinado. Por otro lado, no hay mayor desilusión y razón para llorar que cuando él está desanimado o enfermo y es incapaz de funcionar en su habitual fe y energía.

Espero que este relato desafíe a muchas mujeres a tomar la responsabilidad de ayudar y alentar a los hombres en sus vidas, sean éstos sus esposos, hijos, amigos, pastores, padres, etc. para que ellos puedan verse tal como Dios los ve. Me honra saber que tras creer y motivar a Marcos, eso le ayuda a desenvolverse con más seguridad, libertad y le ayuda a dar lo mejor de sí mismo.

Tengo la convicción de que el varón-líder que Dios nos ha dado, es Su especial regalo para nosotras, tal como lo somos nosotras para ellos. Marcos y yo reconocemos una y otra vez que es la gracia de Dios la que nos ha sostenido y fortalecido al atravesar por cada uno de los desafíos de la vida. Hemos aprendido a depender del Señor y poner nuestra fe y esperanza en Él y no en nosotros mismos, o el uno en el otro.

Tenemos el privilegio de vivir en la constante espectativa de ver cómo

Dios usará nuestras vidas para mostrarse a Sí mismo, lleno de gracias, bondad y misericordia. La dependencia que tenemos de Dios debe ir aumentando con cada año que pasa, así como se va expandiendo nuestra visión.

Espero que al terminar de leer este libro usted quede persuadido de que no existe mayor gozo cotidiano que caminar por fe, ser amados por nuestro Padre Celestial y compartir libremente lo que Él nos ha dado en forma tan generosa.

En Cristo Jesús,
Miriam Witt

Junto a mi familia durante la grabación de *Enciende una luz*. De izquierda a derecha: Jonathan, Elena, mi esposa Miriam, Carlos Franklin y Kristofer.

De rodillas ante el Señor esa misma noche.

Introducción

Me encontraba en la plataforma del auditorio cubierto más grande de mi país, México, ante más de 25.000 personas que llenaban el lugar. Era el 8 de agosto de 1998. El Palacio de los Deportes era la sede del Congreso Adoradores '98, varias delegaciones representaban más de 25 naciones. Muchos de ellos habían llegado desde países tan lejanos como Japón, Australia, Dinamarca, Suecia, Argentina y muchos más.

Delante de mí había un equipo de televisión con el sistema más sofisticado que se consigue en México, para filmar el evento que sería transmitido en vivo, vía satélite a más de 20 países de América Latina, todo eso gracias al ministerio de "Enlace" con base en San José de Costa Rica.

Pocos pueden imaginar los incalculables millones de personas que nos acompañaron en el Congreso ese sábado en la noche, a través de la transmisión.

Detrás de mí había un grupo formado por más de veinte personas tocando sus instrumentos o cantando en la plataforma. Todos ellos profesionales de la música y compañeros del ministerio. La mayoría, amigos del corazón, personas con quienes trabajo frecuentemente. Con la firme base musical que proveen, Randall, Emmanuel, Melvin y Chacki, la música era de calidad insuperable y excelente.

El equipo de audio que piloteaba nuestro ingeniero de sonido, Abdo Sabag, era el mejor que existe en el mundo entero. Ese equipo era el sueño de todo ingeniero de audio. Tenía el instrumental más completo

17

que pudiera usar, con todos los lujos imaginables, compresores, ecualizadores y efectos para tirar para arriba.

La iluminación que se había contratado para el evento era un conjunto de más de cien luces, rayos láser y otros aparatos de iluminación que ni sé cómo se llaman, mucho menos cómo funcionan.

Junto a mí estaba mi familia.

Mi hija mayor, Elena, nació en 1987, un año y medio después de haber contraído matrimonio con mi amiga del alma, Miriam. Elena es una jovencita sencilla y elegante, así como su mamá. Hace varios años que sabe que su papá tiene un ministerio que convoca a las masas. Estuvo conmigo en varias ocasiones en la plataforma.

Mi hijo mayor se llama Jonathan David, y nació en 1990. Es todo un caballero, tiene un corazón muy tierno y atento a los que están a su alrededor. Esa noche él tenía en su mano la vela que representaba la luz de Jesús que brilla en nuestra familia y que necesita brillar en las naciones.

Al lado de él estaba Kristofer Marcos, mi rubio, nacido en el año 1991. A Kristofer es al que más vergüenza le da estar frente al público. Es una persona bastante tímida y a veces se reserva el derecho de estar a solas, cuando así lo siente.

Carlos Franklin es el polo opuesto. El último de nuestra pequeña banda, es el que siempre trae vida a la fiesta. Con una sonrisa de sandía partida y una personalidad que sólo sabe ganarse amigos. Carlitos es todo un ejemplo de alegría y energía (especialmente, energía).

La madre de estas cuatro maravillas se llama Miriam Crystal. Una mujer que conocí un verano de 1985. Después de haber pasado por un tiempo difícil de mi vida, Miriam llenó una necesidad que había en mi corazón. Amor, aprecio, amistad y apoyo son algunas de las características que encontré en ella.

A mi derecha estaba Modesto Soto, un hombre sencillo y humilde a quien había invitado esa noche. Él es miembro de los "Tepehuanos", un grupo autóctono del norte de México que viven en las sierras y en los valles, sin mucho contacto con la "civilización". Mi hermano Modesto había venido, por primera vez a la ciudad de México, Distrito Federal, para darnos un llamado Macedónico a llevar las buenas nuevas del evangelio a todos aquellos que viven, literalmente marginados de la sociedad. Sus palabras fueron impactantes y llegaron al corazón de más de 25,000 presentes, al igual que a los millones que veían la transmisión vía satélite.

Todos cantábamos. Parecía que no podíamos dejar de entonar las líneas de una melodía que un día el Espíritu Santo me cantó en un tiempo privado de oración:

"Enciende una Luz
Y déjala brillar
La luz de Jesús
Que brille en todo lugar
No la puedes esconder
No te puedes callar
Ante tal necesidad
Enciende una Luz
En la oscuridad . . ."

No había manera de saber a ciencia cierta cuántas velitas encendidas había entre el público, pero calculamos que eran más de 20.000. Los administradores del auditorio nos habían confirmado que la cuenta oficial era más de 25,000 asistentes y eran muy pocos los que habían llegado sin su vela o encendedor. Todos teníamos nuestras velas prendidas, meciéndolas de un lado para otro, cantando, muchos abrazados o tomados de la mano:

"Enciende una Luz . . ."

Una y otra vez lo repetíamos. En América Latina se escuchaba esa melodía del Espíritu:

"Déjala brillar . . ."

Las lágrimas inundaron mis ojos. Verme rodeado de mi familia, mis músicos y compañeros del ministerio, 25,000 adoradores y millones más viendo a través de la pantalla del televisor, cantando y adorando al Señor de mi Salvación, levantando Su nombre en alto en las naciones. Fue el momento que resumía mi vida. Fue un momento que quedó eternamente congelado en mi mente.

Pero las lágrimas llegaron a mis ojos por un pensamiento que cruzó mi mente al estar en esa enorme plataforma de más de 300 metros cuadrados. Fue un pensamiento acompañado de una pregunta: "Si tan sólo pudiera ver esto mi papá Jerry" (quien murió en 1964 por la causa de la evangelización mundial)[1] y la pregunta era: "¿Cómo llegué a estar en esta plataforma?".

1. La historia completa de la muerte de Jerry D. Witt se encuentra en el libro *Lo insensato de Dios* escrito por Nola Warren, mamá de Marcos Witt.

Ultima fotografía de
familia junto a mi
papá Jerry D. Witt.
De zquierda a
derecha: Mi mamá
Nola con mi hermano
Felipe en brazos, yo,
mi papá Jerry y mi
hermano Jerry.

Los años en que mi
mamá fue viuda.
De izquierda a
derecha: Felipe, yo,
Jerry.

Poco después del
matrimonio de mi
mamá y mi papá
(Francisco Warren).
De izquierda a
derecha:
yo, mi mamá,
Felipe, mi papá y
Jerry.

Capítulo uno

Los primeros años

RECUERDO QUE ELLA LLORABA MUCHO. Con frecuencia la veíamos de rodillas junto a su cama, con la Biblia abierta delante de sí, con lágrimas en los ojos, en ferviente oración, platicando con Dios, quien había llegado a ser su único y fiel compañero.

Tanto para mis hermanos como para mí se había convertido en algo "normal" verla en largos momentos de meditación, rodeada de sus libros, con la mirada en el horizonte, pensando y meditando. Escribía mucho. Siempre lo hacía. Todos los días se escuchaba el sonar de su máquina de escribir color gris, marca "Royal". A diario visitábamos la oficina de correos para enviar lo que había escrito. Con una llavecita abríamos un pequeño buzón, marcado con el número 12, donde aún le esperaban más cartas.

Cerca de allí había un parque al que nos llevaba, llamado "Parque Guadiana". Mientras mis hermanos y yo nos columpiábamos y jugábamos en los deslizadores, ella leía y escribía. Recuerdo haberla visto varias veces sentada en uno de los bancos del parque con sus libros a un lado, escribiendo algo con una pluma en la mano. Siempre presente, entre todos esos libros, se encontraba la Biblia. Varias veces, al correr y jugar en ese parque, me acerqué al banco donde ella estaba sentada y pude ver que, nuevamente, estaba llorando.

Para un niño de 3 años, era imposible saber todo lo que ella estaba viviendo. Nunca dejó de disciplinarnos ni de proporcionarnos alimento. Siempre estaba ahí para limpiarnos la nariz y para curar la herida de alguna caída que sufríamos. No supe, hasta muchos años después, el momento preciso que estaba viviendo en esa etapa de mi niñez. "Ella" es mi mamá y se llama Nola.

No recuerdo a mi papá. Mi hermano mayor sí, porque tenía 4 años cuando nuestro papá Jerry se fue al cielo con Jesús. Lo único que sabíamos mi hermano menor Felipe y yo, era que nuestro papá Jerry estaba en el cielo.

"El cielo", aquel lejano sitio adonde iban las personas para nunca más volver. Esa era toda la información que teníamos de aquel lugar. Pero, en ese entonces otras cosas eran más importantes para nosotros. Por ejemplo: jugar, visitar el parque, tomar helados, etc. Mi hermano mayor comprendía que algo muy feo había sucedido y que nuestro papá Jerry no regresaría jamás.

Recuerdo haber visto varias veces a mi hermano mayor sentado junto a mamá, escuchando la explicación de lo que había sucedido y tratando de comprender lo que ella le decía. He pensado en varias ocasiones, que mi hermano Jerry tenía muchos deseos de condolerse con ella pero no sabía cómo. En realidad, ¿qué puede hacer un niño de 4 años para consolar a una mujer que ha perdido a su amigo del alma, a su compañero y esposo? Lo único que podíamos hacer, era aquello que hacíamos con perfección: ser niños. Creo que esto la consolaba. Sé que a veces era más de lo ella que podía soportar, porque la verdad es que mis hermanos y yo, no éramos como cualquier niño. No, no. Teníamos el doble de energías. Éramos sumamente inquietos y con deseos de explorar todo lo que podíamos respecto al mundo y sus aventuras, junto con algunos primos que por un par de años vivieron al lado de nuestra casa.

LOS TRES MOSQUETEROS

Mi hermano mayor, Jerry, tenía dos entretenimientos: el fuego y golpear a sus hermanos menores. Estoy convencido que la razón principal por la que Dios pone hermanos mayores en la familia es para probar la paciencia de los hermanos menores.

Jerry era de los que no necesitaba una razón para darle a uno una buena golpiza. Bastaba con el hecho de que era el mayor. Esa era su manera de "mantenernos en nuestro sitio", eso bastaría para que nunca nos olvidáramos de quién era el que estaba a cargo. Y ciertamente le funcionó. Nunca lo olvidamos.

Él siempre estuvo en control y las pocas veces que "el pueblo" intentaba realizar un "golpe de estado", era rápidamente apagado con la lluvia de azotes que recibíamos de su parte. A edad temprana, pudimos comprobar lo miserable que es vivir bajo una tiranía. Mi hermano menor y yo vivíamos con la ilusión de poder algún día planear una insurrección en contra de ese dictador.

Mi hermano Felipe, el menor de los tres hijos de mi papá Jerry, era un niño muy feliz. Siempre reía. Su sonrisa ganaba la admiración de toda la gente. Él es rubio y cuando era bebé, tenía una cabellera ondulada que cubría toda su cabeza. Le gustaba hacer sonreír a la gente. Siempre vivía intentando que todos los que estuviésemos a su alrededor fuéramos felices por medio de una sonrisa. Haciendo memoria, no recuerdo alguna ocasión en la que Felipe no estuviera contento, cuando éramos niños.

Eramos los tres mosqueteros. Teníamos la energía del ejército de David y la creatividad y malicia de Dalila. Vivíamos buscando a quién aterrorizar, qué baldío quemar y a qué vecinos molestar. Eramos niños normales, con la excepción que: todos los demás tenían con ellos a su papá. Pero, eso no nos impidió tener una niñez divertida y agradable. Mi mamá siempre se encargaba de que hubiera comida en la mesa y de tener tiempo juntos como familia. La acompañábamos mucho a los pueblos donde ella y un grupo de pastores levantaban congregaciones, como había sido el sueño de mi papá Jerry.

Aprendí a cantar en la parte trasera de la "pick up" que nos llevaba a esos pueblos, sentado al lado de los hermanos que nos acompañaban para predicar el evangelio. Hombres sencillos. Gente del pueblo. Hermanos preciosos. Tiempos hermosos. Siempre cantábamos. Nunca faltaba la presencia de una guitarra o una pandereta. Eso era suficiente para alabar a Dios. Ahí, entre esa gente, entre el polvo y los brincos de caminos no asfaltados, aprendí a derramar mi corazón en canto al Señor. Cantábamos y cantábamos.

En mi casa nunca faltó la música. Mi mamá tocaba un piano que había comprado después que mi papá Jerry se había ido. Además, había un aparato que tocaba unos discos negros enormes, que parecían platillos voladores. Siempre hubo música y canto en el hogar. Mi mamá llevaba su acordeón a todos los pueblos para acompañar a los hermanos en los cultos de alabanza. Lo más grandioso que pudo haber sucedido en nuestra casa en esos años de pequeños, fue cuando nuestra mamá grabó en un disco, de esos vinílicos color negro, una serie de cantos que habían sido especiales para ella.

Acompañada por un grupo de hermanos de la escuela bíblica donde ella había estudiado, produjo una grabación, y eso, al menos a mí, me impresionó muchísimo. Tomaba la portada de ese disco en mis manos y la leía, una y otra vez, escuchando la voz de mi mamá junto al cuarteto que la acompañaba. Admiraba las fotografías blanco y negro de la portada de cartón grueso. Muchas veces le pregunté a mi mamá: "¿Cómo grabaron la música? ¿Cómo era el estudio de grabación? ¿Qué aparatos usaron?" Ella me lo explicaba y aun así quedaba insatisfecho, quería saber más acerca de cómo se hacían estas cosas llamadas "LP" (Discos de larga duración).

Alguien descubrió luego que mi papá Jerry, antes de irse con el Señor, había grabado en cinta algunos de los cantos que él entonaba con frecuencia. En una ocasión, mientras visitaban la escuela bíblica donde se habían conocido y habían estudiado, mi mamá y mi papá pasaron una tarde poniendo en cinta la voz de mi papá Jerry cantando, y ella acompañándolo al piano.

Después de su muerte, tomaron estas grabaciones y las convirtieron en otro disco "LP". La portada era blanca. Había una foto de mi papá Jerry en el frente y otras estaban impresas en la parte posterior junto a una breve reseña de lo que había sido su vida y ministerio: "Murió a los 21 años, predicando el Evangelio de Jesús en el país de México".

Un canto en particular llenaba mi corazón: "Fe es la llave que abre el cielo". Este platívolo negro lo ponía una y otra vez, porque, además de gustarme el sonido de su voz, el que cantaba ahí era mi papá Jerry, quien había ido a vivir con Jesús. Desde esa tierna edad, tuve la curiosidad de saber: "¿Cómo se hacen estas grabaciones?".

LA VARA DE LA DISCIPLINA

Yo fui el atrevido de los tres. Nunca le tuve miedo a nada. No conocía extraños y siempre estaba dispuesto a los retos. Las estrategias funcionaban de la siguiente manera: a mi hermano mayor se le ocurrían las maldades, yo las ejecutaba y ambos le echábamos la culpa a mi hermano menor. Era un plan perfecto. Trabajábamos como una máquina bien aceitada. El único inconveniente era que en muchas ocasiones mi mamá se daba cuenta que era imposible que nuestro hermano menor hiciera todas las maldades que estaban siendo realizadas, y se nos acababa la fiesta.

Nola Holder viuda de Witt, conocía **muy bien** todos los versículos de la Biblia que hablan acerca de la disciplina y de la vara de la corrección.

Dicha vara la usaba con bastante liberalidad. Ella creía especialmente en ese pasaje que dice: *"Lo castigarás con vara y librarás su alma del Seol"* (Pr. 23:14). No era conservadora a la hora de ejecutar en nosotros el juicio de Jehová. No Señor. Era una firme creyente en la cita bíblica: *"El que detiene el castigo, a su hijo aborrece"* (Pr. 13:24), y esa era una de las mancras en que demostraba que nos amaba. Ni siquiera era de las que se preocupaba en decirnos: "Esto me dolerá más que a ti", porque ella conocía la verdad, y la verdad la hacía totalmente libre.

En ocasiones nos tocaron disciplinas "en grupo". Hacíamos filita y de uno por uno, nos tocaba la "zumba", y vaya que sabía usar la vara con excepcional destreza. Fue una formación necesaria e indispensable para los tres. Fue la manera en que Dios formó en nuestra vida el carácter y la disciplina desde muy temprana edad. No estoy en lo más mínimo lastimado. Al contrario.

Una vez me tiré de la azotea de mi casa. Había oído de la historia de Mary Poppins y cómo volaba con su paraguas. Me llamó muchísimo la atención. Pensé que todos los paraguas eran mágicos como el de ella. Las circunstancias que rodearon mi único vuelo con paraguas, no las recuerdo muy bien, pero sí recuerdo que contaba con el apoyo y la aprobación, por mayoría de votos, de mis dos hermanos y los tres primos que vivían junto a nuestra casa.

Estos primos llegaron a vivir al lado de la casa porque después de la muerte de mi papá Jerry, una hermana de mi mamá y su esposo se habían mudado a la ciudad de Durango, donde vivíamos, para darle una ayuda en toda la obra que estaba desarrollando mi mamá. Mi tío David se pasaba todo el día en la construcción de las instalaciones para la nueva escuela bíblica que habían comenzado. Mi tía Lorena, muy hogareña, pasaba casi todo el día encerrada en la casa, preparando alimentos o haciendo una de mil tareas que hacen las buenas tías. Mi mamá, siempre estaba fuera, supervisando la obra, trayendo materiales o en juntas con los pastores de las diversas iglesias que habían comenzado. Así que, los seis niños, nosotros y los tres primos varones, teníamos mucho tiempo para hacer un sinfín de cosas, la mayoría de las cuales jamás mencionaremos, para no perder el buen testimonio.

Ese día de mi primer y único vuelo con paraguas, el cielo estaba en su azul más intenso. Alguna que otra nube se encontraba en el horizonte. Era un día perfecto para volar. Yo sabía donde mamá guardaba su paraguas. Ante la objeción de la hermana que nos cuidaba, me subí a la azotea, con mi público reunido en las gradas. Todos me animaban diciendo: "¡Tu puedes Marcos! ¡Adelante!". Claro... lo que yo no sabía era que los dos mayores del grupo, mi hermano y un primo de su misma edad, conocían el futuro de este vuelo y me animaban sólo para presenciar el espectáculo. A ellos, estoy eternamente agradecido.

Cuando logré subirme a la azotea, escogí un lugar estratégico para pararme con el objetivo de que ningún miembro de mi pequeño público pudiera perderse la bendición de ver este acto espectacular y "único". Después de anunciar la salida de nuestro vuelo, con mucha pompa y circunstancia, abrí el negro parasol y lo posicioné sobre mi cabeza. El público aplaudía. "¡Qué entusiasmo!", pensé. "¡En verdad que lo lograré!". Me tiré— ¡Así fue como me inicié en el mundo de la aviación!

Lo único que recuerdo es que el paraguas quedó hecho pedazos. Mi pierna derecha me dolía mucho y la joven tribuna que me rodeaba estaba tirada en el suelo de la risa. ¿Yo? Me sentía como un tonto. Absolutamente humillado. Desde luego que no sería la última vez en mi vida que me sentiría así. Además, ese día aprendí una lección muy importante: Mary Poppins, sin duda, tiene un paraguas MUY especial.

UNA MADRE GUAPÍSIMA

Desde muy temprana edad aprendí a aceptar desafíos. Siempre estuve listo para afrontar cualquier situación. Nunca imaginé lo que esta característica significaría más adelante en mi vida. Este sería uno de los principales ingredientes en llevar adelante la visión y los desafíos que Dios pondría en mi camino. También, esta misma particularidad sería la que pondría nerviosa a mucha gente cerca de mí que luego se preguntaría: "¿Qué está tratando de hacer Marcos ahora?". Sinceramente, muchas veces me pregunté lo mismo después de encontrarme metido en algo que al comienzo parecía una gran idea. Nunca pude imaginar todo lo que el Señor me permitiría vivir en tan corto tiempo.

Mis hermanos y yo pronto nos dimos cuenta que nuestra familia era distinta a las demás: no teníamos papá. Además, existía otro fenómeno bastante interesante en nuestra casa, que hasta ese momento no habíamos notado pero que pronto advertimos, no sucedía lo mismo en las casas de nuestros amiguitos. Con frecuencia recibíamos la visita de algunos señores que se comportaban muy gentilmente con nosotros. En realidad, recuerdo muy bien a dos de ellos que siempre llegaban con muchos regalos para mis hermanos y para mí. Esas visitas eran muy bien recibidas.

Uno de ellos tenía su propia avioneta y cuando llegaba a Durango, volaba muy bajo por arriba de nuestra casa, señalando su arribo para que lo fueran a recoger al aeropuerto. Su nombre era Francisco. Portaba en su avioneta una especie de motocicleta fascinante que se podía doblar y transportar a cualquier lado. Él nos paseaba en su motocicleta y su avioneta y nos colmaba de regalos. ¡Nos parecía genial! No nos resultaba extraño que señores como él llegaran a nuestra casa con mucho respeto y tantos obsequios, como para quedar bien con nosotros. Pero evidentemente ellos estaban tratando arduamente de quedar bien con otra persona: ¡Mi madre!

Todavía recuerdo las serenatas que le cantaban a mi madre. En varias ocasiones, despertábamos al sonido de las trompetas, los violines y las voces de un "mariachi" afuera de nuestra casa entonando canciones de amor. Luego de mucho tiempo pudimos comprender lo que estaba sucediendo. Pensábamos que todos estos regalos provenían de caballeros amables que querían bendecirnos. Lo que no entendíamos era que teníamos una mamá, muy guapa por cierto, disponible para el matrimonio, y varios de ellos la tenían muy en la mira.

Fueron tiempos interesantes. Mi hermano mayor, Jerry, tenía la costumbre de preguntar a cuanto señor nos visitaba: "¿Será usted nuestro nuevo papá?". Las reacciones a esta pregunta eran variadas. Algunos se incomodaban mucho, mientras que otros sólo se sonreían y decían alguna incoherencia como: "Pues, vamos a ver qué sucede" o alguna tontería similar. Sea como fuera, eran días muy interesantes para nosotros. Tres niños, llenos de vida y energía, con una mamá guapísima y emprendedora, solicitada por todos lados. Eso hizo de nuestra infancia un tiempo glorioso.

Un nuevo integrante en la familia

Recuerdo la noche que llegó un hombre tocando a la puerta principal de la casa donde vivíamos. "Maguey" era el nombre de la calle donde estaba esa casa. Curiosamente, aún recuerdo el número: siete. Habíamos vivido ahí desde un tiempo atrás. En realidad, uno de los inviernos más crudos en la historia de la ciudad de Durango, la pasamos en Maguey #7. Ese invierno, hicimos monos de nieve y permanecimos muchos días encerrados en la casa, ya que muchas calles estaban cerradas e incluso algunas carreteras, debido a la gran cantidad de nieve que había caído. En la ciudad de Durango, sólo nieva una vez cada seis o siete años y en esa ocasión nevó más de la cuenta.

Pero en esa noche inolvidable, todavía no estoy seguro del porqué estábamos aún despiertos cuando tocaron a la puerta. Recuerdo que salí de mi recámara y parado en la entrada de nuestra casa estaba mi tío "Buddy". El hermano de mi mamá había llegado a Durango para pasar unos días de ministración con un grupo de hermanos que nos visitaban desde los Estados Unidos. Recorrerían algunas de las congregaciones que habían levantado mi mamá y el grupo de pastores con quienes ella trabajaba. Otro grupo de estos hermanos norteamericanos se había quedado en Torreón, una ciudad más al norte de Durango. Pero uno de los integrantes del grupo que llegó a mi ciudad sería el hombre que cambiaría la historia de nuestra pequeña familia. Su nombre: Francisco Warren.

Él era contador de una empresa de la ciudad de Shreveport, Lousiana. Solterón, de 35 años de edad y aún vivía en la casa de sus padres. Sobra decir que era un soltero sumamente codiciado por muchas hermanas. Era muy cortés, educado y de buen parecer. Como estábamos acostumbrados a que nos visitaran muchos solteros corteses y educados, pensamos que éste no sería la excepción. A estas alturas, mis hermanos y yo sabíamos que un soltero cortés significaba regalos y detalles. Pues, este caso tampoco sería la excepción. Francisco Warren no tardó en traernos presentes y de esta manera asegurarse el buen favor de los tres hombres de la casa. ¿Quién hubiese imaginado que este hombre no se saldría de nuestra vida tan pronto como algunos de los otros que nos habían llevado regalos?

En Octubre de 1967, tuve la ocasión de hacer algo que la mayoría de mis queridos lectores no han hecho: asistí a la boda de mi mamá. Lógicamente, era su segunda boda, pero para mí, hermosa igualmente. Recuerdo perfectamente que estuve sentado junto a una señora misionera que estaba viviendo en Durango en esos días. Una de mis tías tocaba la música y mi abuelito Holder estaba al frente de la Iglesia Metodista "El Divino Redentor" al lado de Francisco Warren y algunos otros. Mi mamá había elegido casarse en la ciudad de Durango y escogió esta hermosa iglesia como el lugar para este histórico acontecimiento.

El principal recuerdo que tengo de la boda es que duró mucho tiempo y predicaron muchas personas a lo largo de la ceremonia. Tan extensa era que recuerdo a la hermana con la que me senté intentando calmarme porque me había impacientado con esa larga ceremonia, interrumpida de vez en cuando por algún canto. Había tres predicadores en la parte de adelante. Unos hablaban en inglés, otros en español. Fue una boda internacional en todos los sentidos. Me alegré mucho cuando finalizó.

La recepción fue en el edificio "Mac Donell" ubicado en el centro de la ciudad. El edificio lleva este nombre en honor a uno de los primeros misioneros que llegaron por parte de la Iglesia Metodista a nuestra región de México, Robert Mac Donell. Hoy día, el lugar donde se celebró aquella recepción es un colegio privado administrado por la Iglesia Metodista.

Había mucha gente esa noche. Incluyendo las "nuevas" tías, hermanas de mi nuevo papá, a quien, por cierto, le seguíamos llamando: "Sr. Francisco". El pastel de la boda tenía una apariencia elegante pero sabía horrible. Nunca antes había probado algo tan seco y duro en mi vida. Felipe, mi hermano menor, se cayó en la fuente que se encontraba ubicada en el centro del patio. Fue una noche inolvidable en muchos sentidos. Especialmente, cuando mi mamá, radiante y hermosa, se despidió de los tres, explicándonos que se iría por unos días de viaje. De alguna manera, estábamos acostumbrados a que viajara con frecuencia, pero creo que mi hermano Felipe, esa noche lloró cuando finalmente se despidió. Este es el último recuerdo que tengo de aquella noche. Probablemente nos quedamos con alguna de las tías. No recuerdo.

Lecciones aprendidas

El tener a un hombre en la casa fue un cambio bastante notable para nosotros. Desde que tenía uso de razón, los únicos hombres que habían estado en la casa eran algunos de los tíos que nos visitaban con frecuencia, el abuelo Holder ó las visitas que llegaban en ocasiones, cargadas de juguetes y regalos. Pero un hombre que estuviera siempre ahí, día tras día, semana tras semana, nunca. Sin duda, esta iba a ser una nueva experiencia para todos.

Al principio nos parecía buena la idea, hasta que el Sr. Francisco incursionó en las tenebrosas aguas llamadas "disciplina". De pronto, la presencia de este "señor" amenazaba con ser muy desagradable. Eso era y había sido siempre propiedad exclusiva de la señora Nola.

La primera vez que me disciplinó, parecía un sueño. Me hice el dolido, pero la verdad, cuando salió de la recámara donde estábamos, no pude creer que eso que me había administrado podría llamarse una "tunda". Nunca había experimentado algo tan ligero y suave en mi vida. Quedó grabado indeleblemente en mi memoria cómo el "Señor

Francisco" enrolló su cinto muy chiquito, hasta que sólo le colgaba una pequeña parte del extremo que usó para ejercer la "disciplina".

Mis hermanos y yo pronto descubrimos que nos gustaba mejor cómo disciplinaba el Señor Francisco que mi mamá. Comentábamos, a sus espaldas, acerca de cómo enrollaba el cinto y cómo siempre nos decía: "Esto me va a doler más a mí que a ti". Estoy convencido de que en esas primeras ocasiones, en verdad él salía más dolido que nosotros, porque no nos dolía NADA. Era motivo de risa para nosotros.

Sin embargo, no nos duró mucho la fiesta. Pronto mi mamá descubrió lo que estaba ocurriendo e inscribió al Señor Francisco en un curso intensivo de disciplina, del cual ella se había graduado con honores, enseñándole el fino arte de la tortura a menores. Sin lugar a dudas, el Señor Francisco fue un excelente alumno y los días del cinturón enrollado, desgraciadamente pasaron a ser historia.

Un día, mi hermano mayor, Jerry, nos convocó a Felipe y a mí a una reunión. No sé cuánto tiempo ya había vivido con nosotros el Señor Francisco, pero estábamos seguros de que este hombre nos parecía muy buena persona. En realidad, nos estábamos encariñando con él. Había llegado el momento, nos decía mi hermano Jerry, de conferir al Señor Francisco el privilegio que él se había ganado de ser llamado "papá". Asunto arreglado.

Desde ese día en adelante, el Señor Francisco sería nuestro papá. Hasta el día de hoy, cuando hablo de mi padre, me refiero a este extraordinario hombre que llegó a marcar mi vida como pocos hombres lo han hecho. El plan perfecto de Dios, nos había reservado un contador solterón, para formar carácter en nuestra vida, además de mostrarnos el carácter y la persona de Aquel a quien mi papá siempre ha servido con todo su corazón: nuestro Señor Jesús.

No pasó mucho tiempo antes de reconocer que mi papá era un hombre de un carácter sumamente formado. Aparte del hecho de haber estado en la marina de los Estados Unidos en sus años juveniles, lugar donde se formó en una persona de muchísima disciplina, mi papá posee un código de ética y moralidad impresionante. Siempre un caballero, cuidadoso de que cada conversación sea limpia y correcta, estableció en nuestra familia una espiritualidad profunda.

Los primeros recuerdos que tengo de él, es oír sus oraciones cada día temprano en las mañanas. Siempre estaba rodeado de la Biblia y muchos libros, estudiando y meditando en la Palabra. Las enseñanzas que predicaba en las diferentes congregaciones, eran vividas delante de nuestros ojos en todo momento. Es una persona que con toda certeza catalogo como un hombre intachable en su vida y en sus hábitos. Siempre buscando el rostro del Señor en todas las decisiones que toma, buscando el consejo de la Palabra de Dios.

Uno de los términos que mejor describen a mi papá es: balance. Mucho balance. Esta característica sería uno de los ingredientes que Dios usaría en mi vida para ayudarme a no meterme en cualquier cosa que se me presentara, sino que me ayudaría a buscar siempre la voluntad del Señor, el consejo de la Palabra y de los hombres que pondría a mi alrededor. ¡Cómo le doy gracias a Dios por este hombre que cambiaría mi vida entera! ¡Qué a tiempo llegó!

PALABRAS QUE NUNCA DEBÍ DECIR

Cuando niños, asistíamos a un colegio particular de la ciudad de Durango y estábamos aprendiendo cosas que no deberíamos. Todos los días nos recogía un ómnibus que nos trasladaba a las instalaciones del Colegio Americano de Durango, donde estudiábamos mis dos hermanos y yo.

Había una casa en la esquina donde esperábamos el autobús, que tenía una hermoso jardín. En muchas ocasiones, tomábamos "prestadas" las rosas de ese patio para regalárselas a nuestras maestras. Espero que la dueña de ese vergel nos perdone por la cantidad de veces que hicimos que sus flores lucieran en los escritorios de nuestras maestras.

Además de lo académico, estábamos aprendiendo muchas otras cosas que venían "incluidas en el precio" de la colegiatura. Por ejemplo, cómo ser mejores peleoneros o cómo robarse los dulces de la tiendita sin que se diera cuenta la dueña. También aprendimos cómo usar la boca para insultar a las demás personas. Sin embargo, cuando tenía unos 6 o 7 años de edad, este último arte llegaría a un dramático fin en mi vida.

En nuestra casa trabajaba una hermana llamada Esther. Ella era una cristiana muy entregada al Señor y a nuestra familia. Ayudaba a mi madre con los quehaceres de la casa. En la parte de atrás de Maguey #7, había un pequeño cuarto donde ella dormía, menos los fines de semana que regresaba al pueblo donde vivía su familia.

Una noche que mis papás se encontraban en la sala, la hermana Esther estaba planchando ropa en una de las recámaras. No recuerdo cuál fue la petición que le hice, pero sí recuerdo que me fue negada.

Como había estado aprendiendo en el colegio cierto vocabulario con mis compañeros, decidí que este era un momento muy adecuado para usar una de las frases más pintorescas que había aprendido. Sabía que eran palabras que se utilizaban únicamente cuando el nivel de enfado era alto y quería agredir a alguien de la peor manera. No entendía del todo por qué esta frase tenía algo que ver con la mamá de la persona que se estaba insultando. Sin embargo, pronto descubriría que esto no era algo que se hablaba entre familias cristianas.

La insulté. Luego de observarme por un segundo con una mirada llena de sorpresa mezclada con confusión, la hermana Esther hizo algo que nunca me hubiera imaginado. Gritó con voz fuerte y aguda. Se escuchó en toda la recámara—se escuchó en toda la casa—. Especialmente, se escuchó en la sala. Mis papás corrieron al lugar donde estabamos Esther y yo, dándome cuenta que algo muy feo estaba aconteciendo.

Yo le imploraba a la hermana Esther que no les dijera a mis padres lo que había sucedido. Pero era demasiado tarde y el insulto era demasiado grande. Esa noche, mi papá me demostró que se había graduado de la escuela de disciplina con un alto promedio en sus calificaciones. En realidad, fue la única ocasión que estoy casi seguro que me tocaron "cuarenta azotes menos uno", aunque no los conté. Lo que sí sé, es que JAMÁS volví a hacer uso de esa frase con nadie. De una vez por todas, quedé curado de utilizar mi boca para hablar profanidades. Hasta la fecha.

CARAMELOS AMARGOS

En otra ocasión, mi mamá fue el instrumento que Dios usó para enseñarme otra lección invaluable. Cerca de la casa donde vivíamos (para este entonces ya nos habíamos cambiado a la calle Valle Florido #3), había una tienda llamada "La Simpatía". Era un lugar que frecuentábamos ya que mi madre nos mandaba a comprar el pan y la leche todos los días.

Mis hermanos y yo nos habíamos congraciado con varias de las empleadas de ese establecimiento, quienes con frecuencia nos regalaban chicles y dulces variados. En ocasiones, cuando no teníamos otra cosa que hacer, íbamos a La Simpatía para pasar el rato ahí, paseándonos en los carritos que proveía la tienda para los clientes. Los pasillos eran amplios y la tienda era grande. Hacíamos carreras de carritos entre las estanterías. En ese lugar había una señora muy amable que nos permitía hacerlo pero otra que no. Siempre nos cerciorábamos que la señora desagradable no estuviera, para entonces iniciar las carreras de carritos.

Uno de los pasillos que visitábamos con frecuencia era el de los dulces. Siempre que lo hacíamos, encontrábamos en las repisas, algunas bolsas de dulces que habían sido abiertas por otros niños más malos que nosotros. Que quede registrado para el récord: Nunca abrimos una de las bolsas. ¡NO! No hubiéramos hecho tal barbaridad. No–Siempre tomábamos de las bolsas que ya estaban abiertas. Pensábamos que eran bolsas puestas ahí con el propósito de que los niños pudiésemos "probar" de los dulces que vendía la tienda. En muchas ocasiones, tomábamos de esas bolsas y llenábamos nuestros bolsillos de toda clase de caramelos, chicles o cualquier otra cosa que proviniera de alguna de esas bolsas de "muestra".

En una de esas ocasiones, había ido a la tienda con mi mamá para comprar la leche. Ella solía quedarse en el auto, mientras entrábamos, y comprábamos lo que nos había encargado. Pasé por el pasillo de los dulces–Había una bolsa abierta llena de unos caramelos llamados "Tom y Jerry" que venden en mi país. Eran de mis favoritos y la bolsa estaba–abierta–"¡Qué suerte!", pensé. Miré a todos lados para ver si sería descubierto, tomé una buena cantidad de dulces y llené mis bolsillos. Pagué la leche y el pan (no los dulces) y salí rápidamente al auto donde me esperaba mamá. No recuerdo cuándo saqué de mi bolsillo el primer dulce, pero fue antes de llegar a la casa, estando aún en el auto. ¡Grave error!

Comenzaron las preguntas:

—¿Dónde conseguiste eso?

—En La Simpatía.

—¿Quién te los dio?

Sabía que a mi mamá no le podía mentir, porque ella nos decía que cuando mentíamos, los ojos se nos hacían cuadrados y sabía instantáneamente que estábamos mintiendo. Lo curioso es que siempre le funcionaba y en mi casa, la mentira era recompensada con una automática y fuerte "zumba". Tomé una rápida decisión de no contarle alguna mentira.

—Nadie, —le contesté —. Los tomé de esas bolsas que están abiertas en el pasillo de los dulces.

—¿Los pagaste?

—No.

Pensé que trataría de razonar con esta mujer diciéndole: "Pero todos los niños lo hacen. Todas las veces que venimos a La Simpatía, nos llevamos dulces de las bolsas que están abiertas. Nunca de las que están cerradas".

—Escupe ese dulce, —dijo ella.

—¿Cómo?, —pregunté yo.

—Escupe ese dulce y saca todos los que tengas en el bolsillo, —ordenó mi mamá.

Lo que sucedió a continuación nunca lo olvidaré. Me hizo parar frente a la señorita Amparo, confesar mi delito y pedir perdón. Además, me hizo regresar cada uno de los dulces que había tomado, incluyendo el que me había puesto en la boca. Fue, definitivamente, uno de los momentos de mayor humillación que había pasado hasta ese entonces.

La señorita Amparo era la que todos queríamos, la que nos dejaba hacer carreras de carritos, la que se portaba bien con todos nosotros. Ahora, había defraudado su confianza. Mi vida nunca sería igual. Estaba destrozado. Nunca más podríamos ir a La Simpatía con la misma "libertad" que antes. Desde ese día, aprendí una lección que se me grabó hasta la fecha: Las cosas no se toman "prestadas". Se pagan antes de llevarlas a casa.

¿QUÉ MÁS NOS PODRÍA FALTAR?

Así fue como de lección en lección, mis papás fueron formando en nosotros el carácter que necesitábamos para ser hombres íntegros, rectos y morales en la sociedad. A pesar de que ellos usaron liberalmente el método de disciplina corporal en cada uno de nosotros, nuestra vida estuvo llena de alegría, recuerdos agradables y memorias hermosas.

Es cierto que a ningún niño de la edad de 7 u 8 años va a parecerle agradable la disciplina, pero nuestra vida era de mucha aventura, amor y emoción. La casa estaba llena de sonidos de alegría y risas. Mi mamá ya no lloraba como lo hacía antes. En realidad, estaba muy feliz. Eramos una familia contenta, satisfecha y bendecida por el Señor. Además, siempre había música. ¿Qué más podría faltar?

No lo sabíamos, pero nos hacía falta algo muy importante. Nadie se lo hubiera imaginado y si nos hubiesen preguntado, creo que ninguno de nosotros podría haber dicho que nos faltaba algo. Cuando no se sabe lo que puede representar algo o alguien en la vida de uno, no se sabe de lo que uno se está perdiendo. De pronto, cuando algo o alguien entra en nuestra vida, nos damos cuenta que la vida anterior no estaba completa. Eso fue lo que le sucedió a nuestra familia en el mes de marzo de 1970.

Mi papá tenía varios meses levantando dos dedos de su mano derecha y declarando a todo mundo la palabra "dos". Se refería a la posibilidad de que mi mamá estuviera esperando gemelos. No estoy seguro de por qué él sospechaba que eran dos, pero así fue. Todavía acuerdo la tarde cuando salieron mis papás de la pequeña clínica donde habían ido para hacerle un chequeo médico a mi mamá. Fue esa tarde que nos confirmaron a todos que en efecto, eran "dos". Con más entusiasmo mi papá mostraba sus dos dedos a cada persona con quien se topaba. Nunca nos imaginamos el impacto que esos bebés tendrían en nuestra vida.

Un domingo por la mañana estábamos todos sentados en la sala de la casa esperando noticias acerca del nacimiento de los muy esperados infantes. Mi mamá se había encontrado con dificultades en el parto y habían tenido que realizarle una cesárea. De pronto, timbró el teléfono y recibimos la noticia de que habían llegado a nuestra familia dos hermosas hermanitas. Todos brincamos y gritamos de la alegría. Había mucha gente en la casa ese día y todos estábamos felices de poder recibir a estas nuevas integrantes de la familia.

Decían que una era más grande que la otra. Una de ellas había atravesado un tiempo más difícil que la otra a la hora del parto. Una de las niñas había estado sentada sobre la cabeza de la otra y era esta misma la que finalmente ganó el concurso de quién nacería primero. Aparentemente, la que nació primero, tenía un carácter un poco más fuerte que la otra. Mi mamá decía que cuando ella lloraba, se escuchaba en todo el hospital, porque más que llanto eran alaridos.

La gemela que había nacido en segundo lugar, era más callada, más delgadita y por lo que nos platicaban, un poco más delicada que la primera por las condiciones que se dieron en las últimas semanas del embarazo. No había otra conversación fuera de las gemelas. Todos hablábamos de ellas. Recuerdo que me tocó acompañar a mi papá a comprar un pequeñísimo brazalete de oro para poner en la muñeca de una de ellas para distinguirlas. Eran idénticas. Eran hermosas. Aún lo son.

Todo cambió de la noche a la mañana. Todo era diferente. En las primeras semanas, no veíamos ningún problema. Pero después de un tiempo, empezamos a darnos cuenta que todo el mundo giraba alrededor de esas dos bellezas. De repente, no teníamos toda la atención que acostumbrábamos. Interesante giro dio la vida para mis hermanos y para mí. Mamá y papá pasaban mucho tiempo con ellas. Eran muy exigentes estas niñas. Toda la noche y todo el día necesitaban algo. Nunca habíamos experimentado lo que era tener bebés en la casa y toda esta experiencia era muy nueva para nosotros.

Recuerdo muy bien que mi papá pasó muchos meses con ojeras enormes por las desveladas que le hicieron pasar mis hermanitas. Curiosamente parecían ponerse de acuerdo en todo. Una comenzaba a llorar porque tenía hambre, mientras la otra se dormía. Cuando le preparaban el biberón a la que estaba llorando, la otra seguía durmiendo con gran intensidad. Finalmente, le daban el biberón y se quedaba calladita hasta volver a quedarse dormida. Al instante de hacerlo se despertaba la segunda, llorando porque tenía hambre y quería su leche. ¡A preparar otro biberón para la segunda! Se lo tomaba y también se quedaba dormida. Para cuando la segunda se quedaba dormida, la primera volvía a despertar porque había dejado en el pañal lo que se había tomado una hora antes y ahora lloraba para que la cambiaran. Al momento de hacerlo, la segunda despertaba porque—y así sucesivamente. Toda la noche, todas las noches. Admiré la paciencia de mis papás.

No tardamos en ajustarnos a este nuevo estilo de vida de "dos". Todo venía en pares. Ropita—dos. Biberones—dos. Carriolitas—dos. Pañales—doscientos. Bueno, al menos eso parecía. Esos días eran todavía antes de la llegada de los pañales desechables. Eran muchos pañales. Pero también era mucha alegría. En verdad, estas dos niñas trajeron una dimensión a nuestra vida que nunca nos dimos cuenta que nos hacía falta, hasta que las tuvimos. Y ahora, no podemos imaginar lo que sería nuestra familia y nuestra vida sin estas bendiciones llamadas Lorena y Nolita.

La música

En mi casa, la música formaba parte de nuestra vida diaria. Mi mamá instituyó una ley en nuestro hogar: TODOS teníamos que aprender a tocar el piano. En ese punto, nadie tenía opción. Vivíamos bajo la ley y no bajo la gracia, en ese asunto. Ni siquiera existía el derecho de opinar al respecto. Solamente se obedecía. Así que, desde los 8 años de edad comencé mis clases de piano con la hermana Dulce.

Ella es una misionera que llegó a trabajar hace muchos años con mis papás en la obra del Señor y hasta la fecha está involucrada. Cada semana llegaba a nuestra casa para darnos a mis hermanos y a mí una lección en el piano. La verdad es que al principio nos parecía muy mala idea. Especialmente a mis dos hermanos.

El mayor no tenía interés en el piano, él siempre quiso aprender a tocar la guitarra. El menor tampoco tenía ningún interés. Creo que los tres teníamos algunas ideas de lo que hubiéramos preferido hacer con nuestro tiempo, por ejemplo, andar en bicicleta, jugar con los amigos, pero porque teníamos el "temor de Jehová" (y de la zumba), nos proponíamos a hacer lo mejor que podíamos para aprender a tocar el piano. Estoy seguro que en varias ocasiones la hermana Dulce tuvo muchísima paciencia con estos tres desinteresados en la música.

Algunas de mis primeras experiencias en la música tuvieron que ver con los famosos "recitales" que programaba la hermana Dulce, junto con algunas otras maestras de piano. Nos juntábamos las distintas familias en la casa de alguna de ellas y todos nuestros familiares venían para escuchar nuestro "aprovechamiento" en la música. Realmente, en ocasiones parecía que todo era un desastre. Se cometían todos los errores, se olvidaban las piezas, se caía la música al suelo. Sucedía de todo un poco en estos recitales. Eran momentos de mucha angustia para los que teníamos que estar delante del público. No puedo imaginar lo que habrán pensado nuestras queridas maestras al oír los desastres que tocábamos en el piano.

Mi mamá había establecido cierto nivel mínimo de estudio antes de poder elegir nosotros continuar o no con las clases de piano. Mis dos hermanos, al alcanzar ese nivel, no duraron un día más en lecciones, sino que lo abandonaron por otros instrumentos. Para cuando yo alcancé ese nivel, me había enterado que me gustaba mucho la música. Tendría unos 12 años cuando esto sucedió y la maestra que para ese entonces me enseñaba era una neoyorquina llamada Nina Myers.

La Sra. Myers, como nosotros le llamábamos, era de edad avanzada, pero tenía un amor por la música que no había visto antes. Era de un carácter firme, pero amable. Fue la única maestra que tuve que sostenía una regla en la mano derecha para golpearme ligeramente en las manos si no estaba tocando adecuadamente. En varias ocasiones, se le pasó el golpe y me dolía. Por otro lado, era de aquellas maestras que creía que sus alumnos eran las estrellas del mundo. Cuando tocaba algo, por muy elemental o sencillo que fuera, la Sra. Myers cerraba sus ojos y con una sonrisa en su boca se mecía de un lado para otro al escuchar el sonido de lo que se tocaba. Cuando una pieza quedaba bien interpretada, hacía que la tocara una y otra vez, preguntándome acerca de los sonidos, de la expresión, de las emociones que la pieza tenía. Para ella, cada partitura era una obra de arte que tenía miles de maneras de disfrutarse.

Algo sucedió dentro de mí, bajo la supervisión de la Sra. Myers. Empecé a desarrollar un fuerte amor por la música. Me di cuenta que me gustaba muchísimo y que de alguna manera, me venía con cierta facilidad. Desde ese entonces comencé a enterarme que Dios había puesto la música dentro de mí y que en algún futuro, Él la usaría.

A la edad de 13 años, la música tomó un lugar central en mi vida. En algún sentido, esto fue bueno, pero en otro no. Fue bueno haber estudiado mucho, practicar horas enteras y prepararme con afán. Pero no lo fue permitir que la música ocupara un lugar en mi vida que sólo Dios tendría que haber llenado. Esto traería alguna confusión años después.

APLICACIÓN PERSONAL

1. De una forma u otra, todos nos enfretaremos a una tragedia. En la vida de Marcos esa tragedia ocurrió cuando el era un niño. ¿Cómo has respondido a las tragedias de la vida? Han hecho de ti una persona mejor? ¿Has permitido que la amargura entre a tu corazón?
2. Marcos creció en un hogar donde la disciplina era algo importante. ¿Estás disciplinando a tus hijos? ¿Qué papel juega la disciplina en tu propia vida?
3. Marcos menciona que su papá Francisco es un hombre que vive delante de su familia todo lo que predica. En otras palabras es un verdadero ejemplo. ¿Eres un ejemplo para tu familia, tus compañeros de trabajo y tus amistades? ¿Predicas algo diferente a lo que vives?
4. El día que Marcos tomó "prestados" unos dulces su mamá le hizo confesar el delito, pedir perdón y regresar los dulces. Eso se llama restitución. ¿Cuándo fue la última vez que confesaste, pediste perdón y *devolviste* lo que habías tomado "prestado"?
5. La mamá de Marcos instituyó una ley en su casa: todos tenían que aprender a tocar el piano. Ella jámas se imaginó la forma en que Dios usaría esa habilidad en la vida de su hijo. A Marcos no siempre le agradaba la idea de ir a las clases de piano. ¿Qué cosas ha puesto Dios en tu vida que quizá hoy no son de tu agrado, pero para las cuales Él tiene un plan perfecto?

Los cinco hermanos frente al piano en el cual todos aprendimos música. De izquierda a derecha: yo, Felipe y Jerry. Sentadas en el medio mis hermanas gemelas: Nolita y Lorena.

En 1975, participando en el programa navideño en la iglesia de mis abuelos maternos.

En 1979, durante el concierto que dí a los 17 años de edad en la Casa de la Cultura en Durango.

Capítulo dos

Jesús, la música
y mis espejismos

Más o menos a la misma edad que empecé a tomar clases de piano y que nacieron mis hermanas gemelas, supe que Dios tenía algo especial reservado para mi vida. Fue a los 8 años de edad que recuerdo haber hecho una entrega personal al Señorío de Jesucristo y fui bautizado en agua.

Mis hermanos y yo acompañábamos con mucha frecuencia a nuestro papá a los pueblos para predicar. En uno de esos pueblos llamado Vicente Guerrero, se llevaban a cabo una serie de cultos especiales de evangelismo. Predicaba un pastor norteamericano llamado Keeling. Fue en una de esas reuniones que supe, sin lugar a dudas, que Dios me había llamado para Su servicio.

Aunque era un niño, me arrodillé al lado de un banco de madera para decirle al Señor: "Heme aquí—Quiero servirte". Cuando regresé a la casa, recuerdo haberle dicho a alguno de los que ahí estaban: "Esta noche, Dios me llamó a Su servicio". Nunca lo dudé luego de esa experiencia.

En mi casa se consideraba un honor ser siervo del Señor. Venimos de una larga línea de obreros y ministros de Dios. Por el lado de mi mamá, soy la cuarta generación de ministros y por el lado de mi papá Jerry, tercera. Aun por el lado de mi papá (Francisco), soy tercera generación. Ser pastor, evangelista, misionero o predicador era un verdadero privilegio en mi familia.

Mis padres siempre nos animaban diciendo que si Dios nos había llamado a eso, Él se encargaría de proveer para todas nuestras necesidades. Nunca lo dudamos no tan sólo porque ellos nos lo decían, sino porque eran un ejemplo vivo de esa verdad.

UN VIAJE QUE NUNCA OLVIDARÉ

Cuando cumplí 10 años, el 19 de mayo de 1972, me sucedió algo que sellaría, en cierta forma, el hecho de que había sido apartado para la obra del Señor. Cada año mis padres se esforzaban para llevarnos a pasear como familia a Mazatlán, una ciudad de la costa, cerca de Durango. Éste era, y sigue siendo, uno de los lugares favoritos de nuestra familia para pasar tiempo juntos y disfrutar de la hermosa playa de esta joya del Pacífico.

Como la familia había crecido en número y pasábamos mucho tiempo viajando durante el año, mi papá había comprado una casa rodante que se remolcaba en la parte trasera de la "pick-up". Mis hermanos y yo siempre nos paseábamos en la parte de atrás de esta "pick-up", que estaba cubierta con una especie de "caseta". En esta ocasión estábamos visitando Mazatlán con la casa rodante y una tienda de acampar.

Por varias razones este fue uno de los viajes que nunca olvidaré: 1) Por primera vez estábamos acampando en esta tienda y nos parecía una aventura fuera de serie. 2) Era mi cumpleaños número diez. Me regalaron un reloj Timex con un extensible blanco, cabe mencionar que fue el primer reloj que había tenido en toda mi vida. Me encantaba. 3) El "pay de limón" que compró mi papá para festejar mi cumpleaños. Habíamos buscado en muchos lugares para comprar un pastel y poder celebrar, pero no lo hallábamos. Finalmente, encontramos en un restaurante de comida china, un "pay de limón" con merengue. Felices, nos regresamos al "campamento" para festejar mi primer década de vida.

Después de cantar y felicitarme, mi papá, como siempre, hizo una oración de bendición sobre el festejado. Cuando terminó de orar, todos mirábamos con anhelo aquel "pay" que se veía tan delicioso. Mi mamá nos dio a cada uno una rebanada y nos sentamos alrededor de la mesita en la casa rodante para disfrutarlo. En el instante de probar la primera rebanada, todos, casi al mismo tiempo, tuvimos que correr para escupir lo que habíamos probado. ¡Nunca habíamos gustado algo con un sabor tan horrible en toda la vida!

Creo que al elaborar ese pay, confundieron la sal con el azúcar, o algo por estilo había sucedido. El sabor era una mezcla de agrio con vinagre. ¡Asqueroso! Hasta la fecha, cuando nos reunimos en familia para recordar anécdotas, el "pay de limón" de merengue es una de las historias favoritas de todos. Cabe decir que ese "pay", casi en su totalidad, terminó en el bote de la basura.

La cuarta cosa que hace imposible olvidar ese viaje, fue lo que nos sucedió una mañana a mi hermano mayor Jerry y a mí. Habíamos salido a la playa para jugar en el mar. Mi papá nos había enseñando a los muchachos el arte de "surfear con el cuerpo" las olas del mar. Él había sido marinero por varios años y era un excelente nadador. Teníamos un par de días tratando de aprender este deporte, con algo de éxito. Tanto así, que mi hermano y yo empezamos a sentir un poco más de confianza de la cuenta.

Esa mañana las olas estaban hermosas y salimos para "conquistarlas". Mi mamá estaba en la orilla del mar con las dos niñitas, y mi hermano menor, Felipe, se encontraba cerca de papá jugando y saltando en el agua. Jerry y yo, sin embargo, comenzamos a meternos un poco más para buscar esa ola perfecta. Al caminar mar adentro, había como un estilo de mesetas en las que se caminaba, haciendo muy fácil el estar en el agua, porque no parecía que profundizaba. De pronto, llegábamos a unos vados que eran bastante profundos, pero al ladito del vado había otra meseta. Así pasamos unos tres vados y ya estábamos bastante adentro. Cuando de pronto, lo que yo recuerdo es que entré confiado a otro vado, pero éste no tenía una meseta esperándome, sino que nunca volví a sentir el suelo.

Las olas llegaban y cubrieron mi cuerpo entero, allí comenzó mi lucha por subir a la superficie. Buscaba tocar el fondo del mar con mis pies para ver si podría utilizarlo como trampolín y así lanzarme hacia arriba. Pero no estaba funcionando, ya no podía tocar el fondo. En momentos de muchísima angustia, logré regresar a la superficie del agua y comencé a gritar para que alguien me ayudara. De reojo pude ver que mi hermano Jerry estaba en la misma situación y que papá ya venía para rescatarnos.

A pesar de que era un buen nadador, perdí la cabeza momentáneamente e hice lo que nunca se debe hacer en una situación de esas: Comencé a pelearme con el agua. Daba manotazos y patadas, causando únicamente que me hundiera más cada vez. Oí que mi papá me gritaba algo: "Extiéndete sobre la superficie del agua". Intentaba hacerlo, pero para estas alturas estaba bastante exhausto y muy desesperado. Sentía que el mar me llevaba. Me enteré que mi hermano ya había llegado a la orilla y todos estaban mirando con mucha atención a mi papá que se acercaba rápidamente para rescatarme. Puedo imaginar a mi mamá clamar el nombre de Jesús al observar esta escena.

No puedo describir la sensación que tuve cuando sentí la mano fuerte de mi papá colocarse debajo de mi cuerpo y darme el primero de muchos empujones que me hicieron regresar a tierra. ¡Qué alivio! Pasé mucho tiempo sentado a la orilla del mar, reflexionando en lo que acababa de suceder. No sé exactamente cuánto tiempo, pero estuve largo rato observando las olas que llegaban y se iban, gracias a Dios, sin mí.

Ese momento, al lado del Océano Pacífico, en la ciudad de Mazatlán, México, fue uno de los que aprovechó el Señor para sellar en mi vida el hecho de que sólo tenemos una oportunidad en esta tierra. Tenemos que hacer que todo cuente para Su gloria. Esa tarde, fue mi mamá la que hizo el comentario: "Marcos, Dios tiene algo muy especial para tu vida. Por eso todavía estás aquí". ¡Cómo le doy gracias a Dios por cuidarme en esa y muchas otras ocasiones! ¡Cómo le doy gracias a Dios por un papá que arriesgó su propia vida para rescatarme!

ESCUELA SUPERIOR DE MÚSICA

Para el momento en que cumplí 14 años, había varias cosas firmemente establecidas en mi vida. La primera era que amaba la música; la segunda que serviría a Dios, y la tercera, que me gustaban las muchachas. ¡Qué genial idea tuvo Dios de hacer a este grupo de personas tan especial e importantes, además de hermosas! Estaba despertando a tantas realidades en ese tiempo de mi vida y las mujeres definitivamente era una de ellas.

Tuve una amiga en especial que ocupó un lugar importante en mi vida, en un sentido muy sano y saludable. Secretamente, yo abrigué la esperanza, en alguna que otra ocasión, de que nuestra amistad fuera un poco más seria, pero si ella tuvo esos mismos sentimientos, nunca lo supe.

Nuestras conversaciones eran largas y casi siempre alrededor de algún tema en relación con la música o la Biblia. Ella era hija de misioneros, igual que yo, y teníamos varias cosas en común. A los dos nos gustaba mucho leer, estudiábamos la Biblia y ambos cursábamos estudios de piano. Ella era superior a mí en su nivel musical y en su habilidad para desarrollarla. La admiraba mucho porque era una de esas personas que no necesitaba pasar mucho tiempo estudiando, sino que la inteligencia era algo que tenía por naturaleza. Al menos, yo nunca la vi preocupada en algún examen y siempre sus calificaciones eran las más altas de todo el grupo.

Cuando éramos niños, porque por muchos años estuvimos en la misma escuela, ése era uno de los detalles que más odiaba de ella. Pero después, ese sentimiento se transformó en admiración y respeto. Con sinceridad, puedo decir que Betsy Ross fue una verdadera amiga que llegué a respetar mucho.

Fue ella quien me platicó de la Escuela Superior de Música de la Universidad Estatal. Me comentó que estudiaba ahí en las tardes ya que ofrecían clases "abiertas" a cualquier persona que quisiera asistir. Se lo comenté a mis papás y como la Sra. Myers había regresado a Nueva York y la hermana Dulce estaba muy ocupada en tareas ministeriales, estábamos buscando un nuevo maestro de piano para mí.

Mi mamá me llevó para conocer la escuela y si mal no recuerdo, esa misma tarde estaba inscrito y conociendo al nuevo maestro de piano que me habían asignado. El maestro Abraham Viggers era un excelente docente con mucho entusiasmo y disciplina para la música. Había formado a varios pianistas que después llegaron a causar impacto en el mundo de la música clásica, no tan sólo en México sino aún en otros países del mundo.

Mi amiga Betsy también me presentó a otra persona que influiría en mi preparación musical. Su nombre es Roberto Valenzuela y fue mi maestro de canto por muchos años. El maestro Valenzuela me aceptó con muchísima reserva porque decía que era demasiado joven para estudiar canto. Pero, fui tan insistente que finalmente se dio por vencido. Me integró al grupo y comencé las clases de vocalización y canto con él.

Siempre aprecié cómo el maestro Valenzuela se tomaba tiempo con sus alumnos. Muchas veces, cuando terminábamos la clase, si no había otros alumnos, se quedaba sentado en el banquito del piano platicando conmigo muchas cosas, todas con relación a la música. Me hablaba de los grandes teatros y de los grandes cantantes. Me comentaba del Palacio de Bellas Artes en la ciudad de México, donde él había cantado, de la Metropolitan Opera de Nueva York y de las escuelas de música y los teatros en Viena, Austria.

Fue con el maestro Valenzuela que nació en mí la idea de especializarme en Viena, cosa que nunca se daría. Él era un maestro que mostraba un genuino interés en cada uno de nosotros como personas y como ejecutantes de la música. Era un hombre sensato y responsable

45

que tomaba en serio su papel de maestro de canto. Además, contaba con una extraordinaria voz que todos admirábamos.

Mientras aprendía en la Escuela de Música, seguía con mis estudios de secundaria y con mis múltiples actividades en la iglesia donde asistíamos. Estaba muy involucrado en el grupo de jóvenes y daba clases en la escuela dominical. Mi vida estaba llena de muchas cosas. Corría de aquí para allá, cumpliendo con las pequeñas responsabilidades que me habían asignado. Una de ellas era limpiar el lugar de la reunión cada viernes antes del culto.

Mis padres habían rentado un salón pequeño, cerca de la casa donde vivíamos, para tener reuniones semanales, ya que había varias personas que habíamos ganado para Cristo cerca del lugar donde vivíamos. Mi tarea era hacer un recorrido en bicicleta para recordarle a los hermanos de la reunión que se celebraría esa noche.

Después de dar la vuelta, llegaba al saloncito para barrer, trapear y limpiar los bancos donde se sentaba la gente. Semana tras semana, lo hice por mucho tiempo y con mucho gusto. En algunas ocasiones, mientras barría el salón, "inventaba" cantos. Como no había gente a mi alrededor que me escuchara, entonaba a toda voz cánticos de alabanza que se usaban en la congregación y otros que creaba en el momento.

Recuerdo que desde muy niño tuve el deseo de "inventar" cantos. Uno de los que había creado les gustó a los hermanos y lo empezaron a cantar. Creo que ese fue el primer coro que compuse y que fue de conocimiento público. Se llamaba: "Él es mi amigo más fiel".

A los 14 años de edad prediqué mi primer sermón y el tema fue la Parábola de las Diez Vírgenes, en Mateo, capítulo 25 – no estoy seguro porqué escogí ese tema. El líder de jóvenes de la iglesia donde asistíamos con más frecuencia, que quedaba a 15 kilómetros de la ciudad, me pidió que predicara un sábado en la reunión de jóvenes.

Asistíamos a esta congregación porque la que habían comenzado cerca de la casa todavía era muy pequeña y ni siquiera tenía un grupo de jóvenes. Además, en sus inicios, las reuniones sólo eran los viernes por la noche y los domingos por la mañana. Así que, todas las otras reuniones las celebrábamos en un pueblito llamado La Labor de Guadalupe. Fue en ese templo donde me paré por primera vez detrás de un púlpito —recuerdo que el pastor lo llamaba "el santo escritorio"–, para dar la Palabra de Vida a los presentes.

Antes de que llegase el día, había pasado mucho tiempo en preparación. Había visto muchas veces a mi papá preparar mensajes, así que tomé varios de sus libros, una concordancia y otros materiales de apoyo para tener bien preparado mi mensaje. Creo que tuve demasiado material qué predicar en esa primera vez. Por poco, esa predicación se convierte en la palabra "eterna". Fue un buen inicio, a pesar de que creo que ninguno de los presentes recuerdan esa predicación. ¡Ah, pero yo sí!

HOMBRES CLAVES

Para este tiempo, la música estaba convirtiéndose en algo central en mi vida. Escuchaba mucha música. Todos lo días estudiaba el piano y preparaba mis clases de canto y solfeo. Desde los 10 años, sabía tocar la guitarra. A los 11 comencé a tocar el acordeón. Durante un tiempo toqué la mandolina. Para todo y en todo estaba metido en la música.

Recuerdo que cuando llegaba el tiempo de los cantos especiales en la iglesia, yo tenía listo mi pequeño himnario "Himnos de Gloria y Triunfo", con un cántico escogido, listo para cantarlo frente a los hermanos en cada oportunidad posible. Una de las personas que me animaba mucho era el hermano Chemita. Un hombre que partió con el Señor después de servirle por muchos años.

El hermano Chema tenía mucha música dentro de sí. Nos enseñaba nuevos acordes, nuevos cantos y siempre se tomaba el tiempo para cantar con nosotros. En muchas ocasiones, el hermano Chema fue quien me acompañó en el tiempo de los cantos especiales. Lo recuerdo con la guitarra muy alzada, cerca de la mejilla, con su púa de dedo pulgar golpeando las cuerdas de su guitarra muy usada. ¡Precioso hermano Chemita, me gustaría volver a verlo en la Gloria y cantar con él alrededor del Trono del Señor!

Otro hombre que tuvo un impacto incalculable en mi vida se llama Mike Herron. Desde la primera vez que lo vi, pude reconocer en él una unción que jamás había visto. Era indudablemente un hombre que oía la voz del Espíritu y comunicaba lo que el Espíritu decía de una manera diferente a todos los profetas que había conocido. Mike lo hacía con la música. Nunca había visto a un hombre sentarse en el piano y profetizar de parte de Dios, sin que le fallara una nota en el instrumento. Mike se perdía en la presencia del Señor, tocando y tocando con una firmeza y una pasión verdaderamente impresionante.

Recuerdo que la primera vez que lo vi, no podía quitar mis ojos de esta persona, y le dije al Señor: "Eso—lo que él está haciendo—lo quiero para mí". A través de Mike, empecé a darme cuenta de que la música había sido creada con fines mucho más profundos de los que yo estaba conociendo en la Escuela de Música.

Con la Biblia en la mano, nos enseñaba acerca de los principios de Dios en la música, de la relación que tienen los números en la música con los números que hay en la Biblia. Nos hablaba del impacto que produce en el mundo espiritual la música ungida de Dios. Nunca antes había escuchado estos conceptos y cada uno estaba siendo de gran enseñanza en mi vida personal. Cuando explicaba, muchas veces se sentaba al piano y demostraba acerca del principio que estaba dando. Normalmente, esto provocaba que estuviera sentado en el piano por largos ratos, y fundamentaba con la música lo que estaba enseñando.

Ningún músico había captado mi atención tan radicalmente como lo hizo este hombre, Mike. De pequeño, me daba pena hacerle preguntas, porque pensaba que seguramente él no tenía tiempo para atender a un chiquillo de 14 años. Pero, a lo largo de los años, Mike entraría a mi vida en muchas ocasiones y cada una de ellas sería una enseñanza viva de lo que Dios había pensado al crear la música.

Cuando tuve unos cuántos años más, me atreví a acercarme y aprender de él de una manera más directa. No cabe duda alguna: Mike Herron dejó una huella en mi vida como ninguna otra persona. ¡Qué dicha siento, años después, de contar con él como uno de los amigos más queridos por mi familia y por mí! Ahora, en nuestro entorno, él es el "Tío Mike".

Pablo Casillas también llegaría a ser una persona con mucha influencia sobre mí durante estos años. Su amistad, respeto y amor hacia mis hermanos y hacia mí fue algo que nos marcó profundamente. Hasta el día de hoy, no entiendo qué es lo que vio en nosotros y cómo es que nos soportó, pero lo hizo y estoy eternamente agradecido.

Pablo vivía en una ciudad cerca de Durango llamada Fresnillo. No lo veíamos mucho, pero cuando estábamos con él éramos felices. Tenía una gran pasión por dos cosas: La primera era predicar a todo mundo del Señor y la segunda, la música.

Al ser un extraordinario guitarrista, Pablo usaba la música como un medio para predicar. Muchas veces, organizaba eventos evangelísticos, y utilizaba la música como uno de los métodos para llegar a la gente.

Cuando venía a Durango, reunía a mis hermanos y a mí para formar un pequeño grupo de música. Nunca había hecho alguien esto con nosotros y nos parecía increíble que Pablo nos pidiera tocar con él. Mi hermano mayor, Jerry, tocaba el bajo; mi hermano menor, Felipe, la batería y yo el piano. Pablo interpretaba la guitarra y cantaba. No tocábamos muy bien que digamos —al menos todos menos él—, pero era superdivertido acompañarlo.

Para Pablo, no me cabe la menor duda que fue una gran prueba por la que lo pasó el Señor. El problema consistía en que mis hermanos y yo nos peleábamos mucho acerca de la forma en que debía tocarse esta o aquella canción, como si nosotros fuéramos los expertos. Algunas veces discutíamos a gritos e insultos con el fin de tratar que se hicieran las cosas de la manera que pensábamos. Cuando nos veía demasiado exaltados, Pablo nos miraba recostado sobre su guitarra e intentaba ser el referí. Este grupo musical no tenía futuro con los pleitos que se daban en esos ensayos. Pero, con todo y las discusiones, éramos felices de poder tocar con Pablo.

¡NUESTRA GRABACIÓN!

La primera experiencia que tuve en grabación fue con Pablo Casillas. Recuerdo que llamó a mi casa en Durango, larga distancia desde Fresnillo, y me pidió que fuera a su ciudad para ayudarlo a realizar una grabación de algunos de los cantos que había compuesto, porque quería enviárselos a cierto cantante popular para ver si le interesaba utilizar sus canciones.

Cuando colgué el teléfono, fui corriendo para decirles a mis papás acerca de esta increíble oportunidad de grabar. Les "rogué" que me dejaran ir a Fresnillo para grabar con Pablo, y accedieron. Ellos me llevaron a la estación de autobuses donde me subí a un "Omnibus de México" que iba rumbo a esa ciudad. ¡Qué aventura! Viajando a otra ciudad para grabar.

Pablo me recogió del autobús y me llevó a su casa, donde había convertido el comedor en un gran salón de ensayo. Tenía todo su equipo de sonido instalado con micrófonos para poder pasar un día de ensayo antes de llegar al "estudio".

En el centro de la sala estaba lo que llenaba mis ojos: un piano eléctrico "Fender Rhodes". En aquellos años, era uno de los pianos más cotizados de la industria y me encantaba tocarlo. Durante horas toqué el piano eléctrico que Pablo tenía. Todo el día ensayamos los arreglos de la grabación. No podía faltar un detalle. Los dos somos detallistas en la música y rápidamente encontramos que hacíamos buen equipo. Hasta avanzadas horas de la noche estuvimos ensayando con la esperanza de que no hubiera muchos errores al grabar el día siguiente, ya que en el "estudio" le cobrarían por hora.

Cuando llegamos al lugar que llamaban "estudio", realmente era un cuarto que tenía semiaislado de sonido y que era utilizado en una estación de radio para hacer anuncios comerciales. En ese entonces, para mí era lo máximo, ya que nunca había estado en un estudio profesional.

Después de instalar el piano eléctrico y los micrófonos para la guitarra y la voz de Pablo, comenzamos a grabar—"Tres . . . dos . . . uno" y el ingeniero nos apuntaba con el dedo. ¡Qué experiencia! Grabamos todo el día. Sólo nos detuvimos para comer algo. Cuando cometíamos un error en el arreglo, empezábamos de nuevo. Una y otra vez hasta que quedara perfecto.

Cuando terminamos, había oscurecido. Pablo firmó el cheque para el pago y nos fuimos a casa para oír, como mil veces, lo que habíamos ya escuchado mil veces durante el día: ¡Nuestra grabación!

Trini, la esposa de Pablo, nos aguantaba hora tras hora escuchar esa grabación. ¡Qué paciencia, Dios mío! Para nosotros, era un proyecto que merecía estar en el Hit Parade de todas las estaciones de radio de México. Para ese entonces yo tenía 15 años.

Pablo Casillas fue el primer hombre que me animó a usar mi música para el Señor. Siempre me alentaba con su entusiasmo y sus consejos. En muchas ocasiones, cuando me veía desesperado o distraído, se tomaba el tiempo para hablarme, aconsejarme y recordarme lo que Dios me había llamado a hacer. También, fue la primera persona en advertir algo que ni siquiera yo había reconocido.

En una ocasión, después de escuchar uno de los cantos que yo había compuesto, se le llenaron los ojos de lágrimas y me dijo las siguientes palabras: "Marcos, algún día, miles, quizá millones de personas, cantarán esos cantos que el Señor te está dando ahorita. Él tocará muchas vidas con esa música". Nunca me imaginé que las palabras que me había hablado eran proféticas. Sólo pensé que mi amigo Pablo se había emocionado. ¡Qué hombre tan bendecido he sido a través de los años al tener amigos como Pablo! Un hombre fiel, que se ha mostrado amigo durante todo el tiempo que lo he conocido. ¡Lo honro!

Espejismos

El mundo de la música clásica es muy interesante, por falta de una palabra un poco más descriptiva. Pronto aprendí que era normal tenerle envidia a la gente, especialmente cuando lograba algo que yo pensaba no "merecía". Había mucho espíritu de competencia.

En los recitales, por ejemplo, presencié más de un pleito de músicos que no estaban conformes con el lugar en que habían colocado sus nombres en el programa. Era un mundo un tanto plástico. Lo que importaba era la apariencia. Muchos compañeros se esmeraban para tener un buen lugar en el recital, para que los viera la gente, pero no se disciplinaban de la misma manera en sus estudios y en lo que requería de tiempo y trabajo. En otras palabras, todos querían ser vistos sin pagar el precio del estudio disciplinado. Lo que más me sorprendía, sin embargo, era la cantidad de envidia que existía a mi alrededor.

En cierta ocasión había terminado de preparar una pieza escrita por Bach. Esta ni siquiera era muy difícil pero tenía mucho movimiento en la música, muchas notas que tocar y su ritmo era bastante rápido. Si la digitación estaba correcta, era una pieza fácil de tocar pero que sonaba muy difícil.

El día que terminé de prepararla y la ejecuté ante el maestro Viggers, él me dijo algo que jamás olvidaré por el impacto negativo que causó en mí. Después de felicitarme por haberlo terminado, ya que teníamos varias semanas trabajando en la pieza, me dijo las siguientes palabras: "No lo vayas a tocar mucho en presencia de tus compañeros. Te sugiero que ni siquiera lo toques aquí en la Escuela de Música, sino en tu casa".

Cuando le pregunté el porqué, me contesto: "Porque hay mucha envidia entre los músicos. No querrás traerte problemas al tocar algo que muchos otros quisieran tocar pero que no pueden".

En cierta manera creo que el maestro Viggers estaba tratando de halagarme e igualmente, de cierta manera, lo tomé como un elogio. Pero éste fue el primero de varios eventos que hicieron darme cuenta que todo aquello era un gran espejismo. Un espejismo que atrae, que llama, pero que es bastante peligroso en el que, sin notarlo, empecé a entrar. Es muy sutil. Es muy lenta la manera en que trabaja en uno.

Como músico, comencé a descubrir que lo más importante era destacar. Lograr algo. Que me aplaudieran. Que me vieran y comentaran sobre mis grandes habilidades. De pronto, este espejismo comenzó a cobrar más y más fuerza en mi vida. Desgraciadamente, lograría distraerme lo suficiente como para tener que pasar algunas vergüenzas que de otra manera, nunca hubiera tenido que vivir.

Un día me habló el maestro Viggers para decirme que la escuela estaba organizando una orquesta juvenil y deseaban saber si yo podía ser el pianista de la orquesta. Esto iba a significar más tiempo y esfuerzo en un horario ya muy saturado, pero logré convencer a mis papás que esta era una oportunidad que no se daba a menudo y que tenía muchos deseos de hacerlo. Ellos, como siempre, me apoyaron, no sin antes mostrar su preocupación frente un horario tan saturado con la Escuela de Música.

Es probable que sin darse cuenta del porqué específicamente, mis papás estaban discerniendo mi distracción de las cosas de Dios por estar tanto tiempo en la Escuela de Música. Sin embargo, había ciertas reglas de oro que nunca se rompían en la casa: NINGUNA actividad de música o de cualquier otra índole podía interferir con las actividades en la iglesia. Estas venían primero, y NUNCA se faltaba a las reuniones. Tenía que correr mucho, pero esta regla nunca la violé.

LA PEQUEÑA ORQUESTA

El primer ensayo que tuvo la "orquesta" —si así se podía llamar a lo que éramos—, fue muy emocionante para mí. Yo había asistido a muchos conciertos de música clásica y había oído tocar orquestas muy finas, y era un sueño poder participar en algo que se asemejaba a una orquesta. Digo que se asemejaba porque teníamos todos los elementos para ser una: conductor, instrumentos de todo tipo, partituras y piezas musicales. Sólo nos faltaba un pequeño detalle: destreza. La mayoría de los que estábamos en la orquesta no podíamos tocar muy bien. Entonces, el sonido que se producía era como para hacer aullar a todos lo perros del vecindario.

Aprendí muchas cosas en aquella pequeña orquesta. Principalmente, a trabajar en equipo. A tocar el instrumento pensando en todos los demás. A tocar fuerte cuando era mi turno y a callar cuando era tiempo que otros tocaran.

Nuestro conductor, el maestro Demetrio Uribe, nos hablaba mucho acerca de la palabra "fluir". Cuando las cosas no iban muy bien, y eso sucedía cada cinco minutos, nos detenía golpeando la batuta en la orilla del atril que tenía delante de él. No podría contar la cantidad de veces que nos gritaba: "FLUYAN—FLUYAN".

Luego de gritarnos, se tomaba el tiempo de explicarnos la forma de tocar como equipo. De no permitir que un instrumento se escuchara más que los otros, sino que todos trabajaran juntos para poder hacer un solo sonido.

En especial, había un par de trombonistas. Eran dos hermanos. Siempre tocaban fuera de tiempo y MUY fuerte. Ellos tenían, en la fila de adelante, a los flautistas. Estos siempre estaban despeinados por los "trombonazos" que daban estos muchachos. En ocasiones, eran tan fuertes y tan desubicados sus toquidos que TODA la orquesta se soltaba a carcajadas y la música quedaba a un lado. El único que no reía era el maestro Uribe. Tomaba la batuta y empezaba a darle golpes. No sé cuántas varillas rompió nuestro querido conductor pero fueron muchísimas.

En esa orquesta tocaba el cello una persona, que después llegaría a ser uno de los amigos más íntimos que he tenido. Se sentaba muy cerca del maestro Uribe. Yo estaba ubicado en la parte de atrás de la orquesta, al lado opuesto de los contrabajos y las percusiones. Portaba lentes muy chiquitos y redondos y cargaba una especie de bolsa de tela que se colgaba en el hombro.

Mi amigo se juntaba con gente muy "pesada", por no decir de otra manera. Eran de los peligrosos con quienes yo nunca me juntaba porque eran un "poco" destrampados. Bueno, porqué no decirlo: un "MUCHO" destrampados. Sus conversaciones siempre eran de fiestas, cerveza, mujeres y marihuana. Este grupo de personas me llamaba "el reverendo" porque en más de una ocasión les había tratado de hablar del Señor, pero como eran mucho mayores que yo (ellos eran alumnos de la carrera y yo sólo de las clases abiertas), no me prestaban mucha atención.

No conversamos mucho, pero fue suficiente como para recordarnos el uno al otro, años después, cuando el Señor nos reuniría para trabajar en la música cristiana. El nombre de esta persona es Juan Salinas. Cuando tocábamos en esa orquesta, nunca me hubiera imaginado lo que el Señor nos tenía reservado.

Después de muchos meses de ensayo, el maestro Uribe nos avisó sobre una invitación a tocar en el Concierto Navideño que ofrecía la Escuela de Música. ¡¡¡GUAU!!! Estábamos felices. Tocar en un recital tan importante y en el Auditorio de la Universidad, que era, en esos tiempos, uno de los auditorios más bonitos de la ciudad. No lo podíamos creer. Siempre había soñado con tocar en ese lugar.

Ante la noticia del recital todos nos pusimos a ensayar con más seriedad. Aún los trombonistas empezaron a echarle más ganas. Estábamos muy emocionados de este gran momento en nuestra joven vida como orquesta.

Enciende una luz

Cuando llegó el día, todos vestidos muy elegántemente, estábamos preparados para nuestra presentación. Una lista de personas tenían que cantar o tocar antes que nosotros. Yo estaba sentado en la primera fila, esperando el momento que nos tocara el turno. Había traído una grabadora que me prestaron mis papás, para poder grabar esta histórica ocasión. Ellos estaban sentados en alguna de las filas de atrás del auditorio —nunca faltaron a uno de mis recitales—y ya me habían saludado con la mano desde el sitio donde estaban ubicados. ¡Era una gran noche!

Cuando el maestro Demetrio levantó la batuta y la dejó caer, empezó la guerra. Los violines le gritaban a los cellos y los trombones despeinaban a los flautistas. Las percusiones sirvieron de granadas y los címbalos resonaban la victoria. Todo, perfectamente como lo habíamos ensayado: ¡Mal! Yo no recuerdo mucho lo que otros tocaron esa noche porque mi concentración era absoluta en las hojas que tenía delante de mí, para no fallar en lo mío. La única razón que sé que "alarido de pelea" se oía en el campamento es porque lo había grabado.

Cuando terminamos la primera "obra", toda la gente estalló en aplausos y gritos de "bravo—bravísimo". Claro, eran nuestros familiares y seres queridos. ¡Qué más les quedaba por hacer! El maestro Uribe se volteó y agradeció al público, hizo poner de pie a su concertino y después nos señaló a todos nosotros, y la gente seguía aplaudiendo. Nos pusimos de pie todos los soldados, y agradecimos al público para después sentarnos y preparar armas para la segunda batalla de esta guerra. ¡Listos! ¡Apunten! ¡Disparen! Y comenzó de nuevo.

Esa noche estaba sentada en la primera fila una señorita que había conocido en el tiempo que estudiaba en la escuela. Era una de esas amistades "misioneras" a la que pensaba que podía ganar para Cristo. Me había involucrado sentimentalmente con ella al paso del tiempo y, sin saberlo, era el espejismo más grande que había puesto el enemigo en mi camino hasta ese momento.

Es triste cuando Satanás utiliza, con éxito, a personas o situaciones para distraernos de los propósitos eternos del Señor. Desgraciadamente, cuando nos dejamos llevar por esos espejismos, casi siempre es necesario utilizar la mentira y el engaño para poder seguir en él.

Me empecé a sentir mal al saber que estaba engañando a mis papás y a mis hermanos en Cristo, al dar una cara en la iglesia y otra en la escuela. Lógicamente, mis padres no hubieran aprobado esta relación si hubieran sabido. Pero Dios tiene Sus maneras de acercarnos a Él y eso fue lo que sucedió conmigo no mucho tiempo después de esa noche inolvidable del Concierto Navideño.

Era diciembre de 1978.

¡MI PRIMER CONCIERTO!

En Marzo de 1979, se dio algo que nunca hubiera soñado tener. Existía, en ese entonces, una organización del gobierno llamada FONAPAS, que son las siglas para "Fondo Nacional para las Artes". Era un brazo para encontrar y apoyar gente involucrada de alguna manera en el arte. El FONAPAS me extendió una invitación para dar un recital, no en conjunto con todos mis compañeros de la escuela, sino solo. ¡No lo podía creer! ¡Mi primer "concierto"!

Al acercarse el día, pasé más y más tiempo con el pianista que me acompañaría, el maestro José Ramón, para que todo estuviera perfecto. No quería fallar una sola nota. Todo tenía que ser excelente. Así es en el mundo de la música clásica. Mucha atención al detalle y a la excelencia. Por cierto, era uno de los puntos que no entendía del mundo de la música en nuestras iglesias. Por qué nadie quería ensayar y por qué todos hacían su música "pa' l' honra y gloria del Señor". Hasta la fecha, creo que fueron esos años de formación en la música clásica los que pusieron dentro de mí el exigir que la música se hiciera con excelencia para el Señor.

El recital se celebraría en Agora: Casa de la Cultura. Un hermoso edificio antiguo ubicado en el centro de la ciudad que sirve hasta la fecha como escuela y centro para las artes. El edificio fue, en otro tiempo, la casa de algún conde millonario, así que la construcción es sumamente bella. Muchos arcos, y una fuente en el patio central, pisos y columnas de cantera. Los organizadores habían escogido el patio central para el recital.

Dio la casualidad que esa noche, antes del concierto, se encontraba la esposa del gobernador en otro programa cultural. Cuando le avisaron de mi recital, decidió quedarse para escuchar y así lo hizo durante la primera parte de mi programa. Habían llegado mis maestros, muchos compañeros y amigos de la Escuela de Música, y algunos de la iglesia. Había un pequeño público, pero bastante respetable. Yo estaba muy contento. El momento inolvidable para mí fue cantar el "Padre Nuestro" como última pieza antes del intermedio. El público no dejó de aplaudir por largo rato.

Yo había regresado a la parte de atrás, donde se encontraba mi maestro de canto y el pianista que me acompañó. Al oír que el público no dejaba de aplaudir, el maestro Valenzuela me dijo: "Sal de nuevo y agradece al público". Así lo hice, agradecí y continuaron aplaudiendo. Esta vez, el maestro Valenzuela volteó con el maestro José Ramón y le dijo: "Prepara el Padre Nuestro, y Marcos", me dijo, "cántalo otra vez". Enseguida salí con el maestro José Ramón y lo volví a cantar.

Al término del recital, se había preparado una pequeña recepción para aquellos que quisieran quedarse a celebrar conmigo. Entonces oí algo que me sorprendió. El maestro Valenzuela le estaba comentando a mi papá: "Cuando Marcos llegó para pedirme que le diera clases de canto, me costó trabajo aceptarlo como alumno. De hecho, la primera vez que lo oí cantar, no hubiera dado un cacahuate (maní) por él como cantante". Mi papá se rió con fuerza y me quedé pensativo. De hecho, no creo que yo hubiera dado un cacahuate por mí. Pero Dios pensó de otra manera. ¡Gracias Señor!

El evento salió publicado en el periódico al día siguiente. Uno de mis amigos me llamó para decirme que me había visto en el diario. Mi mamá corrió para comprar un ejemplar y—ahí estaba. Media plana. Con varias fotos mías, de mis hermanas y de la esposa del gobernador. El periodista que hizo el reportaje aún incluyó el detalle de que el público había pedido que se cantara de nuevo el "Padre Nuestro" porque el "joven cantante lo había expresado con mucha emoción".

Cuando mi mamá leyó el reportaje dijo: "Bueno, ya han estado en el periódico dos de mis seres más queridos. Primero, tu papá Jerry cuando anunciaron su muerte, y ahora tú". Nunca olvidaré, lo que añadió mi mamá. En todo momento, mis papás me lo han recordado en las altas y bajas de mi ministerio, Dios los ha usado para recordarme siempre este principio: "Siempre dale a Cristo TODA la gloria, hijo. Ni se te ocurra tocar la gloria de Dios, porque Él no la comparte con nadie".

Después de ese recital, las cosas empezaron a cambiar drásticamente en mi vida. Mis ojos fueron abiertos a una serie de espejismos que me estaban controlando. Mi espíritu era inquietado por el Espíritu Santo. Durante todo este tiempo que me había distraído con el mundo de la música clásica, nunca había dejado de leer la Biblia, o de orar, ni de asistir a la iglesia. Sólo que mis ojos no estaban del todo puestos en el Señor. Permití que otros valores invadieran mis pensamientos y mis acciones. De hecho, durante todo este tiempo, nunca dejé de adorar al Señor. En las reuniones participaba genuinamente en la adoración.

Desde hacía mucho tiempo, había sido la mejor manera para expresarme a Él.

En muchas ocasiones, durante estos días de confusión, podía sentir fuertemente la presencia del Espíritu Santo que me compungía por lo que yo estaba permitiendo suceder en mi vida. Su presencia era algo real y verdadera. Por un lado, no podía dejar de SABER que Dios me había señalado para Su obra desde la edad de 8 años. Pero, por el otro lado, estaba oyendo la canción de las sirenas que me invitaba a formar parte de un mundo desconocido para mí, un mundo nuevo y, aparentemente, encantador a simple vista.

A pesar de que en muchas ocasiones sentí la voz del Señor que me instaba a corregir este asunto, había tomado decisiones que únicamente me metían más y más en el error de mi pensamiento. Para incrementar mi confusión, llegó un conocido cantante de ópera desde la Ciudad de México. Él era uno de los tenores más reconocidos. Era un hombre que viajaba por el mundo cantando en las casas de ópera más distinguidas. Cuando llegó a Durango una obra de ópera en la que él participaba, invitaron a algunos de los cantantes locales para formar parte del coro. El maestro Valenzuela fue uno de ellos, ubicado en un papel secundario en la obra.

En los ensayos, mi maestro entabló amistad con este tenor y lo invitó a evaluar analíticamente a cada uno de los que integrábamos el grupo de canto. Cuando me tocó el turno, me dijo que necesitaba voces como la mía en Bellas Artes y que si me decidía, él me abría las puertas para llegar ahí.

Para un joven de casi 17 años, estas palabras causaron un fuerte impacto. Pero, igualmente, aumentó mi confusión, porque podía sentir que ese no era el llamado de Dios sobre mi vida. En mi corazón, sabía que por muy llamativo que parecía ese espejismo, no dejaba de ser sólo eso: un espejismo.

Una decisión tomada

Algunos meses después de mi famoso recital y de las palabras del tenor, atardecía en Durango y yo regresaba de otra tarde más de estudios en la Escuela de Música. Por alguna razón, que no recuerdo ahora, estaba conduciendo el vehículo de mi papá. Lo extraño de eso es que, aunque ya tenía licencia de conducir, casi nunca salía solo con el auto.

Era una "pick-up" verde, marca Chevrolet, con su "caseta" atrás. Esa tarde estaba sintiendo el peso de la necesidad de tomar una decisión definitiva en mi vida. Había visto que esa amistad "misionera" que estaba manteniendo con aquella chica no era correcta, era dañina para mi caminar espiritual y estaba alejándome de la verdad, al vivir en una mentira. No tenía sólo la necesidad, sino la urgencia de tomar una decisión una vez por todas. Pensé dentro de mí: "¿Soy seguidor de Jesús o no? No puedo seguir a medias". Recordé mucho aquel versículo que habla acerca de que Dios vomita los tibios de Su boca. Esto me asustaba porque en toda la extensión de la palabra, me había convertido en un verdadero tibio. Ni frío, ni caliente.

Conduje esa "pick-up" verde a un lugar donde se aprecia la ciudad entera. Es el balcón natural de nuestra ciudad de Durango. Se llama el "Cerro de los Remedios". Ya estaba el sol sobre el horizonte cuando, sentado frente al volante, comencé a llorar profundamente pidiendo perdón al Señor por haber tomado Sus regalos (la música y el canto) y haberles permitido que me alejaran de Él. Estaba sumamente arrepentido de haber llevado una amistad incorrecta con una persona que, a pesar de que era educada y atenta, no conocía ni servía al Señor de la manera que yo sabía que necesitaba hacerlo. Le pedí perdón por haber tenido idea de hacer alguna otra cosa aparte de servirle. Le di las gracias por haberme llamado al ministerio y por haberme colocado en una familia con una herencia ministerial tan rica.

Esa tarde de verano en 1979, entregué de nuevo mi corazón al Señorío de Jesús y le prometí que desde ese día en adelante, determinaba no hacer nada fuera de Él. Esa tarde le entregué mi música. Le prometí que nunca más cantaría un solo canto y que nunca más tocaría una sola pieza si no fuera Él el centro de esa música. Puse sobre el altar mis talentos y les enterré el cuchillo, dándoles muerte a mis ambiciones personales en la música.

Estuve en esa colina un par de horas. Había restablecido mi relación con Dios. Me sentía verdaderamente libre. Era hora de empezar a dar marcha atrás con algunas de las cosas que había pensado con respecto a mis estudios. Había solicitado y conseguido una beca a una universidad en los Estados Unidos para estudiar música. Ahora sabía que lo único que tenía que hacer era renunciar a todo eso y buscar un buen lugar dónde estudiar la Biblia, ya que estaba en el último año de preparatoria.

Al día siguiente empezó la lucha para arreglar las cosas en mi vida personal. Lo primero que hice fue hablar con la amiga que había sido una gran distracción para mí. Cuando le expliqué lo que había sucedido el día anterior, le dije que era imposible seguir con esta amistad, ya que los dos transitábamos por caminos muy diferentes. Le dije que Jesús era el centro de mi vida y que nunca podría hacer o decir alguna cosa diferente a lo que Él quería que yo hiciera o dijera. No creo que ella me haya entendido muy bien. Sin embargo, estaba resuelto en mi decisión.

Después, comencé a hablarles nuevamente a todos mis compañeros de la Escuela de Música acerca de mi fe en Jesús y de la necesidad que ellos tenían de conocerle. Este solo hecho me aisló de muchos de ellos. No querían seguir escuchando a este predicador. Hasta la fecha, es una de las cosas que más me dolió. El saber que habían sido "amigos" superficiales. Pero, fue una lección que el Señor tenía que enseñarme a través de esta experiencia.

El último paso era platicar con el maestro Valenzuela. Él tenía muchas esperanzas de que yo estudiara música como carrera y que me titulara. A estas alturas yo había adquirido un enorme respeto por este hombre y en muchos aspectos lo sentí como un amigo. Cuando le informé que me iba a los Estados Unidos a estudiar en un seminario bíblico, casi se cayó del banquito del piano donde estaba sentado. Me habló por largo rato acerca del deseo que tenía de verme triunfar en la música y del potencial que veía en mí. Pero, mi decisión era firme y determinante. El tiempo de dejar a un lado los espejismos y ponerme en serio con la misión de Dios para mi vida había llegado. Tenía 17 años.

COLEGIO BÍBLICO INTERNACIONAL

Seguí estudiando en la Escuela de Música, pero con las decisiones que había tomado, me empecé a sentir como un extraño en ese lugar. Lo que en un tiempo había sido ilusión y emoción, se había convertido en algo ajeno y distante.

En esos últimos meses, casi no estuve en las clases de música. Asistía a los cursos programados, pero mi pasión por el Señor y por el grupo de jóvenes se había encendido, ahora estaba ayudando a dirigir. Programábamos salidas para evangelizar. Hacíamos estudios bíblicos en mi casa, con los muchachos del grupo de jóvenes.

Esa pequeña congregación que habían empezado mis papás había aumentado lentamente, pero ya teníamos nuestro propio templo y un terreno al lado para crecer. Dios nos había bendecido con un buen grupo de jóvenes y yo estaba muy involucrado en él.

Mi hermano mayor había ingresado a estudiar a un instituto para mecánicos de aviación y mi hermano menor, hacía un año y medio que se había ido a una escuela cristiana que empezó mi abuelo Holder, el papá de mi mamá. Sólo mis hermanas y yo estábamos en la casa con mis padres, y yo no pasaba mucho tiempo allí. Estaba muy involucrado en la obra del Señor.

Mi amiga Betsy, tenía un novio algo extraño y me había distanciado mucho de ella. En ese entonces con los que convivía, casi exclusivamente, eran los jóvenes de la iglesia.

En ese tiempo organicé un evento de evangelismo. El hermano "Fred", un misionero que vivía en la ciudad de Fresnillo, a unas tres horas de viaje por tierra desde Durango, tenía varias películas que exhibía con un proyector para evangelizar. Le pedí permiso a mi papá para que el grupo de jóvenes pudiera invitar al hermano Fred para ver una película. Él accedió y pusimos los planes en marcha.

Tomé el teléfono y llamé a varios números hasta que di con los administradores del Auditorio Municipal. Conseguí que nos rentaran el lugar a un costo muy bajo. Llamé al hermano Fred y le dije que habíamos rentado el auditorio, y si él podía proyectar una de sus películas. El hermano Fred siempre ha sido uno de esos misioneros que nunca pone "pero" a nada, especialmente cuando se trata de predicar de Cristo, e inmediátamente aceptó.

No recuerdo qué película proyectamos pero sí recuerdo que asistió tanta gente que tuvimos que hacer dos "funciones". Los jóvenes habíamos repartido volantes por todos lados y para nuestra sorpresa, mucha gente llegó. El hermano Fred tocó la guitarra antes y después de la proyección, les lanzó el mensaje de Jesús y muchos respondieron al llamado. Fue el primer evento de muchos que luego organizaría.

En esa ocasión, tuvimos una conversación con el hermano Fred en mi recámara, lugar donde estaba hospedado en esos días. Él me dijo que el tiempo era corto y que no debería ir a estudiar porque el Señor iba a regresar pronto. Yo le había platicado acerca de mis planes de estudiar en la misma escuela bíblica donde mis papás (mamá y papá Jerry) se habían conocido y que ya había enviado mi solicitud de ingreso.

Trató tanto de convencerme que al día siguiente de haberse ido consulté con mi papá acerca del tema. Le comenté lo que me había dicho el hermano Fred y mi papá respondió: "Bueno, si el Señor regresa mientras estás en la escuela bíblica preparándote para el ministerio, ¿qué le ves de malo a eso?". Me pareció muy cierta la respuesta; además a estas alturas tenía un insaciable deseo de saber más de la Palabra de Dios. Mi corazón estaba ardiendo con la pasión de conocer más a mi Señor y sabía que así como había dedicado tanto tiempo y disciplina en el estudio de la música, tenía que dedicarle tiempo a la Palabra de Dios para ser excelente en el ministerio. No obstante, conociendo que las intenciones del hermano Fred habían sido muy honestas y correctas, hice planes para ingresar a la escuela bíblica.

Antes de ir a San Antonio, ciudad donde se encuentra la escuela que había elegido, pasé unos meses en la misma escuela donde estaba mi hermano menor, Felipe. Esto era con el fin de terminar mis últimos meses de preparatoria o "high school", como dicen en Estados Unidos.

A pesar de que el tiempo que viví en la casa de mis abuelitos fue muy lindo para mí, extrañaba mucho a México, a los jóvenes y a la obra del Señor. Estuve ahí sólo por tres meses. Todos los días tocaba el piano y estudiaba mi música. Nunca dejé de ensayar. Sólo que ahora me encontraba experimentando algo que nunca había vivido. Pasaba mucho tiempo en el piano tocando alabanzas espontáneas para el Señor. Esos momentos se convertían en tiempos de mucha intimidad con Él. Casi siempre, terminaba con lágrimas en los ojos, tocado por la dulzura de la presencia de Dios. Eran momentos inolvidables de adoración y comunión con mi Señor.

Así empezaron a nacer cantos en esos tiempos. Cantos del espíritu. Cantos que nunca antes había entonado. Fue cuando empecé a tener como costumbre llevar conmigo a esas sesiones, una hojita de papel con una pluma para apuntar algunas de esas melodías. En esos meses se desarrolló más y más esta práctica de ir delante de la presencia del Señor con mi música.

El día que me gradué de la preparatoria recibí una invitación que me llenó de alegría. Un amigo íntimo de mis papás, el hermano Memo Williams, me encontró en la fiesta de la graduación para invitarme a ir a Ciudad Victoria, en México, lugar donde él trabajaba como misionero, para predicar en un campamento de jóvenes que estaba organizando.

Por dentro, quise explotar, pero por fuera le di mi mejor cara y le dije: "Lo pondré en oración y después le aviso". Bueno, la verdad es que le dije eso porque ¡no sabía qué decirle! Era un sueño hecho realidad. Ser el predicador invitado por tres días enteros en un campamento de jóvenes. ¡GUAU! ¡Qué privilegio! Está por demás decir que acepté la invitación y llevé conmigo a los jóvenes de nuestra iglesia de Durango. Así transitamos 15 horas de viaje en la pequeña "pick-up" de la hermana Dulce.

Ese verano fue inolvidable para mí. Ministramos por diferentes lugares, incluyendo el campamento al que me habían invitado. Organizamos "campañas" para evangelizar a niños en muchos pueblitos cerca de la ciudad de Durango. Nos preparábamos con títeres, payasos y pantomima y llevábamos el evangelio a los niños. Cientos asistían a nuestros pequeños eventos. Dormíamos en los pisos, en camas prestadas, nos bañábamos en los ríos y comíamos de todo. ¡Qué vida! Predicando a Cristo.

Fue difícil para mí decirle adiós a mis amigos y compañeros del grupo de jóvenes. Habíamos llegado a ser un equipo. Muchos de los que trabajamos juntos en esas "giras" de evangelismo, aún están en el ministerio. Pero, había llegado el momento de emprender una nueva aventura que me esperaba en la ciudad de San Antonio, Texas, con nuevos protagonistas y nuevas lecciones. Sería un tiempo de definitiva formación en muchas áreas de mi vida. Aprendería a confiar en la fidelidad del Señor y a esperar en Él. Aprendería lo que era el sacrificio y el arduo trabajo sin descanso. Estaba graduándome a otro nivel en la Universidad del Espíritu.

Como siempre, qué bueno que no sabía lo que me esperaba porque quizá hubiera tomado el primer barco a Tarsis, igual que Jonás cuando Dios le ordenó ir a Nínive. Pero seguí en fe, creyendo al Señor y Sus promesas en mi vida. Cuando hice mi maleta, dejé atrás la Escuela de Música y las amistades que ahí había hecho, les dije adiós a todos y cada uno de esos planes huecos que en un tiempo habían llenado mi pensamiento y me enfrenté a lo que estaba por delante. La gran aventura de prepararme para el distinguido honor de ser llamado "siervo" y "embajador" del Altísimo.

APLICACIÓN PERSONAL

6. ¿Recuerdas el día en que Dios te mostró que tenía un propósito y un plan para tu vida? A veces es muy fácil olvidarnos que Dios nos ha llamado a Su servicio.

7. ¿Te has enfrentado alguna vez a la muerte? ¿Puedes recordar algún incidente del cual el Señor te rescató? Seguramente has tenido momentos en que Su protección sobre tu vida fue evidente. Eso te debe recordar de Su amor por ti y del hecho que Él tiene un plan para tu vida.

8. De la misma forma en que personas como el hermano Chema y Pablo Casillas impactaron la vida de Marcos, Dios pone a jóvenes en nuestro camino para que podamos impactar sus vidas. La mayoría de las veces los niños y los jóvenes simplemente observan nuestras acciones. Mira a

tu alrededor y haz el esfuerzo de ser un buen ejemplo.

9. Joven . . . al escoger tus amistades debes cuidarte de gente "destrampa-da", pero al mismo tiempo nunca le debes dar la espalda y siempre debes dar a conocer a Jesús. Quizá te digan "el reverendo", pero a la larga vale la pena, ¿no crees?

10. En este capítulo Marcos comenzó a hablarnos de espejismos que nublaron su relación con Dios. ¿Puedes reconocer los espejismos que Satanás ha puesto en tu vida? ¿Cómo los pudiste identificar y obtener la victoria? Quizá estás en el medio de una situación similar; ahora es el momento adecuado para decirle adiós a esos espejismos. ¿Qué precio has tenido que pagar a causa de tu relación con Dios? ¿Has perdido amistades?

Los tres
hermanos
con sus
instrumentos
musicales.
De izquierda a
derecha: Jerry,
Felipe y yo.

Una de las primeras
iglesias donde tuve
la bendición de
predicar. El año era
1976 y el lugar es
Sinaloa, México.

Capítulo tres

Dormido—con
los ojos abiertos

n la ciudad de San Antonio, Texas, hace mucho calor. Es un calor pegajoso y húmedo. Es difícil para una persona como yo, respirar en el sofocante ardor de ese lugar, ya que había crecido en una ciudad seca y árida. El cambio a este clima era drástico y a veces insoportable.

Entre los miles de árboles que hay en esa hermosa ciudad, se encuentran grandes cantidades de una especie de langosta. Cada día, durante los meses de calor, hacen un sonido muy ruidoso, semejante a un grillo, sólo que mucho más fuerte e intenso. Cuando miles de estos animalitos emiten juntos este sonido, se forma una orquesta impresionante que se escucha a mucha distancia. Es el sonido característico del sur de Texas.

En la calle de Northern Lights había una pequeña casa sobre ruedas, "mobile home" le llaman en inglés, ese fue mi hogar durante dos años y medio. Era un lugar que habían comprado mis padres para que viviéramos mi hermano y yo mientras estudiábamos en esa ciudad. Jerry, mi hermano mayor, había permanecido allí más de un año y medio, mientras terminaba sus estudios en una academia local que preparaba mecánicos de aviación.

Era un lugar modesto y pequeño, con dos recámaras en cada extremo, conectadas por una cocina, un baño y una salita que se encontraban en la parte central. En esa pequeña sala, había una unidad de aire acondicionado montada sobre la pared, arriba de una ventana, que tenía que suplir la necesidad de enfriar el aire en toda la casa. En efecto, era insuficiente para el calor de San Antonio, pero por lo menos, daba un poco de refrigerio a las temperaturas altísimas que se producen en esa ciudad. En ocasiones, se registraba afuera una temperatura de 44 grados y adentro sólo se registraban 36. Algo es algo.

El colegio bíblico quedaba a una distancia de seis o siete kilómetros de donde vivíamos, sobre un cerrito pequeño, al que le habían puesto de apodo "Cerrito Aleluya". Lo comenzó un gran misionero, Leonard Coote, con la visión específica de preparar y enviar misioneros a todas partes del mundo. Esta tarea la había cumplido muy bien durante los años que estudiaron allí mis papás y varias generaciones después. Pero durante los años que yo estudié ahí, el colegio estaba atravesando una crisis de identidad que lo había convertido en un instituto teológico más.

Habían pasado muchos años desde que su fundador había muerto y las riendas las había tomado su hijo. Quedaban vestigios de una pasión misionera, pero ya no era la escuela de entrenamiento misionero que había sido en tiempos anteriores. En realidad, nadie lo sabía en ese momento, pero pocos años después, la escuela sufriría uno de los golpes más grandes de su historia, que nos ayudaría a entender el por qué estaba pasando por una crisis interna.

Mi primer día de clases consistió en asistir a la reunión de orientación que celebraron para todos los alumnos del nuevo ingreso. Nos leyeron el reglamento y explicaron las distintas políticas acerca de las clases, asistencias, ausencias, exámenes y en fin, todo lo que un alumno nuevo necesita saber de su escuela. Después, nos hicieron esperar y nos fueron llamando uno por uno a una mesita que servía de escritorio, para pagar la cuota de admisión y hacer el pedido y pago de los libros que necesitaríamos.

Estaba muy orgulloso de mi nueva cuenta de cheques que había abierto en un banco cerca de mi casa, con un dinero que me habían ofrendado por mi graduación de la "prepa" (high school). Había pedido los cheques más baratos que ofrecía el banco, y habían impreso una gran "W" (para "Witt") en la esquina superior izquierda de los cheques. Ese día, pensé que todos me verían sacar mi apreciada chequera y me observarían al escribir uno de los primeros cheques. Al llenarlo, mientras escribía miré de reojo a ver si alguien se impresionaría de que este hijito de misionero tenía chequera propia y me di cuenta que nadie me estaba dirigiendo la mirada y mucho menos la atención. Rápidamente, terminé de escribir el cheque y me entregaron el recibo. Con eso, terminé el proceso de ser oficialmente admitido como alumno de teología en esa pequeña escuela de aproximádamente trescientos alumnos.

Todo era nuevo para mí. Nunca había vivido solo, fuera de mi casa y lejos de mis papás. Estaba conociendo gente nueva de diferentes partes del mundo. Muchos de ellos tenían una visión de hacer algo para el Señor. Otros venían sólo porque no habían encontrado otro lugar dónde estudiar y querían salir de sus casas. Pronto descubrí quiénes éramos los que estábamos por convicción en ese lugar y quiénes no. Fue un poco difícil para mí comprender que hubiera personas estudiando en un Instituto Bíblico sin tener una visión específica acerca de su vida.

Nos asignaban asientos. Es decir, teníamos que sentarnos en el mismo sitio todos los días en todas las clases. Esta era una medida que tomaron para facilitar la toma de asistencia. En mi salón había más de cien alumnos. Se había determinado que la mejor manera de saber que estábamos todos, era sentándonos en el mismo lugar día tras día. El que se sentaba a mi izquierda era un hombre que se llamaba David Davis. El que estaba a mi derecha era un joven predicador llamado Byron Autry. Uno totalmente opuesto al otro.

Byron llegaba todos los días vestido con traje y corbata. Me parecía que era ese tipo de personas que se toman un baño dos veces al día. El olor de su colonia llenaba todo el salón. Tenía una personalidad similar a algunas de las distintas fragancias que usaba: a veces era agradable y otras empalagoso.

David, por el contrario, era de los que si se bañaba, bien, y si no, también. Vestía con jeans y camiseta, tenis y chamarras de mezclilla. El cabello siempre lo tenía descuidado y le gustaba reír mucho. También le gustaba el chorizo mexicano, que tiene un olor muy fuerte antes y después de comerlo. En incontables ocasiones tuvimos que soportar el desagradable olor. Ellos dos fueron mis primeras amistades, no por elección sino por necesidad. Nos sentábamos juntos día tras día, semana tras semana. Los dos amaban mucho al Señor. Los dos siguen en el ministerio hasta el día de hoy.

Se dispuso un día para elegir a los "oficiales" de la generación. Cada generación tenía su presidente, vicepresidente, secretario y tesorero. No sé cómo mi nombre terminó siendo uno de los que estaban en la pizarra como posibles candidatos para presidente, junto con otros tres: Dembroski, Porter y Newell. Sinceramente, yo tenía demasiados complejos personales como para desear esa posición de liderazgo, aunque me hizo sentir bien el que me hayan elegido como un candidato. Sin embargo, por dentro abrazaba la esperanza de que otro se quedara con el puesto.

Cuando se contaron los votos, Pete Dembroski había quedado como presidente, Joel Porter como vicepresidente y yo había quedado en el tercer lugar de las votaciones. Meses después, todos nos dimos cuenta que nuestro presidente, Pete, tenía problemas de personalidad al guiar con un estilo bastante dictatorial, llevando a la renuncia de Joel Porter a su puesto de vicepresidente.

Cuando sucedió esto, me llamaron para decirme que como yo había quedado en tercer lugar en la votación, lo correcto era darme la oportunidad de aceptar o rechazar el puesto de vicepresidente. Para estas alturas, yo ya estaba laborando en dos trabajos y muy involucrado en mi iglesia. Además, había visto que el estilo de liderazgo que ejercía el presidente de mi generación no era compatible conmigo, por lo tanto decidí pasar por alto esta oportunidad. Quedó como vicepresidente el Sr. Newell.

MIS PRIMEROS TRABAJOS

Una de las primeras cosas que tenía que hacer era encontrar trabajo. Mis papás son personas que siempre han dado su mejor esfuerzo para ayudar a cada uno de sus hijos. No poseen grandes recursos, ya que la mayoría de sus ingresos los han invertido en la construcción de iglesias que se encuentran en diferentes partes de México. Cuando nos fuimos a estudiar, sabíamos que ellos nos ayudarían con lo que pudieran, pero que la carga económica de nuestras colegiaturas tenía que descansar principalmente sobre nuestros hombros.

Una de las ayudas más grandes que me dieron fue el comprarme un auto bastante usado en el que podía moverme en esa enorme ciudad. San Antonio se construyó de tal manera que está muy extendido. Las distancias de un lado a otro son largas y no tener auto en esa ciudad es estar paralizado.

Nuestras clases estaban diseñadas de tal manera que los alumnos que necesitábamos trabajar lo podíamos hacer durante las tardes. Todas las clases concluían a las 12:30 del día y podíamos encontrar lugares que nos permitirían trabajar desde la una de la tarde en adelante.

Todos los días, después de las clases, salía a comprar un periódico, para leer los avisos clasificados y llenar solicitudes de trabajo en diferentes lugares de la ciudad. No tenía conocimientos en ninguna área fuera de la música, así que presentaba solicitudes en cualquier tipo de empresa, con el único deseo, y la necesidad, de poder tener un ingreso de dinero.

Día a día me enfrentaba con la amargura del rechazo cuando indagaba sobre mi solicitud en esta o aquella empresa. Me decían que me faltaba experiencia o mi horario de clases no se acomodaba a lo que ellos necesitaban. En fin, todas las tardes llegaba cansado a la casita para hacer tareas y a orar para que el Señor me diera trabajo.

Después de una semana de estar buscando, me dijeron que uno de los hermanos de la congregación necesitaba a alguien que lo ayudara en su oficina. Le hablé y después de platicar, había encontrado mi primer trabajo. Mis tareas en su compañía incluían llevar el correo, hacer algunos cheques para los trabajadores, contestar el teléfono, elaborar en limpio los presupuestos que me pasaba mi jefe y—barrer y limpiar las oficinas. Ganaba muy poco dinero, pero ganaba. El horario era bueno y yo estaba contento.

Una de las solicitudes de trabajo la había dejado en una tienda de música donde vendían pianos y órganos. Pensé que como sabía tocar estos instrumentos, quizá podría venderlos. Pero el gerente me rechazó por mi falta de experiencia en el área de ventas. Me dijo: "No necesito gente que toque el piano, necesito gente que sepa venderlos". Sin embargo, habían quedado en su escritorio mis datos.

Una tarde cuando regresé de mi nuevo trabajo, sonó el teléfono; era el gerente de esa tienda de música. Me explicó que había visto el papelito que contenía mis datos y que quería hacerme una pregunta: "¿Estaría dispuesto a dar clases de piano a las personas que compren uno?". Me explicó que cuando vendían un piano u órgano, dentro del precio de la compra se incluían seis lecciones. La compañía me pagaría esas lecciones si yo estaba dispuesto a dárselas a sus clientes. Después, si el comprador quería, podría tomar más clases conmigo y esas lecciones me las pagaría directamente el alumno. Inmediátamente le respondí que estaba más que dispuesto.

Así fue como empecé mi segundo trabajo de dar clases de piano a seis dólares por lección. Era cuestión de arreglar con los alumnos el horario que les convenía a ellos y ajustarlos al horario que ya tenía con mis clases y mi otro trabajo. Las noches me quedaban para estudiar, hacer tareas y ensayar con los diferentes grupos de música con los que estaba tocando, ya sea en la iglesia o en la escuela.

Una tarde llegó mi jefe del primer trabajo a la oficina para informarme que como era muy poco el trabajo que tenía para mí, debía despedirme. Sentí tristeza por varias razones, la primera fue que nunca me habían despedido de un empleo, la segunda era que me estaba gustando este trabajo y ya me había acostumbrado a las diferentes tareas que me tocaban, y por último, necesitaba el dinero. Así que, nuevamente a buscar trabajo. Todavía tenía a mis alumnos de piano pero no era suficiente para poder pagar colegiaturas, comida, luz, agua y teléfono. Mis papás cubrían la renta del terreno donde se encontraba la casa rodante en la que vivíamos. Era una linda comunidad de muchas otras casas rodantes.

Esta vez, no tardé en encontrar mi nuevo empleo. Algunos de los alumnos de la escuela bíblica trabajaban en un lugar donde se realizaban encuestas a la gente, estas eran sobre productos que abarcaban desde artículos de limpieza y bebidas gaseosas, hasta encuestas políticas y de "ratings" de programas televisivos. La compañía pagaba más a quienes hablábamos español y como necesitaban personal bilingüe, me contrataron el mismo día que completé la solicitud.

Mis mañanas estaban llenas de estudio de la Palabra, alabanza, adoración, oración y el olor a chorizo de mi amigo David. Mis tardes estaban ocupadas en hacerle encuestas a la gente y mis noches con clases de piano y ensayos de música. En las noches también participaba mucho en las bandas de oración que organizaba nuestra escuela, allí se oraba por las diferentes regiones del mundo. Yo, lógicamente, pertenecía a la banda de oración de América Latina.

La que dirigía estos grupos de oración era una joven de cuarto año, ya casi por egresar, se llamaba Mary Jo Pea. Ella era fascinante. Su pasión por predicarle al mundo las buenas nuevas de Jesús me inspiraba y me motivaba. Siempre alegre y dinámica, era un privilegio trabajar a su lado. Años después, llegaría a ser una misionera en el país que la apasionaba: Japón.

En el trabajo recibíamos mucha presión. Nos ponían cuotas que debíamos llenar y no podíamos irnos hasta completar la cantidad diaria. Cuando se realizaban las encuestas telefónicas, no había tanto problema porque era cuestión de seguir llamando diligentemente hasta encontrar a una persona que quisiera responder la encuesta y que llenaba los requisitos para poder contestar las preguntas. Pero, cuando me tocó estar en la calle, golpeando puertas y buscando personas amables que no me cerraran la puerta en la cara, dispuestas a contestar mis preguntas, era otro asunto.

En una encuesta específicamente, me habían impuesto una cuota muy alta. Este cuestionario tenía que ver con revistas y la publicidad en las mismas. ¡Cómo batallé para que la gente me ayudara! El proceso era largo, tenía que encontrar alguien dispuesto a ayudarme, dejarle la revista y después acertar un tiempo en el que podía regresar a su casa para platicar acerca de las diferentes preguntas de la encuesta. Para empezar, nadie quería tomarse el tiempo de tomar la revista.

Cuando finalmente coloqué todos los ejemplares en diferentes casas, el volver a encontrar a esas personas fue todo un desafío. Llegaba a la hora indicada y no estaban en casa. En otros casos, tuve que volver a programar otra visita porque estaban demasiado ocupados para contestar las preguntas en ese momento.

Un sábado por la tarde, ya se ponía el sol y me faltaban unas pocas entrevistas para terminar la cuota que debía entregar el lunes siguiente, me senté por largo rato en mi pequeño auto y me puse a orar y a adorar. Le pedí al Señor que me ayudara a finalizar este proceso y que pudiera terminar todas las entrevistas. Cuando salí del auto, renovado y refrescado por mi Señor, con un nuevo entusiasmo toqué las puertas que me quedaban y para mi sorpresa, TODOS estaban en casa dispuestos a terminar conmigo la encuesta. Sólo a uno tuve que reprogramar para el siguiente día. ¡Qué gozo! Aprendí grandes lecciones en ese trabajo de las encuestas. Perseverancia fue una de ellas.

Una nueva amistad

Para el segundo mes de clases, descubrí que había una jovencita de segundo año que me llamaba muchísimo la atención. Tenía una alegría contagiosa y me sentía bastante atraído por ella. Tenía el nombre más llamativo de todo el alumnado. Se llamaba Robin y su apellido era Hood. ¡Robin Hood!

Al desarrollar nuestra amistad, después de un par de meses, Robin me platicó que trabajaba en un lugar que rentaba películas cristianas a las iglesias por todos los Estados Unidos y que las horas eran buenas, el ambiente también y el pago no era malo. Me comentó que estaban buscando nuevo personal y que debería tratar de conseguir trabajo ahí. Sinceramente, me había cansado de las encuestas, aunque me gustaban. Además, pensé que sería una perfecta oportunidad de conocer mejor a esta chica que tenía entre ojos. Así que, envié una solicitud a "Películas Internacionales" para ver si me aceptaban. Después de una entrevista, me contrataron y le dije adiós a mi supervisora Inés, y a todos los de la compañía de encuestas.

Mi nuevo trabajo consistía en llamar a pastores y directores de educación de iglesias grandes y pequeñas por todos los Estados Unidos, ofreciéndoles en renta una de las varias películas que había en el catálogo de nuestra compañía. La "renta" consistía en recoger una ofrenda de amor a la hora de proyectar la película, y luego enviarla a nuestra oficina. Más que empresa, era un ministerio, porque de muchos lugares ni siquiera enviaban la ofrenda, sólo nos regresaban la película. En una que otra ocasión, ni siquiera la película regresaban. Ahí empecé a darme cuenta que hay muchas personas que se encuentran en el ministerio a las que les falta integridad en sus tratos. Fue una lección sorprendente que tuve que aprender. Yo había crecido en una casa donde la ética y la integridad ministerial eran el orden del día. Gran sorpresa para mí fue el enterarme que hay personas que usan el ministerio para otras cosas. Sin embargo, todos los días me sentaba en mi pequeña oficina por seis horas y llamaba a muchas partes de los Estados Unidos para ofrecer las películas.

En ocasiones, nuestro supervisor Steve, hacía competencias para ver qué empleado podía rentar más películas en una semana. Casi siempre nos ganaba él, no tan sólo porque estaba a tiempo completo y los demás no, sino también porque era un hombre mayor que había sido pastor en un tiempo y tenía una habilidad extraordinaria para convencer a los pastores que esas películas eran lo que más necesitaba su congregación. Otras veces, le llegamos a ganar. Yo gané el concurso en unas tres ocasiones y me llevé los regalos que ofrecían, más el reconocimiento de mis compañeros.

Fue un precioso ambiente de trabajo y no tengo un sólo recuerdo malo de mi estadía en esa pequeña compañía. Al contrario, hacíamos todo para sacar adelante el ministerio y para apoyar a nuestro jefe, Charlie Tatum, un hombre muy bueno y agradable. Él había trabajado por varios años con el ministerio del evangelista Billy Graham y tenía pasión por ganar almas para Cristo.

Robin y yo habíamos desarrollado nuestra amistad. Íbamos a todos lados juntos. Ella era una persona muy agradable con quien estar y yo nunca había tenido una amistad con otra mujer como la que disfrutaba con Robin. En nuestra escuela había muchas reglas que se tenían que observar acerca del proceso de relacionarse con los miembros del sexo opuesto, y Robin y yo seguíamos al pie de la letra cada una de ellas. Lo hacíamos con gusto y además, los dos habíamos crecido en hogares donde se nos había inculcado el temor de Dios. Mi trato hacia ella siempre fue de respeto y cuidado.

Esa Navidad de 1980, yo estaba bastante emocionado con ella y mis papás sabían que algo estaba pasando. Les había platicado desde hacía tiempo acerca de esta amistad y ellos la aprobaban, ya que conocieron a Robin en uno de los viajes que habían hecho a San Antonio para visitarnos a mi hermano y a mí. Pero un día Robin y yo descubrimos una diferencia que marcaría el fin de nuestra relación.

Sucedió en enero de 1981. Solo 4 meses después de comenzar a salir. Me di cuenta que ella no estaba segura si podía o no vivir en un país fuera de los Estados Unidos. Para mí, no era opción. Yo estaba seguro, como lo he estado desde los 8 años de edad, que Dios me usaría en América Latina. También, estaba seguro que la mujer que Dios tenía para mí tendría que estar dispuesta a vivir en cualquier lugar del mundo y Robin me había comunicado que para ella, eso sería difícil. Siendo la persona drástica que soy, inmediatamente terminé con nuestra relación, porque no quería que siguiéramos sembrando semillas de amor y amistad en una relación que, desde mi punto de vista, tendría que terminar de todas formas. Mejor sufrir un poco ahora, pensé, que sufrir mucho después.

Confiar en Dios

Una de las primeras lecciones que aprendí durante este tiempo de mi vida fue la de confiar absolutamente en el Señor. Nunca antes había tenido la oportunidad de depositar toda mi confianza y esperanza en Él.

En cuanto a mi economía, estaba aprendiendo a confiar en Dios y tratando de vivir dentro de los principios en los que me habían educado mis padres. El diezmo fue uno de los fundamentos que desde una temprana edad me habían enseñado. El ser un buen mayordomo con nuestras finanzas fue otro. Pero uno de los más importantes principios que mi padre me inculcó es el de ser transparente en todos nuestros negocios. Que nunca tengamos que sentir pena o vergüenza de nuestras decisiones financieras. Manejarnos con tal integridad y rectitud que cualquier persona pueda ver nuestros libros de finanzas y no hallar reproche.

Al vivir solo, fuera de la casa paterna, tenía la oportunidad de poner por obra todos estos principios. Pronto me di cuenta de algo muy importante: Es más fácil decir que hacer. A la hora de tener que confiar en Dios para mis propias finanzas, me encontré mucho más sobre mis rodillas, buscando el rostro del Señor. Pasaron cosas que me forzaron a buscarlo más.

Mi hermano y yo habíamos decidido ir a la reunión ese domingo por la mañana en mi auto, ya que era el más "nuevo" de los dos. Aunque era uno viejito, era nuevo para nosotros y elegimos que esa mañana iríamos juntos en mi coche, y dejamos el suyo estacionado.

Después de la reunión, regresábamos a nuestra casita para calentar alguna comida congelada que solíamos comprar por lo fácil de su elaboración. Veníamos escuchando la única estación de radio cristiana que había en esa ciudad, en ese entonces (KSLR), cuando Jerry trató de meter un casete y por alguna razón se trabó.

Esa tarde estaba lloviendo ligeramente y el tráfico era el normal de un domingo a esa hora, después de muchas reuniones en las diferentes iglesias de la ciudad. Distraje mi atención por un momento para ver qué era lo que pasaba con el casete que él trataba de meter en el estéreo y en ese instante la persona que conducía el auto delante de mí decidió parar y dar una vuelta a la izquierda.

Cuando regresé la mirada a la carretera, había un auto, Honda, color gris, parado delante de mí con la luz intermitente señalando un giro a la izquierda. Esa luz se hizo más y más intensa hasta que desapareció debajo de mi cofre al estacionar mi auto adentro de la cajuela de él.

Todo pasó en cuestión de instantes, aunque recuerdo las imágenes como una película en cámara lenta. Cuando apliqué los frenos, las llantas, ya gastadas por el uso, no hicieron contacto con el suelo, sino que se derraparon hasta que nos detuvo el Honda gris. Nunca antes había estado en un accidente automovilístico, ni pequeño ni grande. Aunque éste era uno relativamente pequeño, fue enorme para mí en ese momento.

Después de completar toda la papelería requerida por las leyes de Estados Unidos y de recibir, oficialmente, el dictamen de que yo era culpable por el accidente, nos regresamos a casa para llamar a mis papás notificándoles de lo ocurrido. Gracias a Dios, el seguro cubriría el costo del arreglo del auto de la señora contra quien había chocado, pero hasta ahí y nada más. Mi auto no estaba cubierto por el seguro. Tendría que arreglarlo con mi propio esfuerzo. Me puse de rodillas a buscar de Dios. En cada oportunidad, estaba comprobando Su fidelidad y como siempre, en cada circunstancia fue real.

Aunque nunca tuve el dinero para terminar de pintar el auto después de arreglado, lo usé por los dos años siguientes y la persona que me lo compró, me dio sólo setenta y cinco dólares menos de lo que había pagado mi papá por él. Siempre digo que ese auto era mi "coche con lepra", porque todo el frente quedó de un color diferente al resto del auto, debido a que nunca lo pude pintar.

En la escuela bíblica habían diseñado un sistema de pagos, con el cual si el alumno pagaba cierta cantidad en la fecha indicada, podría terminar el año con el total de su deuda cubierta. Cuando estas fechas se acercaban, todos se ponían nerviosos porque si un alumno no depositaba la cantidad debida, esto podía significar su expulsión de la escuela.

Cuando se acercaba la primera fecha, empecé a ver lo que tenía en mi cuenta del banco contra lo que debía pagar y, nuevamente, me fui a mis rodillas. En esos años aprendí la importancia de buscar a Dios, no importando lo grande o pequeño de la necesidad. Mucho tenía que ver con aprender una buena mayordomía, pero siempre busqué al Señor para cada necesidad económica.

Al acercarse las fechas de pago, en ocasiones no tuve la cantidad total para pagar, pero me acercaba a la oficina, daba lo que tenía y firmaba unos compromisos para pagar el resto en cierto tiempo especificado. Le doy gracias a Dios que al finalizar mi segundo año, no le debía ni un dólar a la escuela. Él se mostró fiel durante todo ese tiempo como hasta ahora.

Fue un tiempo de grandes lecciones. En el aprendizaje de la escuela de la vida también cuentan los errores al final de las lecciones. No tan sólo estaba aprendiendo en las clases bíblicas. Sin saberlo, Dios me entrenaba en un curso intensivo de capacitación para tantas cosas que hasta varios años después no entendería.

Por ejemplo, durante esta etapa, casi no dormía y esto era algo que, sin saberlo, sería gran parte del resto de mi vida. Mis clases tomaban cuatro horas todas las mañanas, mi trabajo era de seis horas diarias, tenía dos o tres alumnos de piano diariamente, grupos de música en los que estaba involucrado, solistas a quienes acompañaba, grupos de oración con los que participaba y tareas que debía cumplir cada noche. Entre cada uno de estos compromisos, había que conducir el auto por más de veinte minutos cada vez.

Con toda esa actividad me quedaba muy poco tiempo para dormir, a veces menos de cuatro horas por noche. En varias ocasiones amanecí terminando algún escrito para entregar esa mañana. Fue durante este tiempo de mi vida que me llegó a gustar mucho el café y donde aprendí a bostezar con la boca cerrada y a dormir con los ojos abiertos.

EL PUERCOESPÍN

"Tocas con la sensibilidad con la que camina un puercoespín", fueron las palabras que me dijo al oído. Su nombre era Lalo[1]. Él estaba en tercer año. Era un extraordinario músico y habíamos empezado una cierta clase de "amistad". Era una de esas relaciones extrañas en la que me pregunté muchas veces por qué soportaba las asperezas de esta persona. El insultar a la gente y hacerlos de menos se había convertido en un hábito suyo. Muchos de los compañeros de la escuela lo evitaban porque no soportaban su aire arrogante y altanero. Sin embargo, yo pude ver que estaba sufriendo. Estaba solo. Necesitaba amigos. Muchos le sacaban la vuelta porque en su afán de impresionarlos, se convertía en una persona odiosa y desagradable. Cuando me dijo esas infames palabras, yo estaba tocando el órgano en la reunión de capilla que se celebraba por la mañana.

Cada semana, la oficina buscaba los jóvenes con algo de habilidad para tocar el piano, órgano o cualquier otro instrumento y nos incluían en un rol para tocar. Yo me había anotado para tocar piano u órgano, aunque la verdad sea dicha, nunca pensé que me pondrían en el órgano porque no lo toco nada bien. En cambio, había una persona en el alumnado que TODOS reconocíamos como el máximo organista de la escuela. Él había tocado con el entonces renombrado Jimmy Swaggart en muchas de sus cruzadas y programas televisivos.

Nadie podía discutir que Lalo era, sin duda, el mejor músico de la escuela. No obstante, siempre he sido una persona que si existe la oportunidad de hacer algo y necesitan gente para suplir una necesidad, me apunto, aunque no lo sepa hacer bien. Siempre he tenido la idea de que es mejor intentar algo y luego darme cuenta que no puedo hacerlo que, no intentar nada y nunca saber si podía haberlo hecho o no. Así que, sin pena, me anoté en la lista y me asignaron una semana en el órgano. Esto no le pareció nada bueno a Lalo, porque era el monopolizador de este instrumento. Éramos tres en toda la escuela, los que nos habíamos apuntado para tocarlo, así que entre menos éramos, más contento estaba él, porque siempre quería tocar.

El órgano estaba ubicado a un costado de la plataforma, justo en la orilla por la que corría un pasillo que iba al salón de los alumnos de tercer año. Durante toda la reunión, pude ver que mi amigo Lalo estaba bastante molesto por algo. Cuando terminó el devocional, tocábamos algo de música mientras los alumnos se retiraban. El pasillo detrás de mí llevaría a Lalo a su salón. Pude ver cuando salió de su asiento y se dirigió hacia su clase, todo el tiempo tuvo su mirada puesta fijamente en mí. Comencé a prepararme para un insulto. A estas alturas, ya había visto a Lalo en muchas situaciones feas y había conocido a un hombre tenebroso. Sólo me quedaba esperar para ver qué me diría esta vez. Fue la ocasión que me bautizó de "puercoespín".

Dios usó esta extraña amistad para mostrarme tantas cosas acerca de mi propio carácter y del Suyo. Pude aprender a mirar a la gente más allá de lo que quieren que uno vea. Pude aprender que las personas experimentan dolores y sufrimientos que van más allá de nuestro entendimiento. Lalo era un clásico caso, producto de rechazos y violencia que sufrió durante toda su vida. Se sumió en su música para tratar de olvidar sus dolores y para comprobarle al mundo que sí podía ser una persona aceptable. Siempre vivió tratando de demostrarle a todos que era importante. Si tan sólo hubiera descansado en el saber de quién era en Cristo. Esa fue la lección principal que Dios me mostró a través de los años que conocí a Lalo.

Aceptos en el Amado

Desde muy pequeño, mi mamá se dio cuenta que yo tenía un problema con mi vejiga. Para ser exacto, mi vejiga era mucho más pequeña de lo que requería el tamaño de mi cuerpo. Como consecuencia de ello, desde muy chico comencé a mojar la cama cada noche mientras dormía. Mis papás hacían todo lo que podían para tratar de ayudarme con este problema, pero nada les daba resultado.

Por muchos años, mi papá se levantó a todas horas de la noche para llevarme al baño. Después de un rato, estaba la cama mojada. Otras veces, cuando llegaba mi papá para llevarme al baño, ya era demasiado tarde. Por años viví así. Mi mamá leía todo el material que podía sobre personas que padecían el mismo problema que yo.

Intentaron todo, incluso castigarme si despertaba con la cama mojada o premiarme si amanecía con la cama seca, pero nada funcionaba. Siempre lograba amanecer con la cama mojada, no importando los métodos que utilizaran ellos. Le doy gracias a Dios que mi mamá nunca intentó usar las "sábanas eléctricas" de las que había leído. Eran unas sábanas que producían un pequeño "shock" eléctrico al momento de ser mojadas, con el fin de despertar a la persona. En lo personal, no me parecía bien esa idea.

El problema se acrecentó con el paso del tiempo. Una cosa es que este problema lo tenga un niño chiquito de sólo unos cuantos años. Pero al ir creciendo, de seguro, pensaron mis papás que este problema dejaría de ser. No fue así. Al contrario, con el paso del tiempo el problema se acrecentaba. Una de las cosas que empeoró la situación fue cuando comencé a notar que yo era el único en mi casa con este inconveniente y empecé a sufrir ciertas consecuencias emocionales a raíz de ello.

Cuando algún tío o algún amigo nos invitaba a pasar la noche en la casa, no podía dormir por el temor de dejarle la cama mojada. En una ocasión que visitábamos a una de mis tías que tenía una casa elegante, le dejé una gran huella de orina en la cama de las visitas. Cuando ella lo descubrió, entró a darme un gran discurso y a regañarme mientras con gran frustración quitaba las sábanas y cobijas. Recuerdo que me sentí lo peor del mundo en ese entonces. Sabía que había cometido un grave error al dañar sus cobijas, sábanas y colchón, pero no había nada que pudiera hacer al respecto. Esa vez, me fui a un sitio a escondidas de todos y comencé a llorar. Le pedí al Señor que me sanara. Que me quitara esto. No lo quería más. En esa ocasión, tendría unos diez años de edad.

Para cuando cumplí dieciséis años todavía era agobiado por esta situación, esto había causado unas llagas enormes en mi autoestima. Luché por mucho tiempo con el estigma de ser el "meón" de la casa. Mis hermanos se encargaban de recordármelo y todos los vecinos sabían del problema porque mis sábanas y pijama aparecían todos los días en el tendedero que estaba en la parte de atrás de la casa, a plena vista de todos nuestros vecinos. El dolor de este problema me llevó a ser una persona que se sumió en algo que le gustaba y que hacía bien: la música. Pero las heridas que produjo todo aquello, no sanarían hasta varios años después.

La sanidad comenzó estando en una conferencia de enseñanzas bíblicas, cuando oí algo que cambiaría mi vida: "Somos ACEPTOS en el Amado". El predicador dijo que cuando Dios comienza a pintar un cuadro, éste necesita permanecer en el caballete hasta que haya sido terminado. Si hasta ese momento el cuadro no parece del todo perfecto, es porque Dios aún no ha terminado de pintarlo. Si el cuadro se baja del caballete porque no le gusta cómo está quedando, entonces le quita la oportunidad a Dios de poder terminar lo que había comenzado.

Esa tarde, el conferencista nos dio la oportunidad de reflexionar sobre cada una de las cosas que no nos gustaba de nuestra persona. Inmediátamente, pensé en mi problema de la vejiga. En muchas ocasiones había hablado con Dios al respecto, incluso le había reclamado sobre el tema. Pero en ese momento pude entender que Su obra no había sido terminada en mí y que sólo me correspondía estar tranquilo en el caballete mientras Él me terminaba de pintar. ¡Qué paz entró en mi corazón esa tarde! Puedo recordar el sitio exacto donde estaba en ese auditorio cuando llegó a mi vida esta revelación. A partir de ese instante, el Señor comenzó a obrar en mi corazón, sanando todas esas inseguridades que había provocado no tan sólo mi problema físico de la vejiga, sino otras heridas emocionales que sostuve en mi niñez y adolescencia.

Cuando terminó la conferencia, el predicador nos regaló un prendedor de solapa que tenía las siguientes siglas: PFSPDANHTC Estas significaban: "Por Favor, Sé Paciente. Dios Aún No Ha Terminado Conmigo".

Usé por mucho tiempo este prendedor, con una nueva sonrisa en mi boca. Esa fue la revelación que me libró de mucho dolor al caminar al lado de mi amigo Lalo. Es la revelación que sabía que él aún no había recibido.

Los insultos de Lalo no me movían como me hubiera sucedido en otro momento de mi vida. Justo en ese tiempo estaba llegando a ciertas conclusiones para mí mismo: 1) Sabía quién era en Cristo y 2) Conocía la verdad, y la verdad me hacía libre. La verdad acerca de cómo tocaba el órgano era: Lo tocaba (y lo sigo tocando) ¡con la sensibilidad con la que camina un puercoespín! Esa verdad me hace LIBRE. No tengo que comprobarle nada a nadie acerca de nada. Puedo ser libre cuando conozco la verdad. Nunca me imaginé cuánto iba a necesitar estas dos verdades fundamentales en mi vida en los años venideros.

Otra cosa que provocaron los insultos de Lalo en mi vida fue el poder reírme de mí mismo y no tomarme tan en serio. Podía ver cómo es que él se tomaba tan en serio y de esto aprendí que no quería ser igual. Es por eso que, en muchos sentidos, Lalo fue un gran maestro para mí.

MI AMIGO DAVID

"Templo de Avivamiento" se llama la congregación donde asistí durante esos años. Para mí, en San Antonio no existía otra iglesia. La razón era sencilla: Cuando mis papás se conocieron, asistieron a esta congregación y había sido la iglesia que los había reconocido como ministros y los había ordenado al ministerio. De tal manera que siempre hubo y sigue habiendo una relación muy estrecha con esta congregación.

Muchos de mis compañeros de salón iban a otras congregaciones y algunos otros, ni siquiera asistían a una iglesia. En mi casa habíamos crecido con la firme convicción y enseñanza que asistir a una congregación fielmente era parte del deber de todo cristiano ferviente. No lo veía como una opción sino como un privilegio y una responsabilidad. Desde el primer domingo que estuve en esa congregación, mi anhelo era involucrarme hasta donde era humanamente posible. De hecho, después de varios meses de estar allí, mi "nivel de involucramiento" creció de tal manera que formaba parte de más ministerios de la congregación que de la escuela misma.

Cada noche ensayaba en la iglesia con alguien que cantaría el domingo, o con el coro de la iglesia, o con los jóvenes, o con la hermana Beadles, con quien daba en conjunto la clase de Escuela Dominical de los jóvenes. No me cabe duda que fue fundamental en mi formación mi compromiso con la iglesia, porque me brindó la oportunidad de aplicar prácticamente lo que estaba aprendiendo en teoría en la escuela. Además, pude desarrollar ciertas amistades que perdurarían a través de los años y que se convertirían en personas sumamente claves para lo que Dios me usaría después.

David Bell es un hombre de mucha inteligencia y brillantez. Casi lo catalogaría como un genio. Lo conocí desde que era niño porque era el hijo del pastor de la congregación. No tuvimos amistad en ese entonces porque yo soy siete años menor que él y creo que él ni siquiera sabía que yo existía cuando íbamos con mis padres a alguna conferencia misionera de la iglesia. Él se juntaba con todos los mayores. Fue hasta llegar a San Antonio y comenzar a involucrarme en la congregación que nos fuimos conociendo.

David era una de las personas que todos admirábamos porque siempre tenía algo interesante que decir y autoridad para hacerlo. Además de ser el hijo del pastor, era lúcido en su conversación y muy estudioso. Siempre hablaba con conocimiento amplio del tema que estaba abarcando y cuando no sabía algo, no inventaba o improvisaba, sino que con sencillez reconocía que no lo sabía y se lo comunicaba a su oyente.

Es un hombre apuesto, alto y siempre vestido al último grito de la moda. Secretamente, por mucho tiempo le guardé algo de temor. Me sentía bastante inadecuado cuando estaba en su presencia. Además de llevarme siete años de experiencia y estudio, tiene una capacidad intelectual bastante superior a la mía y tuve la humildad de reconocerlo desde muy temprano. Me sentí afortunado por estar cerca de él trabajando en el coro de la iglesia juntos. Yo era el pianista, y él, el director. Pasábamos bastante tiempo juntos escuchando música y eligiendo el nuevo material que pensábamos presentarle al coro para ser interpretado.

Muchas tardes y noches nos reuníamos en la casa de David para oír discos (antes de los tiempos de discos compactos) y escuchan casetes de música de todo tipo. Fue en esos momentos que empezó a nacer en mi corazón el fuerte deseo de hacer música de excelencia para mi país, México.

En muchas ocasiones, David escuchó el deseo de mi corazón de bendecir a México con música que exaltara al Señor, pero con la calidad que hacía falta. Muchas de las convicciones que forman parte de la fibra de mi ministerio hoy, nacieron y crecieron en la sala de la casa de David Bell, al hablar y convivir alrededor del tema. Soñábamos con usar nuestra música para traer la gloria del Señor a la gente.

David había formado algunos grupos musicales que a través de los años habían impactado local y regionalmente. Cuando comenzó a crecer nuestra amistad, me invitó a formar parte de un grupo de músicos que se reunían para tocar y preparar música para diferentes eventos en la ciudad o en la iglesia.

"Músicos de Gira"

El primer intento de grupo, que no duró mucho, se llamó "Straightway", que significa: "Vía Directa". Constaba de tres vocalistas: David, una hermana y yo; además, una banda de unos cinco músicos. Tocamos en algunos lugares pero no trascendió debido a que algunos de los músicos se fueron de la ciudad o por otras circunstancias.

Después llegó a la congregación una hermana de color que comenzó a cantar en el coro. Luego de conocerla y tratarla, David la invitó a formar parte de otro grupo que tendría un poco más de trascendencia. "Jonathan, David y Loveland", ese era el nombre de este nuevo conjunto musical. "Jonathan" es mi primer nombre, "David" tomado por David y "Loveland" por el apellido de la vocalista femenina del grupo. Los tres teníamos una afinidad muy grande en el espíritu y en la música. Las voces de los tres tenía cierta mezcla bastante agradable al oído. Nos empezaban a invitar más y más a diferentes lugares para cantar.

En una ocasión, alguien de la ciudad de Corpus Christi había oído acerca de nosotros y nos invitó para cantar en un concierto. Nos dijeron que seríamos el grupo invitado de honor y que otros tres grupos abrirían antes de nosotros. Nos prometieron cubrir los gastos y darnos una ofrenda aparte. Estábamos felices. ¡Había comenzado nuestra carrera como grupo itinerante! Aquel día que salíamos para Corpus, hubo una movilización de gente como nunca se había visto. Muchos amigos de la congregación querían acompañarnos para vernos en nuestro gran momento de gloria: "Jonathan, David y Loveland" ¡DE GIRA! Un hermano de la congregación, Sil, nos transportaría en su camioneta, y detrás había puesto un pequeño remolque para llevar los equipos de sonido y música. En otro auto venían familiares de algunos de los integrantes del grupo. ¡Íbamos en caravana!

El gozo nos duró muy poquito. Cuando llegamos a Corpus nos dimos cuenta que la persona que había organizado el evento no estaba del todo preparada. No recuerdo las razones que nos dio de porqué no había hecho publicidad y se esperaba que asistiera poca gente. Cuando llegamos a la "sala del concierto", nos dimos cuenta que era nada más que un salón de juegos de un parque local en el que le cabían, cuando mucho, sesenta y cinco personas. Para cuando instalamos todo el equipo que habíamos traído, ese espacio se había reducido para que cupieran unas cuarenta personas. De hecho, era más equipo de lo necesario para el público que era, pero decidimos que íbamos a despeinar a los que llegaran. Desde entonces, Dios me empezó a enseñar otra lección de suma importancia: Ministrar de la misma manera para cuarenta que para cuarenta mil.

Esa noche tocamos y cantamos como nunca. Hicimos la mejor música que estaba dentro de nosotros. Contábamos con el apoyo de varios de nuestros amigos que habían venido desde San Antonio y no nos importó que sólo llegaran unas treinta personas de la ciudad local. Tuvimos un gran tiempo y aprendimos lecciones valiosas. Al terminar nuestra participación, el coordinador se puso de pie y avisó a todos que se iba a recoger una ofrenda de amor para el grupo.

Después de la ofrenda hizo una oración y así dio por concluido el evento de la noche. Todos los que veníamos de San Antonio (que éramos más o menos la misma cantidad de personas que habían llegado localmente) empezamos con la tarea de desmontar el equipo y a empacarlo en el trailer para viajar las tres horas de regreso a casa.

Luego de despedirnos de los hermanos locales, comenzamos a buscar un lugar para llenar los autos de combustible y comprar algo para cenar. En eso, David nos avisó que la ofrenda era el total de $30. Esto ni siquiera era suficiente para llenar los tres autos de gasolina, mucho menos pensar en la posibilidad de comprarle a esa tropa de gente algo para cenar.

Mientras hablábamos de qué hacer, una de las hermanas empezó a reír solita mientras estaba sentada al lado de la ventana en la camioneta del hermano Sil. Era "Loveland", la hermana de color que cantaba con nosotros. Nos dijo que ella sola había puesto diez dólares en la ofrenda, o sea, una tercera parte de la ofrenda había venido de ella. En eso, varios del grupo empezaron a decir: "Pues, yo puse tres dólares", otros dijeron "Yo puse cinco" y así fue como contabilizamos que de nuestro grupo se había recogido el noventa y cinco por ciento de la ofrenda. La risa nos sobrevino y estuvimos largo rato gozando de este momento. Nos habíamos "auto-ofrendado".

¡Qué lección tan importante aprendí esa noche! No ministramos por ofrendas, ministramos porque somos llamados por Dios para hacerlo. ¡Qué privilegio!

Regresamos a San Antonio con mucho gozo en el corazón. Nadie podía robarnos la bendición de haber sembrado en Corpus Christi esa noche. Además, habíamos tenido un gran tiempo de aventura con gente que amábamos. Jamás nos podrán robar ese recuerdo y esa bendición. David y yo seguiríamos teniendo muchas experiencias similares a través de los años. Nuestra amistad continuaría en crecimiento. Hasta la fecha, Dios lo ha puesto en mi vida como uno de mis consejeros y amigos más íntimos.

MIKE HERRON Y LA MINISTRACIÓN PROFÉTICA

Uno de los hombres que ambos admirábamos y seguimos admirando: Mike Herron. Cuando yo tenía unos catorce años, la iglesia había invitado a Mike para dar una serie de enseñanzas sobre la música, alabanza y adoración. Nunca supe, hasta mucho tiempo después, que el mismo efecto que había tenido Mike en mi vida, también lo había tenido en la vida de David. El espíritu profético que venía sobre Mike y la forma en que utilizaba la música para comunicar verdades eternas nos impactó. Además de ser un gran maestro de la Biblia, era un músico extraordinario. En cuestiones de conocer todo lo relacionado con la música en la Biblia, Mike era la absoluta autoridad. Por eso y por su personalidad tan agradable, Mike es una persona que llegamos a apreciar muchísimo.

En cierta ocasión que la congregación celebraba una serie de conferencias, invitaron a Mike para ser el orador especial. Yo participaba muchísimo de todas las actividades de la iglesia y cuando llegaban semanas de conferencias especiales, todas las noches estaba allí. La mayoría de las veces, me encontraba sentado detrás de algunos de los instrumentos tocando en el grupo de alabanza. En esta ocasión que Mike nos visitaba, no me lo iba a perder por nada del mundo. Sus enseñanzas me atraían mucho y empezábamos a entablar una pequeña amistad que florecería luego de algunos años. En cada oportunidad que tenía, quería estar con él y escucharlo predicar, tocar y, sobre todo, profetizar en el piano. Su don es admirable.

En una de esas noches, Mike estaba terminando su tiempo de ministración y pidió a los músicos de la iglesia que tocáramos mientras él oraba por las diferentes necesidades que Dios había puesto en su corazón. Esa noche me había tocado estar en el piano. Mientras él hablaba, yo tocaba suavemente para proveerle una música de fondo a sus palabras. De pronto, Mike volteó a mirarme. Fijó sus ojos en mi persona y yo seguí tocando suavemente. Por un instante, pensé que posiblemente no tenía que tocar y por eso me miraba. También pensé que quizá estaba por sugerirme alguna canción en particular para tocar, como solía hacerlo. Pero no era ni la una ni la otra. Empecé a sentirme un poco nervioso porque él había dejado de hablar y toda la congregación podía ver que me estaba mirando, haciendo que muchos de ellos me miraran también. No sabía si debía agachar la cabeza, cerrar los ojos, seguir tocando o qué hacer. Me sentí bastante incómodo. Cuando de pronto, Mike levantó el brazo, me señaló con el dedo y empezó a profetizarme.

Entre varias cosas que me dijo, lo que más se me pegó fueron las siguientes palabras: "No prostituyas el don que Dios ha puesto en ti". Lo repitió unas tres veces. "No prostituyas el don que Dios ha puesto en ti". La palabra del Señor que Mike me dio ese día me advertía que en tiempos futuros habría muchas oportunidades para "vender" el don que Dios me había dado y que hombres tratarían de "comprarme" con dinero, oportunidades u otras cosas, pero que el Señor me había llamado a la santidad y a la separación. El Señor me instó a tener mucho cuidado con el don que me había dado. Cuando Mike me dio esa palabra, yo tenía 18 años.

Puedo decir, sin temor a equivocarme, que fue una palabra que me marcó para toda la vida. Uno de esos momentos que jamás olvidaré. Fue una de esas profecías que ha retumbado en mis oídos una y otra vez a través de los años. Nunca hubiera imaginado cómo esa palabra me ayudaría a mantenerme firme en varias ocasiones donde se cumplía, al pie de la letra, lo que el Señor me había prevenido que iba a suceder.

Cómo le he dado gracias a Dios que, con el correr de los años, siempre ha puesto hombres como Mike en mi vida para ayudarme a mantener el enfoque del precioso llamado que me ha hecho. Hasta el día de hoy, Mike es una voz que Dios usa en mi vida para mantenerme en el fluir de Su deseo. Me considero un hombre muy bendecido por tener amigos tan genuinos que han permanecido a través de todos estos años. Amigos como David Bell y Mike Herron.

MINISTERIO A TIEMPO COMPLETO

Un domingo, después de la reunión, me llamó el pastor Bell, papá de David y pastor principal de la congregación en ese entonces, para invitarme a comer con él. La fecha en que esto ocurrió fue más o menos en mayo porque ya había terminado el tiempo de clases y estaba trabajando en el ministerio de las películas ocho horas diarias durante los meses de verano.

Ese año, como siempre lo hice, viajé a México para pasar tiempo en Durango, con mis papás y con el grupo de jóvenes con el que haríamos, otra vez, una de nuestras "giras" de evangelismo a niños. Hasta que regresara a México, el Sr. Tatum me había dado la oportunidad de estar tiempo completo en el trabajo de las películas, usando el dinero adicional para terminar con los pagos de mi semestre y ahorrando para el viaje que haría a mi país. Mi pastor nunca me había invitado a comer con él y el hecho de que lo hiciera causó en mí algo de sorpresa, pero al mismo tiempo expectación. No tenía ni la menor idea qué era lo que quería hablar conmigo el hermano Bell.

Cuando llegó el día citado, nos encontramos en una pequeña casa de café llamada "Jim's", cerca de la iglesia. Era una cadena de restaurantes que los alumnos de la escuela solíamos visitar, ya que servían una comida buena y bastante barata. El pastor Bell me dijo que podía pedir lo que quisiera del menú y eso sí que era distinto a mis otras visitas a este establecimiento, porque casi siempre pedía la crema de queso que me gustaba tanto. Hacía esto por dos razones: era deliciosa y, ¡era barata! En esta ocasión, pediría algo que no muchas veces había tenido el gusto de probar: una carne bien cocida. El pastor pidió un bocadillo y una sopa.

La plática había sido sin importancia hasta ese momento, y yo comenzaba a sentir un poco de nerviosismo al saber a qué hora íbamos a entrar en el tema. Después que nos sirvieron la comida y el pastor había casi terminado toda la suya, comenzó a decirme la razón por la que me había invitado a comer. Después de decir varias palabras preliminares, llegó al asunto: "Marcos, quiero invitarte a ser el ministro de música de nuestra congregación".

Casi se me atora un pedazo de carne en el esófago. ¡Ministro de Música! No lo podía creer. En verdad, me tomó por total sorpresa porque ni siquiera sabía que estaban buscando a alguien para un cargo así. De hecho, hasta ese momento, no había existido ese puesto en la congregación. Yo sería la persona que estrenaría el cargo.

En ese instante, me pasaron por la cabeza mil preguntas. ¿Podría con este gran desafío? ¿Tendría la habilidad de ser líder de los músicos de la congregación? Muchas preguntas que, en su tiempo, Dios las fue contestando una por una. En ese momento, lo único que pude decirle al Pastor era que tenía mi palabra de poner el asunto en oración y que al poco tiempo, le aseguré, le daría una respuesta.

Las primeras personas a las que llamé fueron mis padres. Como siempre, en cada decisión importante de mi vida y ministerio, ellos han sido extraordinarios consejeros. Sus palabras las saben medir con cuidado, con la Palabra y con el amor de unos padres hacia sus hijos. Cuando les platiqué de la invitación que había recibido ese día, mi mamá se preocupó por mi edad, ya que sólo tenía diecinueve años. Pensaba que quizá era una responsabilidad demasiado grande para una persona de mi edad. Mi papá sólo quería saber una cosa: "¿Es la voluntad del Señor? De ser así, no debes ni siquiera pensar en otra cosa. Siempre necesitas tener la dirección clara del Señor para hacer lo que sea". Esas palabras llegaron a ser piedras angulares en cada una de las decisiones y oportunidades que en años venideros el Señor traería a mi vida. Después de platicarlo con ellos, fui a mis rodillas para consultar al Señor.

Luego de varios días, sentí que Él me había abierto esa puerta y que era tiempo de empezar a caminar en el sentido que me estaba guiando. Unos días después de nuestra conversación inicial, me cité con el pastor en su oficina y le di la respuesta a su invitación: Aceptaría el cargo de ministro de música. Me informó, entre otras cosas, que cuando yo regresara de las vacaciones de verano, en el mes de agosto, podía iniciar mi trabajo.

Salí de su oficina con mucha emoción, pero con un poco de preocupación. Por ahí adentro, se quería levantar la cabeza de ese monstruo que por muchos años me había querido agobiar: El monstruo de la inferioridad. El meón. El puercoespín. Ese espíritu mentiroso que trató de decirme, por mucho tiempo, que yo no servía para nada y que no era nadie para ser usado por Dios. Lo aplaqué rápidamente y me subí a mi auto leproso con el gozo de saber que, por primera vez en mi vida, estaba en el ministerio a tiempo completo. Me propuse hacer lo mejor de mi parte para servirle a mi Señor con todo lo que tenía.

APLICACIÓN PERSONAL

11. Durante las elecciones de los "oficiales" de su generación en el instituto bíblico Marcos fue nominado para una de las posiciones, pero él no quería ser electo. ¿Sus razones? Él pensaba que tenía demasiados complejos como para ocupar una posición de liderazgo. ¿Cuántas veces pensamos que no podemos hacer algo porque hemos creído las mentiras del enemigo?

12. Marcos aprendió una lección muy grande (y triste) en su trabajo con "Películas Internacionales": muchas personas dentro del ministerio carecen de integridad en sus tratos. Sin embargo, él no permitió que eso lo detuviera de hacer su trabajo o lo desilucionara con el Señor y sus hermanos en la fe. De igual forma tú encontrarás situaciones en que el pecado de otros tienen el potencial de desanimarte. ¡Nunca permitas que esas cosas te alejen del Señor!

13. Marcos tuvo una relación con una chica que se llamaba Robin, pero pronto él se dio cuenta que el llamado de Dios en su vida era muy diferente al de Robin. Por lo tanto, Marcos terminó con la relación. Eso tomó valentía y además muestra las prioridades de su vida. Si eres soltero(a), ¿estás lo suficientemente seguro del llamado de Dios en tu vida como para romper con todo aquello que no es de Él?

14. Decir y hacer son dos cosas diferentes. Eso es una verdad que Marcos descubrió al vivir solo, fuera de la casa paterna. Y tú, ¿estás seguro de tus convicciones o haces las cosas por complacer a los demás y cubrir las apariencias?

15. Lalo era un joven arrogante y altanero. Sus compañeros lo evadían. Pero, Dios usó la amistad de Lalo para mostrarle a Marcos cosas de su propio carácter y del Suyo. ¿Qué "puercoespín" ha puesto Dios en tu vida? No lo desprecies, solo Dios sabe las lecciones que Él te ha preparado.

---

1 El nombre ha sido cambiado.

Reciente fotografía junto a mi gran amigo Mike Herron y su hija Ruth.

Capítulo cuatro

Bostezando—
con la boca cerrada

El nombre que estaba escrito en el remitente del sobre era el de Betsy Ross. A través de los años, nos habíamos mantenido en contacto con Betsy mediante cartas y cuando coincidíamos de visita en nuestra ciudad, Durango, hacíamos el mejor esfuerzo de poder sentarnos a platicar e intercambiar historias y anécdotas de las cosas que estaban sucediendo en nuestra vida. Esta fue la clase de amistad que mantuvimos siempre. Cada vez que me escribía mientras yo vivía en San Antonio, hacía el esfuerzo de contestarle porque valoraba (y aún valoro) su amistad.

Cuando abrí ese sobre, comencé a leer con interés lo que me platicaba acerca de sus actividades, sus clases y algunos amigos que había hecho en el colegio donde estudiaba. Pero había uno en particular de quien ya me había hablado anteriormente. Sólo que en esta ocasión me dio una noticia que me dejaría sorprendido. ¡Betsy se casaría!

Lo que más me conmovió fue darme cuenta que ella era la primera persona con quien había crecido y ahora estaba atravesando una nueva etapa de su vida. Pensé que era demasiado prematuro que se casara, ya que era un año menor que yo, pero en realidad era algo que había decidido y que contaba con la bendición de sus padres y pastores.

Esa tarde, con la carta todavía en mi mano, pasé unos 20 minutos mirando al espacio. Sin decir nada. Me daba cuenta que las cosas estaban cambiando y que nunca más serían iguales. "¡Cómo avanza la vida!", pensé en ese momento, "y tan rápido". Nunca imaginé que la vida sería para mí aún más rápida de lo que pudiera haberme imaginado en ese momento.

Ministro de música

Había escuchado por ahí que si a alguien no se le puede dar un buen sueldo, hay que darle un buen título. Ese fue el caso de mi primer trabajo en el ministerio a tiempo completo. En realidad, estaba fascinado con el título que me dieron: "Ministro de Música".

Recuerdo el primer día que llegué a mi nuevo puesto. Era el mes de agosto. Hacía muchísimo calor. Las langostas y grillos de San Antonio gritaban en los cedros que rodeaban la propiedad donde está ubicada la iglesia. Llegué a la una de la tarde, con un portafolio color café en la mano, un pantalón del mismo tono y una camisa color beige con la corbata combinando. En ese entonces, usaba corbata todos los días. Era uno de los pocos alumnos que lo hacía.

Cuando entré a la oficina, Rita, la secretaria de la iglesia, me dio la bienvenida y me dijo que el pastor me estaba esperando. Tomé mi portafolio y subí donde estaba el privado de mi pastor.

La oficina, un lugar que había visitado en otra ocasión, era un estudio rodeado de muchos libros a un lado de la pared. Tenía una pequeña área para recibir visitas que constaba de un sillón y un sofá para tres personas. En el centro había un hermoso tapete de piel de llama que un misionero le había traído del Perú. Detrás de este pequeño recibidor se encontraba un escritorio con una máquina de escribir, un archivo y una pequeña computadora.

El pastor Bell estaba sentado detrás de su escritorio con unos papeles frente a él. Se levantó para recibirme, me dio la mano y me abrazó. Él era un hombre alto, con el cabello plateado y tenía un porte muy profesional y distinguido.

Me invitó a sentarme en el sofá que estaba en el centro de su estudio. Comenzamos a platicar acerca de las distintas tareas que tendría que desarrollar. Me entregó una hoja que había preparado a máquina que detallaba cuáles eran las cosas que esperaban de mí y qué podía esperar yo de ellos. Esta fue la primera vez que alguien me entregaría lo que después supe se llamaba una "descripción de puesto".

La lista no era larga. Planear la música para cada una de las reuniones. Preparar los temas musicales para el coro. Dar clases de música en la Escuela Cristiana que formaba parte de la iglesia. Coordinar a todos los músicos de tal manera que cada uno tuviera una oportunidad de tocar su instrumento un par de veces por mes. Eran muchos músicos. Eran muchos cantantes.

Nuestra congregación era conocida como una a la que le gustaba utilizar mucha música en sus reuniones, y ahora yo tenía la asombrosa tarea de coordinarlos a todos. De vez en cuando, me explicó el pastor, tendría oportunidad de hacer música en el piano y de pasar tiempo oyendo y preparando nuevo material para el coro y los diferentes grupos ministeriales de la congregación. También me dijo que, quizá una vez por año me enviarían a algún congreso de capacitación ministerial. Me habló de la posibilidad de mandarme a la iglesia donde Mike Herron era el pastor de música. Esto me emocionó mucho.

Después de conversar un rato, cerró el pequeño archivo que contenía la copia original del documento que me había entregado. Puso las hojas sobre la mesa del centro de la salita. Se acomodo en el sillón y comenzó a explicarme su dilema:

—Marcos, ayer fue el último día de trabajo del hermano que hacía la limpieza en las instalaciones. Vamos a necesitar que nos ayudes, por un tiempo, hasta que encontremos una persona que lo reemplace.

—No hay problema, pastor. Estoy para servirle, —fue mi contestación inmediata.

—Sólo será por un tiempo, —me explicó—.

Me acompañó a la parte de las instalaciones donde se encuentran las oficinas del resto de las personas que colaboraban ahí y me mostró el lugar que había pensado que sería mi oficina. Allí había un pequeño escritorio que miraba a la pared, una silla y nada más. De un lado, había una puerta que daba a uno de los pasillos que llevaban a los salones de clases de la escuela y del otro lado estaba abierto a la región general que compartíamos todos los que trabajábamos allí. No había mucha privacidad allí pero era mi primera oficina en el ministerio. Estaba feliz. Mientras el pastor Bell se despedía de mí, acomodé rápidamente mi portafolio y lo poco que había traído sobre el escritorio. Ya era un colaborador oficial en el ministerio de "Revival Temple".

LA ACTITUD CORRECTA

Mi primer día de trabajo consistía en lo que urgía en el momento: limpiar la iglesia. No era una instalación grande. El auditorio tenía capacidad para unas 400 personas. Pero cuando se contaban los cuatro baños públicos, todos los salones de la escuela y el área de las oficinas, era un trabajo que ocupaba todo el día, todos los días.

Un hermano que trabajaba ahí, Daniel, me mostró dónde estaban las escobas, los trapeadores y la gran aspiradora para todas las alfombras. En este edificio, todo, literalmente, todo estaba alfombrado. Eran muchas las horas de trabajo que llevaba el terminar con todas estas alfombras. Daniel, hermano de mi primera maestra de piano, la hermana Dulce, me ayudó mucho durante este tiempo, pero él también tenía muchas otras cosas qué hacer y no siempre podía echarme la mano. Esas primeras semanas en el "ministerio" se convirtieron en un tiempo especial que Dios más usó para enseñarme los verdaderos valores del ministerio.

Después de la tercera o cuarta semana de aspirar alfombras y limpiar baños, entró la frustración a mi vida. "Al fin de cuentas", pensé, "no me contrataron para esto sino para hacer música". De hecho, había podido hacer muy poco en esa área por todo el trabajo de limpieza que había. Por lo tanto, me quedaba hasta muy tarde por la noche para preparar la música que tocaríamos los fines de semana.

Todos los sábados limpiaba el templo y preparaba la música para las reuniones del domingo. Las desveladas, de pronto, se habían intensificado. El trabajo era más difícil, además, estaba cursando el segundo año de escuela bíblica, que también era muy difícil. Dios me estaba moldeando.

Cada tarde llegaba a mi oficina para preguntar si habían encontrado a alguien para la limpieza. Me estaba acostumbrando a oír "No" como respuesta. Uno de esos días me dirigí directamente al clóset de los artículos de limpieza para comenzar a trabajar. Iba renegando. Estaba murmurando en voz bajita diciendo: "Dios, ¿cómo es posible que esté en esto todavía? ¿Por qué no han encontrado a alguien para este puesto?".

Tomé la escoba y los cepillos del pequeño clóset donde estaban y me dirigí al baño de los hombres en la planta baja de la iglesia. A este baño le habían puesto por nombre "José". La hermana Bell había tenido la idea de ponerle este nombre cuando construyeron el nuevo templo. Los baños se llamaban, José y María, y Adán y Eva, respectivamente. Años después, cambiarían las plaquitas en la entrada de los baños por unas que decían sencillamente: "Damas y Caballeros".

Siempre comenzaba limpiando los pisos. Primero barría y luego trapeaba los pisos de cubierta vinílica. Después limpiaba los espejos y el lavamanos. Le seguía en orden limpiar el mingitorio con un cepillito y unos líquidos especiales para desinfectar. Por último aseaba el inodoro. Siempre dejaba lo peor para el final.

Esa tarde, mientras limpiaba el inodoro, hablaba "seriamente" con Dios. Le hacía una serie de reclamos acerca del porqué me encontraba en el baño limpiando este retrete. Estaba sobre mis rodillas al lado de ese artefacto, cepillando y tallando con ímpetu. Le puse más limpiador de lo normal y estaba pasando más tiempo de lo acostumbrado en este sitio, ya que me encontraba muy frustrado. Le decía al Señor: "Tú no me llamaste a limpiar inodoros. Yo debería estar ahorita mismo en el piano, alabándote y preparando música para honrar Tu nombre. ¿Por qué tengo que estar limpiando este inodoro?"

Eran preguntas genuinas de un corazón genuino pero con una actitud que necesitaba ser corregida. Por alguna razón, en ese momento se me había olvidado de dónde Dios me había traído y que siempre había tenido la disposición de limpiar baños, de barrer y trapear. Sólo que "antes" no me habían "contratado" para hacer eso, y ahora sí. "Eso era diferente", pensé, equivocadamente. De pronto, oí la voz de Dios. Nunca he escuchado Su voz audible, pero en esta ocasión, sé a ciencia cierta que Dios estaba hablando a mi corazón y me decía: "Marcos, si no estás dispuesto a lavar baños, no tengo nada para ti en el Reino". Fue todo.

Comencé a llorar. Reconocí el error de mis pensamientos. Empecé a darle gracias por el privilegio que es AUN lavar baños para Su gloria. Desde que tenía ocho años de edad le había dicho: "Úsame, Señor". Ahora que lo estaba haciendo, me sorprendí qué pronto se nos puede olvidar el privilegio de ser usados por Él.

Ahí, en ese baño, estando a solas con el Señor, solamente con el inodoro de testigo, arreglé cuentas con Él. Le dije que sin importar qué sucedería, le había entregado mi vida entera para que me usara y que hacer sólo eso sería siempre mi placer.

Terminé esa tarde cantando y alabando a Dios mientras pulía todo el edificio. El trabajo no había cambiado, pero, ¡ah, cómo había cambiado mi actitud! Todavía limpié baños y aspiré alfombras durante otro mes después de este suceso, hasta que alguien tomó el puesto. Nunca más me quejé.

TE AMO

Por esta vez, quisiera decir
Lo que Cristo, significa para mí.
Pero cada vez, que yo lo intento hacer
Las palabras se me van.
Entonces, se lo diré
Como siempre se lo he dicho.
Te Amo, Te Amo

Enciende una luz

Cristo, Tu sabes, cuánto te amo.
Te Amo, Te Amo
Las palabras nunca dirán, cuánto te amo
© 1980 CanZion Producciones

Este fue el clamor de mi corazón durante todo ese tiempo de mi vida. En medio de las actividades, de las lecciones que estaba aprendiendo y de los trabajos que estaba desempeñando, sólo estaba seguro de una cosa: Amaba al Señor con todo mi ser. Él era el principio y el fin para mí.

Una amiga me había prestado un piano que nunca usaba y lo llevamos al pequeño "mobile home". Un hermano me ayudó a transportarlo en la parte trasera de su "pick-up". Entre varios, lo subimos a la salita, que se hizo aún más pequeña con esta nueva adición. En ese piano desafinado pasaba las horas cantando al Señor y dejándole ver mi corazón repleto de amor por Él.

Durante los meses de calor, el pequeño aire acondicionado no daba abasto para enfriar toda la casita, entonces me quitaba la camisa y con el sudor corriendo por todo el cuerpo cantaba y adoraba al Señor. En muchas ocasiones, el sudor de mi cuerpo estaba acompañado de lágrimas de gozo, de adoración y de amor hacia mi Señor.

Mis tareas también incluían el enseñar música en la escuela que se llama "Academia del Rey". Tenía a mi cargo todos los niveles de enseñanza en diferentes horarios y debía darles clase en las bases de la música. Además, preparaba cantos y recitales para las diferentes actividades que desarrollaba la escuela para los padres de familia o cualquier otra ocasión especial.

Tenía que recurrir a la creatividad para enseñarles música y cantos nuevos a los niños de primaria y a los jóvenes de secundaria, para luego desafiarlos a dar lo mejor de ellos para el Señor. Con los jóvenes mayores, preparamos una obra musical con todo y escenografía. Esto fue un gran desafío para nosotros por varias razones: 1) Nunca habíamos realizado algo de esa naturaleza. 2) Necesitaba dinero que ni la escuela ni la congregación podía darnos. 3) Requería de una logística bastante interesante que incluía luces especiales, seguidores, escenografía y vestuarios.

Junto a los muchachos nos dimos a la tarea de realizar varias actividades de recaudación de fondos, preparar toda la escenografía, hacer los vestuarios, ensayar la música y tener todo listo para el día en que invitamos a toda la escuela y a la iglesia para asistir. Tuvimos dos presentaciones exitosas, ambas con el auditorio casi lleno. Pocos lugares habían quedado. En verdad, estaba orgulloso del logro de estos muchachos. Con excelencia. Y en cuanto a mí, había sido mi primera "producción".

Nuevos desafíos

Todas las mañanas estudiaba, y en las tardes y noches, trabajaba en la iglesia con mis alumnos de piano y con los grupos de música en los que estaba involucrado. Mis compañeros de asiento en la escuela bíblica habían cambiado para este año. A mi izquierda había un hombre casado llamado Lawrence Vaught con el que estreché una amistad, y a mi derecha, Tony Corso. Lawrence no era de la ciudad y Tony era de San Antonio.

En mi segundo año, fui uno de los que dirigió el grupo de oración para América Latina, por un tiempo. Tocaba el piano en las reuniones de la escuela (y órgano también) y para cualquier persona que me pidiera acompañarle con un solo. Me mantenía corriendo de un lado para otro. Además de todo esto, empecé clases particulares de piano con una maestra muy reconocida de la ciudad, en un conservatorio que llevaba su nombre.

Una hermana que asistía de vez en cuando a nuestra congregación me había escuchado tocar el piano. Después de una de las reuniones me preguntó sobre mi entrenamiento clásico. Ella era violonchelista en una orquesta local y le gustaba mucho la idea de usar la música clásica para alabar al Señor. Tocaba en la orquesta que tenía la congregación bautista a la que asistía. Era la esposa de un doctor. Me comentó que podía reconocer por la manera que tocaba que había tenido un entrenamiento clásico. Me preguntó si había pensado seguir mis estudios. Le dije que me hubiera gustado, pero que había dos razones por las que no podía hacerlo. La primera era que estaba estudiando la Biblia, y la segunda, era sumamente caro tomar lecciones de piano en el nivel de estudios en el que me encontraba. Estas costaban 15 dólares por hora. Eso era mucho más de lo que podía gastar en lecciones de piano.

Esta hermosa mujer se ofreció a pagar el costo si me anotaba para estudiar en un conservatorio privado. Por un año pagó mis estudios con una de las maestras más reconocidas de la ciudad de San Antonio y le estoy eternamente agradecido a la Sra. Freemyer que fue tan generosa conmigo. Ese año sería el último que tomaría de manera formal, mis estudios de piano.

Otro nuevo desafío que acepté en este mismo tiempo fue el de empezar un coro de niños. Después de una reunión de trabajo que realizábamos cada lunes, el pastor Bell me comentó que le gustaría que pensáramos en la posibilidad de comenzar un coro de niños. Al ser una persona que nunca le puse "pero" a las cosas, al otro día comencé los preparativos para este nuevo emprendimiento.

Primero, invité a participar a los hijos de algunas personas que sabía que podían cantar. También a aquellos que asistían a la escuela donde daba clases de música y que concurrían a la iglesia. Los ensayos eran los días domingos a la tarde, entre la reunión de la mañana y el ensayo del coro general, antes de la reunión en la noche. Esto significó, para mí, que el día domingo tenía que comer algo rápido e inmediátamente regresar a la iglesia para recibir a los niños que llegarían para ensayar. Mi primer coro tuvo la concurrencia de unos treinta niños. Fue una experiencia muy agradable. Diferente, pero agradable.

Nuevamente, estaba aprendiendo cosas que años después usaría para el ministerio que el Señor me estaba preparando. Es muy interesante ver que, algunos de los niños que participaron en ese coro, hoy en día continúan involucrados en la música.

El "otro coro" que dirigía, en conjunto con mi amigo David Bell, era el de adultos. Consistía en un grupo de más o menos treinta personas. A mi pastor le gustaba que este coro cantara cada domingo. Así que la tarea era grande al tener que preparar siempre música nueva y fresca.

En muchas ocasiones, el pastor Bell preparaba una serie de sermones sobre un tema específico y quería que el coro cantara música acorde con lo que él predicaría. Mi tarea era buscar los cantos y los arreglos, y si no existían estos, tenía que elaborarlos.

El primer arreglo que hice para coro fue a tres voces: sopranos, altos y tenores. Cada arreglo lo hacía a mano y después sacaba copias para entregar a cada miembro del coro. Me encantaba la parte final de la elaboración del arreglo, donde podía poner las palabras "Este arreglo, © 19___ por Marcos Witt". Cada vez que hacía eso, pensaba que algún día se cantaría música que no tan sólo dijera "este arreglo" sino que diría "letra y música por—".

Con el paso del tiempo, profundicé en esta tarea de arreglar cantos para voces hasta que llegó el momento en que elaboré piezas bastantes complicadas. Uno de los arreglos más complejos que hice fue a doce voces. ¡Creo que me excedí! Pero, disfrutábamos preparar y cantarlos. Los ensayos del coro eran tiempos muy divertidos, con gente muy entregada a su ministerio de ser cantor en la casa del Señor. Una de mis pasiones en la música siempre fue, y sigue siendo, el arreglo coral.

RICK Y CYNTHIA

Una de las familias visibles de la congregación era la familia Vela. El papá era hispanoamericano y la mamá austríaca. Era una familia numerosa y todos tenían talento en la música. Por su entrega, humildad y espíritu de servicio, eran muy respetados y amados en la congregación. Con uno de los hijos de esta familia, Rick, y su esposa Cynthia, había empezado una amistad.

Ellos son una pareja entusiasta y entregada al Señor. A pesar de que trabajan en el mundo empresarial que dirige su padre, ante cada oportunidad que se les presentaba para ministrar accedían con entusiasmo. Además de cantar en el coro, participaban en muchas otras actividades de la iglesia, así que los veía con frecuencia. También, Rick y David se habían convertido en buenos amigos y los tres pasábamos con frecuencia tiempo juntos.

Al estar involucrados durante tantos años en la música, Rick y Cynthia, tenían una afinidad para grabar. Les gustaban los estudios de grabación. Rick hablaba mucho de poder tener equipo propio para grabar las cosas que estábamos componiendo. David ya era un compositor prolífico, Rick también y yo estaba componiendo más y más. Sin embargo, la mayoría de mis composiciones eran en español.

Durante todo este tiempo, ardía en mi corazón el deseo de regresar a mi querido México para ser de bendición a todos los hermanos de mi país que tanto amaba (y amo). En muchas de nuestras conversaciones, Rick y David tuvieron que escuchar el deseo de mi corazón de hacer algo en la música cristiana en México.

En ocasiones sentía que me escuchaban porque eran muy caballeros y no tenían el corazón para callarme, porque podían ver que era algo que realmente ardía en mi interior. Otras veces, sentí que empezaban a abrazar mi sueño y que las palabras de ánimo que me daban no eran motivadas por una buena educación, sino por un interés genuino de apoyarme en lo que pudieran. Con el paso del tiempo, me daría cuenta qué profundo habían sido sembradas mis palabras en sus corazones. Ellos serían algunas de las personas que más me apoyarían a través de los años.

Un día Rick me pidió que tocara uno de mis cantos. Recuerdo que fue en el salón donde ensayaba el coro. Acababa de finalizar el ensayo del coro de niños, cuando Rick entró a buscar a su hija Amanda, mientras yo me preparaba para el ensayo del coro de adultos. Después de saludarme, comenzamos a platicar, como en tantas otras ocasiones, pero esta vez, salió el tema de la música que estaba componiendo en español. Le dio curiosidad y me pidió que cantara uno de esos cantos. Uno de los que reciéntemente había compuesto se llamaba "Nunca, Nunca".

Nunca, Nunca dejaré a mi Dios, mi Señor;
Nunca, Nunca dejaré, a mi Dios.
Él ha sido tan bueno para mí;
Maravilloso es mi Cristo, en mí.
Dejarlo hoy sería
Lo más último que yo quisiera hacer.
Quiero servirle, seguirle,
Darle gracias siempre por Su amor.
© 1986 CanZion Producciones.

Cuando terminé de cantar, Rick permaneció callado por varios minutos. Después de un rato (algo incómodo para mí), me dijo: "Marcos, tenemos que grabar estos cantos. No sé cómo ni cuándo, pero tenemos que hacerlo". No pudimos hablar más en esa ocasión porque empezaron a llegar los miembros del coro y nos interrumpieron, pero fue la semilla que quedó plantada en mi corazón.

Nunca antes había visto una persona conmoverse como lo había hecho Rick en el momento que entoné ese canto tan sencillo. Aún hoy, me sorprendo cuando una persona se conmueve al oír una simple canción. Es el poder de la unción de Dios. Sin ella, nuestra música no valdría nada.

UN ESTUDIO "DE ADEVERAS"

No estoy seguro cuánto tiempo pasó desde aquella vez que Rick me pidió que entonara esa melodía, pero un día, después de un ensayo de coro, me dijo que quería hablar conmigo acerca de grabar "ese" canto. ¡Me quedé mudo! Hasta ese momento, nunca había pisado un estudio de grabación. Era el sueño de mi vida. Cantar y tocar en una sala de grabación la música que el Señor me había dado era lo que había soñado muchísimas veces. Me parecía increíble y ni siquiera había hecho un esfuerzo por lograrlo. Simplemente, estaba haciendo lo que tenía que hacer y de la nada, Dios trajo a un hombre para abrirme esa puerta.

Esta sería otra de las lecciones que me seguirían por el resto de mi vida: Si uno trata de abrirse la puerta, sólo impide que Dios la abra. A través de situaciones como ésta aprendí a mantenerme tranquilo y fiel a la obra que el Señor me encargaba. Él se ocuparía de poner las personas en mi vida que abrirían las puertas que Él preparara. Es un principio por el que me guío, hasta la fecha.

El día que Rick y Cynthia me recogieron para llevarme al estudio de grabación, mi corazón latía considerablemente más rápido por la emoción. Habían reservado un tiempo de grabación en el estudio. Me impresionó la cantidad de dinero que costaba el lugar que habían rentado: $75.00 dólares la hora. El precio incluía el trabajo de un ingeniero de grabación. La idea que tenía Rick era grabar dos canciones en cinta para después, conforme tuviéramos el dinero para hacerlo, añadir más instrumentos. Poco a poco en poquito, pensaba, pondríamos esos cantos en cinta hasta finalizar el proyecto.

Cuando entré al estudio, me impresionó el orden que había en todos lados. En la recepción había un sofá de piel, color negro y muchos cuadros de fotos de los diferentes cantantes que habían grabado en ese lugar. En los pasillos se encontraban réplicas de discos de oro con pequeñas plaquitas anunciando el nombre del disco, el artista que lo había grabado y la fecha que había ganado el disco de oro.

Esto era muy interesante para el hijo de un misionero de la ciudad de Durango que nunca antes había visitado un estudio de las dimensiones de éste. En la "cabina" había tres personas platicando y fumando unos cigarrillos detrás de una inmensa consola con millones de botoncitos y lucecitas rojas y verdes. Nunca había visto tal "nave" en mi vida. Dejaron de conversar lo suficiente como para saludar a los que estábamos entrando y continuaron con su charla.

Desde las sillas donde estaban sentados, ellos podían controlar toda la consola. Detrás de ella había un vidrio, del tamaño de la pared, que dividía la cabina de control del estudio donde se grababa todo. Ese era un cuarto tres veces más grande que en el que habíamos estado y tenía dos pianos, uno de cola de siete pies, negro, y otro vertical color café. Además, había muchos instrumentos como guitarras, algunas piezas de una batería y amplificadores de diferentes tamaños. En el centro de este recinto, habían colocado un gran micrófono sobre un pedestal. También, tenían la tapa del piano de cola abierta con varios micrófonos alrededor. Rick les había advertido que yo tocaría el piano.

Me informaron que todo estaba listo y que sólo tenía que entrar y comenzar a grabar. El ingreso al estudio era por la misma cabina de control a través de dos puertas corredizas de vidrio. Estando ahí, no podía oír nada de lo que decían en el otro cuarto en el que sólo estaban Rick, Cynthia y dos de los tres hombres que habían estado charlando cuando entramos.

Uno de ellos tomó su lugar detrás de la consola, obviamente el ingeniero, y comenzó a darme instrucciones por medio de los audífonos que me había puesto. ¿Estaba nervioso? No—.¡ATERRORIZADO! Todos me estaban viendo y oyendo. El sólo hecho de saber que cada minuto estaba costando $1.25, me ponía aún más nervioso. Ese día cometí muchísimos errores. Rápidamente me di cuenta que era mucho más fácil hablar y soñar que vivir la realidad.

Hice mi mejor esfuerzo, pero en verdad no fue muy bueno. Después de dos horas (y $150.00 dólares), decidimos que, sencillamente, necesitaba adquirir más experiencia antes de entrar al estudio otra vez. Me hacía falta estar mejor preparado. Tener mis ideas más ordenadas. Una lección que muchos tenemos que aprender al empezar en el camino de las grabaciones.

Cuando salimos a la recepción, Rick sacó su chequera para pagar la cuenta. Yo estaba nerviosamente parado atrás de él, tratando de no sentirme mal por este gasto innecesario que se había hecho. Casi no pudieron creer mis oídos cuando escuché: "Trescientos dólares". Era la cantidad que la secretaria dijo que debíamos. Lo dijo con tanta facilidad, con tanta naturalidad. Era una fortuna para mí.

Le explicó a Rick: "$150 por las dos horas de estudio y otros $150 por la cinta". ¡Habíamos comprado la cinta! Después de pagar, los tres salimos del estudio con el rollo de cinta de dos pulgadas en una caja gris debajo de nuestro brazo. Rick y Cynthia sólo me animaban a seguir adelante. Nunca me dijeron una palabra negativa o triste. Siempre buscaban la manera de animarme.

Subieron a su auto y yo a mi coche leproso, para cada quién ir a donde debía. Estoy seguro que muchas veces se habrán preguntado por qué habían hecho ese gasto ese día. Yo también me lo he preguntado muchas veces. Sin embargo, fue una de las experiencias inolvidables que me prepararon para el futuro que aún no conocía. Estoy eternamente agradecido a Rick y Cynthia porque fueron unas de las primeras personas que creyeron en mí a tal grado de aun poner dinero sobre la mesa. Sin saberlo, años después Dios los usaría también a ellos para empezar lo que ahora se conoce como CanZion Producciones.

MÉXICO EN EL CORAZÓN

Extrañaba mi México. Después de vivir tantos años ahí, de tener recuerdos muy gratos de los tiempos que ministré al lado de mis queridos compañeros en las "giras" de campañas para niños, me era difícil acostumbrarme a vivir en los Estados Unidos. En verdad, mi corazón se había quedado en Durango, México, para ser más específico. Tenía un deseo ardiente de regresar y hacer algo para el Señor en mi ciudad. De poder compartir el Evangelio a muchos jóvenes, de organizar eventos de evangelismo, retiros de crecimiento y tantas otras cosas que había en mi corazón.

¡Cómo anhelaba regresar! Además de David Bell, no había desarrollado una amistad profunda con otra persona. Las amistades que tenía eran bastante superficiales. Mi amigo Lalo se había casado y no le estaba yendo bien en su nuevo matrimonio y sus actitudes iban de mal en peor. Guardaba una saludable distancia de él. Mis compañeros de clases eran más conocidos que amigos. Después de lo que sucedió con Robin, había salido con un par de compañeras, pero no fueron amistades que florecieran en alguna relación significativa. Me gustaba estar con la gente, aún me gusta, pero no llevaba una relación de auténtica amistad con nadie.

En Durango, era otra cosa. Tenía amigos cercanos con quienes me gustaba estar. Compañeros de ministerio con quienes había vivido y trabajado por meses enteros. Tenía muchísimas ganas de regresar. Sólo sabía que todavía no era el tiempo. "Algún día", pensé.

En cada oportunidad que podía, viajaba a mi ciudad. A pesar de que mi pequeño automóvil tenía muchos años, me sentía muy confiado en él. En varias ocasiones, cuando tenía la oportunidad de hacerlo y conseguía el permiso para ello, me iba un viernes después de clases y manejaba toda la noche hasta llegar a Durango en la madrugada del sábado. Por auto, en aquellos años, antes de las autopistas que construirían mucho tiempo después, era un viaje de 14 a 16 horas. Me pasaba todo el sábado y parte del domingo en Durango, antes de regresar para estar de nuevo en clases para las ocho de la mañana. Llegaba desvelado y con las venas inundadas de café para poder funcionar todo el día, pero contento porque había podido ver a mis amigos y compañeros en mi querido México.

Es increíble el amor que Dios puede poner en el corazón del hombre hacia un país. Hasta ahora, creo que tiene que ser así para poder entregar nuestro TODO para el llamado que nos hace el Señor. En mi caso, nunca le puse una objeción al Señor para ser usado por Él. El deseo de hacer algo para el Señor era tan grande que, en ocasiones, me metí en situaciones difíciles, porque no lo pensé mucho antes de decir "Sí" al desafío. Creo que es algo que llevo en la sangre. Soy aventurero, sin duda. Pionero. Es el espíritu que tengo desde la vez que me tiré de la azotea de la casa con un paraguas.

No recuerdo mucho del último semestre que estuve en el colegio bíblico. Para ese entonces, estaba bastante desligado de la escuela y muy metido en la iglesia. Ser ministro de música en la congregación requería de muchísimo más tiempo que cualquier otro trabajo. En realidad, nuestro trabajo era de todos los días cada día de la semana. Aún los sábados y especialmente, los domingos. Aparte de uno que otro programa musical o de misiones en los que me involucraba, el único tiempo que pasaba en la escuela era en mis clases de todos los días.

Sucedió algo en mi corazón desde que había empezado en el ministerio: Ardía la pasión por involucrarme en la obra del Señor. No estaba satisfecho de estar en la escuela estudiando. Reconocía y reconozco que fue un tiempo indispensable para mi formación y si lo tuviera que hacer de nuevo lo único que cambiaría es que estudiaría más diligentemente.

Sin embargo, comenzaba a sentir ese fuego que arde en el corazón de la persona que tiene una visión. Sólo los que han experimentado eso sabrán a lo que me refiero. Es un ardor. Es una inquietud. Es una constante oración y ruego al Señor por Su voluntad con respecto de los tiempos y los lugares.

Así me encontraba todo el último semestre de mi segundo año. Pasaba mucho tiempo en el piano cantando y adorando al Señor. Permanecía mucho más tiempo de rodillas buscando Su rostro para conocer Su dirección, porque estaba seguro de una cosa: El tiempo se estaba acercando para mi regreso a México. Desde el día en que pisé el campus en San Antonio sabía que mi tiempo ahí era temporal. Y el tiempo de regresar se estaba acercando. Esto me emocionaba.

Cada oportunidad que había para hacer un viaje a México la tomaba. Un misionero, que vivía en la ciudad de Montemorelos, Rubén Villanueva, me invitó a ser el predicador especial para su campamento de jóvenes. ¡Cómo me gocé cuando el pastor Bell me permitió faltar ese fin de semana para atender esa invitación! Sin temor a que mi autito fallara, me subí y comencé el viaje de 9 horas que se hacía para llegar, en aquel entonces, a Montemorelos. Como iba solo, en todo el camino canté, alabé, escuché música y soñé con viajar por todo el país predicando aquí y allá. ¡Qué sueño! "Señor, quisiera algún día conocer todo este país, si Tú me lo permites", le dije en ese viaje. "¡Qué daría por llevar Tu mensaje a cada rincón de este bello país!"

De pronto despertaba de esos sueños y quería salir el pequeño monstruo de mis pensamientos: "¿Quién te crees? No eres importante. Tienes demasiados complejos para que el Señor te use. Él sólo utiliza gente capaz y brillante. No te engañes, Marcos". Tan pronto como ese pensamiento venía, lo despachaba. Pero no me dejaba de preocupar que ese animalito feo salía cada vez que tenía sueños nobles o grandes. Rápidamente, hacía una oración para declarar las palabras de fe y victoria que la Palabra declara sobre nuestra vida y seguía adelante.

Ese campamento fue una ocasión inolvidable para mí. Los hermanos me recibieron con tanto amor y cariño, a pesar de que era un joven con 20 años recién cumplidos y con muy poca experiencia en el ministerio. Me dieron un lugar increíble y un respeto que me levantó la fe y me animó para seguir adelante. La última noche del campamento, que caía en un sábado, pusieron una gran plataforma en el patio central del lugar donde estábamos porque la gente que estaba llegando en las noches era más de la que estaba en el día. Sinceramente, pensé que esa noche invitarían a otro para predicar ya que iba a ser un evento mucho más grande que los que habían celebrado hasta ese momento. Pero no. "Bobby", que era el apodo que le dieron al hermano Rubén, me pidió que terminara el campamento con la predicación esa noche. ¡Qué honor!

Al estar predicando en esa plataforma, regresó ese sentir, ese fuego que ardía en mi corazón por comunicar las verdades del Evangelio. Definitivamente, estaba contagiado con la fiebre de predicar Su Palabra. Esa noche, no recuerdo de qué prediqué, pero sí recuerdo que lo hice con pasión y fervor. En verdad, estaba comenzando a conocer lo que significaba la unción para predicar. Tenía tiempo de conocer y sentir la unción del Señor al ministrar en la música, pero ese fin de semana en Montemorelos, volví a sentir esa unción especial que sólo viene cuando se está compartiendo el Pan de Vida.

Esa misma noche regresé a San Antonio. Creo que fue porque tenía que estar al otro día (domingo) en las reuniones de la congregación. Viajé solo toda la noche. Recuerdo que en el camino atravesé un pequeño pueblo que se llama China, Nuevo León. Allí encontré un restaurante que permanecía abierto las 24 horas para atender a los camioneros que pasan por ahí. Me detuve y pedí una taza muy grande de café para seguir el camino a casa. Al otro día estuve en la congregación cumpliendo con mis deberes. En realidad, puedo decir que para mí, fueron servicios de "cuerpo presente", porque estaba tan agotado que mi mente casi no funcionaba. No fue la primera y, seguramente, no sería la última vez que se daría esta circunstancia, como pronto aprendería.

MI OBSESIÓN ESPIRITUAL

El llamado a México se estaba convirtiendo en una obsesión. Todos los días, Dios me conmovía en el espíritu acerca de empezar a hacer planes para regresar. Tuve largas conversaciones con mis padres al respecto y, como siempre, mi papá sólo me decía: "Asegúrate de tener una Palabra de Dios, antes de hacer cualquier cosa".

Yo sabía que mis días en San Antonio estaban contados. En la escuela bíblica ya sabían que no regresaría para mi tercer año. Un día, la esposa del presidente de la escuela me detuvo y me expuso todas las razones por las que ella pensaba que debería regresar. Ella era una hermana muy elegante y hermosa. Tenía un genuino amor por todos los alumnos. Era una de nuestras maestras, además de ser la persona que atendía a todos los alumnos nuevos, ya que se encargaba del departamento de admisiones.

Esa conversación fue la más larga que sostuve con ella. Duró unos diez minutos cuando mucho. Consideré cada uno de los puntos que ella me presentó, pero había dos razones importantes por las que quería regresar a México. Primero, tenía un sentir de bastante incomodidad al estar en la escuela. Había algo que no podía describir, pero no me sentía cómodo. No estaba a gusto. Los maestros eran muy buenos. Las clases también. Pero había una falta de liderazgo que me hacía sentir muy incómodo con muchas de las cosas que sucedían alrededor de la institución.

Pasarían dos años hasta enterarnos que el presidente de la escuela había estado involucrado por años en relaciones ilícitas con otras mujeres. Fue un golpe bastante grande para todos los que lo amábamos y que habíamos estado bajo su tutelaje. Sin embargo, en ese momento pude entender el por qué sentía esa incomodidad en mi espíritu. Estaba empezando a utilizar mi discernimiento. No podía poner el dedo en el problema, pero sabía que había algo oculto. Gracias a Dios, hoy en día la escuela ha tomado decisiones fuertes que la han vuelto al camino de la visión de su fundador. Es mucho más pequeña ahora, pero sigue en pie.

En segundo lugar, y era la razón más fuerte, el amor y la pasión por las almas estaba quemando mi corazón. Todo el tiempo que estuve en San Antonio me involucré en el evangelismo. De hecho, no hace mucho, al visitar esa bella ciudad con mi familia, los llevé al sitio donde muchos domingos me detuve en la esquina predicando con un altavoz y con tratados en las manos.

Varias veces, tuve el privilegio de llevar a personas a los pies de Jesús. Ahí, en medio del bullicio de la calle, sin importarme la gente que estaría mirando alrededor, con valor y denuedo, tomaba a la persona de los hombros y lo guiaba en una oración de arrepentimiento. No contento con sólo eso, los subía a mi auto o al autobús de la iglesia, cuando íbamos varios, y los llevaba con nosotros a la reunión del domingo por la tarde que se celebraba en el templo. ¡No hay nada como llevar a alguien a los pies de Cristo! Sin embargo, el fuego que ardía dentro de mí, específicamente, era para almas perdidas de México. Más específicamente, almas perdidas en la ciudad de Durango. No podía vivir sin estar en esta ciudad. Tenía que regresar.

Al volver de mi acostumbrado viaje de verano en Durango, en el que hice algunas nuevas "giras" con el grupo de jóvenes con quienes había trabajado antes, mi iglesia en San Antonio me involucró en aún más cosas. El hecho de no estar estudiando en la escuela bíblica por las mañanas, me liberaba un poco el tiempo para poder hacer más cosas en la iglesia. Desde hacía tiempo, había terminado de dar clases de piano, porque simplemente, mis actividades en la congregación me absorbían el 100% del tiempo. Seguía escribiendo música para el coro, enseñando en la Academia del Rey, dirigiendo el coro de niños y el de adultos, preparando la música para todas las reuniones, siendo maestro de la misma clase dominical junto a la hermana Beadles y en fin, cualquier otra cosa que me pedían hacer. Mi horario era bastante completo. En septiembre de 1982, la iglesia hizo algo que jamás olvidaré.

En la ciudad de Portland, Oregon, muy lejos de San Antonio (48 horas de viaje por tierra), había una congregación que se llamaba Bible Temple o Templo Bíblico, que continúa hasta la fecha, aunque le han cambiado de nombre. En esa iglesia era pastor de música un hombre a quien yo admiraba mucho, que se llamaba, nada menos que Mike Herron.

Ésta era una congregación muy grande, con escuela bíblica, varios pastores, una casa editorial, un estudio de grabación y de televisión. Pero lo que más me llamaba la atención era que tenían una orquesta sinfónica que tocaba todos los domingos, bajo la dirección de este caballero, Mike. ¡Qué ganas tenía de conocer ese lugar!

CONGRESO DE PASTORES DE JÓVENES

Una tarde, el pastor Bell llamó a un hermano que era el pastor de jóvenes en ese entonces y a mí, y nos dijo que la iglesia quería enviarnos a un congreso para pastores de jóvenes. Cuando nos lo dijo, la emoción que sentí era indescriptible, pero no entendía por qué me mandarían a mí, ya que yo era director de música, no de jóvenes. En ese momento, el hermano Bell me miró y me dijo: "La razón por la que quiero que vayas tú, Marcos, es porque reconocemos el don que Dios te ha dado para usar la música como medio para alcanzar jóvenes y Bible Temple nunca hace nada sin incluir algo acerca de la música. Así que creo que puedes aprender mucho, tanto acerca del ministerio a jóvenes, como de la música". ¡Qué momento!

Mi primer duda, tenía que ver con el pago del boleto de avión. El pastor nos dijo que la iglesia recogería los fondos para enviarnos. No teníamos que pagar nada, sólo llevar dinero suficiente para comprar recuerdos de Portland o casetes y libros de las enseñanzas. Al siguiente domingo, en un momento, el pastor comunicó a la congregación el deseo de mandarnos al congreso de pastores de jóvenes, y en menos de cinco minutos habían recogido todo el dinero para enviarnos sin costo alguno para nosotros. Estaba aprendiendo de nuevo. ¡Cuando las cosas son de Dios, Él se encarga de todo!

El vuelo duró cerca de cuatro horas. Nunca había estado en un avión por tanto tiempo. Cuando llegamos a Portland, nos recibió una hermosa pareja que nos hospedaría en su casa. Esa noche, en la sala de la casa, celebraron una célula hogareña, que incluía alabanza y ministración de la Palabra. Mi acompañante y yo queríamos aprender de todo, así que nos quedamos con los hermanos hasta que la última persona se había ido. Al día siguiente daría inicio el congreso de pastores de jóvenes. No me quería perder nada.

Durante todo el evento, asistí a cuantos talleres me eran posibles. Pedí citas con la gente de audio para conocer su sistema, con la gente de televisión para conocer sus estudios. Pedí cita con Mike Herron, quien me recibió en su pequeña oficina y me atendió con una cortesía absoluta. Me maravillaba cómo es que un hombre tan ocupado como él se tomara el tiempo para recibir a un total desconocido como yo, que sólo había visto en un par de ocasiones y a quien le había profetizado en una ciudad distante, en una conferencia donde lo habían invitado a predicar. Ni siquiera se acordaba bien de mi nombre. Recordaba mi rostro, pero nada más. Estaba aprendiendo, a través de Mike, otra lección importante: Cada persona es importante.

Después de conversar por espacio de más o menos media hora, me informó que estaba saliendo a dar una clase en el congreso, y me preguntó si gustaba acompañarlo. Lo que él no sabía es que yo me había inscrito en TODAS las clases que él impartiría. No me lo perdería por nada del mundo. Que me vieran llegar con él, era algo increíble para mí. Claro que acepté acompañarlo, me invitó a subir a su auto y se dirigió las tres cuadras adelante, a donde iba a dar su tema. ¡Momento inolvidable!

Desde Durango, este hijito de misionero arriba del auto de una de las personas que más admiraba. ¿Quién me lo iba a creer si se lo platicaba? "Nadie", dijo el monstruo. "Nadie te va a creer. No eres nada. Ni siquiera pienses que puedes". De nuevo, como siempre lo había hecho, lo reprendí y levanté el rostro y me recordé las promesas que la Palabra me daba de ser usado por el Señor. Se estaba volviendo común el hablar con este espíritu mentiroso que me trataba de vencer. Lo que sí noté es que me molestaba con menos frecuencia que antes. ¡Lo estaba venciendo! Gloria a Dios.

Cuando regresamos a San Antonio, nos invitaron a dar un reporte a toda la congregación en la reunión del domingo por la noche. ¡Con cuánta emoción compartimos con los hermanos todas las cosas que habíamos visto y aprendido en nuestra estancia ahí! En lo personal, nunca había vivido una experiencia similar y hasta la fecha, puedo recordar mil detalles acerca de ese viaje. Tales como el color de la alfombra de la iglesia, hasta lo que comimos esos días. Fue un viaje que marcaría mi vida. ¿Lo que más me impactó? Sin duda alguna, la orquesta.

Fue en la reunión del domingo por la mañana en Bible Temple, que el Espíritu Santo me habló y me dijo: "Esto debería ser la norma en las congregaciones. Las mejores orquestas del mundo deberían estar tocando para la gloria del Señor". Nunca había visto una orquesta tocar para el Señor y la de esa iglesia tenía un fluir muy especial, además de un profesionalismo impresionante. Desde entonces nació la pasión de que, algún día, en América Latina, las mejores orquestas que se escucharan en todas nuestras naciones, estarían tocando en nuestras congregaciones cristianas.

LA DECISIÓN ESTABA TOMADA

Cuando hablé con mi pastor para decirle que mi corazón ardía por México, no me esperaba la reacción que él tendría. Yo había llegado a la junta que había pedido a solas con él, con una hojita de papel donde había escrito el detalle de cómo podríamos hacer una transición en el ministerio de la música, en caso de que él me autorizara entregar mi puesto para regresar a México.

Cuando empecé a exponerle lo que había en mi corazón, estaba temblando por dentro. Primero, por la emoción de lo que le estaba hablando, y segundo, por el temor natural de no conocer cuál sería su reacción. Después de unos momentos de intentar explicarle el fuego que sentía en mi corazón, me interrumpió y me pidió la hojita de papel que él podía ver que estaba en mi mano.

Era una hoja, tamaño carta, que había escrito a máquina, así como a él le gustaba que le dieran las cosas, con unos diez puntos principales que se tendrían que cubrir, junto con los nombres que yo sugería que tendrían la habilidad para hacerlo. Mientras él leía mi hoja, su oficina entró en un silencio absoluto. Estoy seguro que se escuchaba el latir de mi corazón. Cuando lo terminó de leer, me miró a los ojos y no dijo nada. De pronto, estiró los brazos y los puso detrás de su cabeza y con un sólo movimiento se reclinó en su asiento y exclamó: "Esto es de Dios". De nuevo, pude comprobar que cuando Dios hace las cosas, Él las sabe preparar.

"Lo único que te pido es que te quedes hasta el 31 de octubre para terminar con nosotros el Congreso de Alabanza que tendremos con Mike Herron". De hecho, era lo mismo que estaba pensando yo, porque junto con David Bell, habíamos planeado tener un tiempo de enseñanza con Mike y la congregación. Me había tocado a mí coordinar parte de la logística de ese evento y no quería perdérmelo por nada. Sólo que esa sería mi última actividad oficial como ministro de música de la iglesia. Las cosas estaban cambiando. Mi vida estaba cambiando. Sin saberlo, estaba por embarcar en una de las aventuras que me llevaría a "La aventura más grande de mi vida", hasta este momento.

El evento que organizamos en octubre con Mike fue inolvidable. Para mí, porque sería mi última semana como ministro de música en la iglesia y también porque fue cuando comenzó, entre Mike y yo, una amistad que duraría por muchos años. Para mi amigo David fue una semana importante porque él tomaba las riendas de todo. Era su primer evento como ministro y pastor de la música. En realidad, muchas cosas habían sucedido en su corazón que lo habían preparado para este momento de su vida y muchos años después, también tomaría de su papá las riendas del pastorado general de la congregación.

Esa semana con Mike fue una de muchas conversaciones. De contar sueños y visiones, deseos en el corazón. Creo que tanto David como yo, lo bombardeamos todas las noches. Cada conversación estaba centrada alrededor de muchos de los deseos que teníamos en el corazón por hacer un cambio en la música cristiana. En muchas de esas charlas estaban otras dos personas muy cerca de nosotros: Rick y Cynthia Vela.

Cada noche, después de los tiempos de ministración, salíamos para cenar, tomar café y platicar hasta muy tarde. En mi caso, absorbía cada momento, cada instante, porque sabía que en los próximos días, todo cambiaría para mí. En menos de una semana, me presentarían a la congregación como uno de sus misioneros. Sería uno de sus enviados para salir y predicar las Buenas Nuevas.

Estaba muy emocionado, pero a la vez, nostálgico de no estar cerca de mi amigo David Bell, que para estas alturas, se había convertido en el mejor amigo que jamás había tenido hasta esa fecha. Nostálgico de no poder ver el final de muchas cosas que había empezado en la congregación. Por ejemplo, el coro ya estaba preparando la cantata navideña que yo había escogido y empezado a ensayar con ellos pero que nunca me tocaría presentarlo a la congregación. Pero, esos eran detalles pequeños en comparación a lo que sabía me esperaba.

Extendí mi vista hacia adelante y comencé a empacar mis cosas, alistándome para el regreso. Tuve que entregar el piano, que fue tan amable de prestarme por espacio de dos años mi amiga Julie. Saldé todas mis deudas, cerré mi cuenta en el banco y abrí una nueva en un banco distinto. Esta vez, los cheques que mandé a pedir tenían en la esquina superior izquierda las palabras, Proyecto: Juventud, una dirección, datos personales y el dibujo de un piano de cola, color negro.

¿"Proyecto: Juventud"?

Era octubre de 1982. Tenía 20 años.

APLICACIÓN PERSONAL

16. ¡Una de las lecciones más grandes en la vida de Marcos ocurrió frente a un inodoro! El Señor le dijo: "Marcos, si no estás dispuesto a lavar baños, no tengo nada para ti en el Reino". Muchos de nosotros decimos que estamos dispuestos a hacer cualquier cosa para el Señor, pero ¿lo estamos? Lo cierto es que muchos queremos llegar a posiciones de liderazgo sin tener que pasar por la "escuela del Señor".

17. La Sra. Freemyer pagó el costo de las lecciones de piano de Marcos por un año. Posiblemente ella nunca se imaginó el fruto de la semilla que estaba plantando en la vida de Marcos. ¿Estas en posición de bendecir a alguien como la Sra. Freemyer hizo con Marcos? Si es así, no esperes para mañana. Solo Dios sabe el fruto por cosechar.

18. A través de Rick y Cynthia Vela, Marcos aprendió un principio por el que se guía hasta el día de hoy: "si uno trata de abrirse la puerta, sólo impide que Dios la abra". Recuerda que las puertas que Dios abre nada ni nadie las puede cerrar, más las que tú abres siempre carecerán de Su unción. Cuidado con adelantarte al tiempo de Dios.

19. La primera vez que Marcos puso pie en un estudio de grabación fue muy "interesante para el hijo de un misionero de la ciudad de Durango". Pero, Dios tenía otros planes. ¿Cuántas veces te has sentido como pez fuera del agua? En algún momento u otro todos pasamos por eso. No te desanimes, Él es fiel.

20. Cuando el pequeño monstruo lo atacaba, Marcos despachaba sus pensamientos, oraba y declaraba palabras de fe y victoria. Por un tiempo eso le dio resultado, pero a la larga uno debe enfrentarse a esos "monstruos" que agobian nuestro ser. ¿Cómo logró Marcos la victoria final? Continuemos leyendo.

En 1983, con varios jóvenes afuera de lo que sería el Centro Juvenil Sal y Luz.

Ahí estoy a mano izquierda durante uno de los eventos dentro de Sal y Luz.

Sal y Luz siempre disfrutó de la participación de muchos jóvenes.

Capítulo cinco

Durango—mi tierra querida

l anuncio decía: "Se vende Mercury Capri, verde, 1972, $650", con un número telefónico al que podía llamar el interesado. El periódico *Light* de San Antonio publicó el anuncio. Pocas personas llamaron, pero una de ellas quería ver el auto inmediatamente. Había chocado el suyo y no tenía manera de llegar a su trabajo. Me pidió que se lo llevara para poder verlo. Yo lo tenía super limpio y ya le había sacado todos los casetes y papeles que eran míos.

Fui preparado para dejárselo, si lo quería. Cuando llegué a su casa, me estaba esperando en la escalera de su modesto hogar. Lo manejó una vuelta a la cuadra, estudió la máquina —ya que era mecánico de profesión—, revisó las llantas y me invitó a pasar a su casa para firmarme un cheque. ¡Lo quería! Me preguntó si podía bajarle $25 al precio, ya que al pagar el automóvil se quedaba sin dinero para comida de la semana. Acepté y así vendí el primer auto que me había comprado mi papá en $700.

Todavía tenía la lepra en la parte delantera y los asientos rotos estaban cubiertos con una toallas que compré especialmente para eso. Cuando lo vendí las toallas estaban incluidas. Al entregarme el cheque, le pedí un favor: "¿Podría llevarme a casa?"

Había visto en el taller mecánico de un hermano una "pick-up" pequeña que fabricaba la marca Chevrolet. El modelo era del año 76. Tenía una caseta en la parte de atrás, llantas deportivas, pintura nueva e interior nuevo. Se veía muy bonita pintada de color azul marino. En el techo de la cabina le habían instalado una ventana que en México le llamamos "quemacocos". Tenía muchos deseos de comprarla pero no

113

tenía los dólares suficientes para hacerlo.

De las ofrendas que la congregación me había dado para ayudarme a comprar un auto, sólo tenía unos 700 dólares, más los $625 que acababa de recibir por la venta de mi Capri. Me faltaban $675 para los $2,000 que pedía el dueño. Comprar un vehículo en esa cantidad de dinero fue un paso de fe muy grande para mí. Nunca había pagado tanto por nada en toda mi vida. Esto iba a requerir de mucha fe. Sin embargo, estaba seguro de que Dios me estaba llamando y que me supliría todo.

Armado de esa confianza, llamé al dueño de la camioneta, le ofrecí lo que tenía y le dije que si me lo permitía en un mes le entregaría el resto. Para ese mes tenía programadas diferentes visitas a iglesias donde ministraría y confié en el Señor que me supliría todo el dinero que restaba. El dueño accedió y fui para entregarle el dinero que ya tenía y a recoger mi "nueva" pick-up. Estaba comprobando una vez más la fidelidad y bondad de Dios. Cuando Él llama, Él provee.

Por casi dos meses, noviembre y parte de diciembre, viajé a diferentes ciudades compartiendo mi visión con las iglesias que me lo permitieron. Muchos de ellos decidieron apoyarme mensualmente con ofrendas para poder llevar a cabo la obra. Todos fueron generosos con una ofrenda que me entregaron ese mismo día que los visité. Como resultado pude reunir el dinero suficiente para pagar los gastos de viaje a mi ciudad en México y completar en el plazo establecido mi compromiso de pago adeudado por la camioneta.

Día tras día, durante esos dos meses, vi la mano de Dios apoyándome activamente. ¡Qué increíble es la aventura de vivir por fe! Sin saber de dónde vendrían las finanzas para suplir mis necesidades, me lancé en fe sabiendo que Dios se encargaría de todo. Una cosa era ver cómo Dios lo hacía con mis papás, otra cosa era verlo en mi propia vida. Los principios de Dios funcionan cuando cualquier individuo tiene la fe suficiente para creerle. Estaba comenzando a vivir mi fe.

Proyecto: Juventud

El deseo de mi corazón era trabajar con los jóvenes de la iglesia. Animarlos, mobilizarlos para evangelizar y discipularlos. Mi papá me había dado la oportunidad de ser uno de los pastores de la congregación en el área de los jóvenes y de la alabanza. Ahora que no tenía que estudiar ni trabajar fuera de la iglesia, podía dedicar el cien por cien de mi tiempo a la obra del ministerio.

Todas mis mañanas empezaban con oración y estudio de la Palabra. Durante el resto del día me involucraba en un sinfín de actividades que abarcaban la visión de alcanzar jóvenes en la ciudad. Era una época en México, donde se encontraban grupos de muchachos que les llamaban "cholos". Tenían una cierta manera de hablar, de vestir y de comportarse. Por cierto, eran bastante violentos.

Dios me había puesto un amor muy grande por estos jóvenes que vivían bastante desorientados. Me propuse la tarea de conocer a cuantos "cholos" pudiese y saber cómo podíamos alcanzarlos. Cada semana me reunía con algunos de los jóvenes que estaban en la iglesia y planeábamos estrategias para alcanzar a estos muchachos.

Una noche, estaba en mi recamara meditando sobre cómo poder estrecharles la mano a estos jóvenes cuando se me ocurrió una idea. No era nada original, muchos ministerios alrededor del mundo la habían puesto en práctica. Por medio de ella se había alcanzado a muchos jóvenes para Cristo.

¿La idea? Equipar una cafetería donde pudiéramos compartir el mensaje y el amor de Jesús en un terreno "neutral" y no religioso. Había escuchado relatos sobre cómo a través de algunos de estos centros se había logrado lo que nunca se hubiera podido alcanzar con otros métodos de evangelismo.

De hecho, en ocasiones participé en un ministerio de esta naturaleza en San Antonio. Muchas veces tuve que ayudar para recibir y aconsejar a los que llegaban, mostrarles el amor de Cristo e invitarlos a ingresar al conocimiento de Su salvación.

Las veces que asistí, pude darme cuenta del impacto que tenía un lugar como esos. ¿Lo podríamos hacer en Durango? ¿Contaríamos con el apoyo de nuestra iglesia? ¿Tendríamos la acogida entre los jóvenes de la localidad? ¿Podríamos financiar un proyecto tan grande? ¿No sería demasiado grande el desafío? Estas y muchas otras preguntas empezaron a rodar en mi cabeza. Respuestas no tenía. Pero muchas ganas, sí.

Cuando le hablé sobre la idea a mi papá, se emocionó mucho. Eso me mostró que Dios estaba en la idea. Debemos entender que él no es un hombre que se emociona con facilidad. La palabra que describe a mi padre a la perfección es: "balance". Ni muy muy, ni tan tan. Siempre estable, fiel y cumpliendo responsablemente todo lo que siente que Dios le ha encargado. Cuando lo vi emocionarse por esta loca idea mía, me llenó de confianza para continuar con los planes.

Siempre fui una persona que hacía las cosas primero y después me preguntaba: "¿Cómo me metí en esto?". Esa naturaleza –de brincarme de la azotea con un paraguas– es la que me llevó a hacer tantas cosas en mi vida. Lo que siempre aprendí, fue a estar seguro de tener una Palabra de Dios antes de hacer las cosas. Donde no está Su dirección, no puede haber de Su provisión. En esta idea del café estaba seguro que estaba Dios, y al poco tiempo comprobaría que era Su voluntad.

El presupuesto total para desarrollar un proyecto como el que proponíamos era sumamente grande. Había que mandar hacer mesas, sillas, comprar utensilios, vasos y mucha utilería. Además, queríamos tener un estéreo y una video, que era una innovación en esos años y aún eran aparatos caros. Necesitábamos decoración, personal a tiempo completo y voluntarios. Además de todo eso, ¿cómo pagaríamos la renta y los servicios del local que utilizaríamos de hogar para esta visión?

No tenía respuestas, pero sabía que Dios me desafiaba a hacerlo. Hacía un tiempo que no salía la cabeza del monstruo para acusarme. Se había aplacado bastante. La Palabra estaba llenando mi mente y corazón y se había dado cuenta que no lograba los mismos resultados que antes. En ese entonces, no lo pensaba mucho, porque estaba bastante ocupado con tantos preparativos.

EL TRABAJO HABÍA COMENZADO

Envié algunas cartas a mis amigos y familiares. Otras las remití a las diferentes iglesias que me habían recibido en esos meses antes de mi regreso. A todos les expuse la visión de la cafetería de evangelismo. Les expliqué que esto era algo que nunca se había hecho en la ciudad de Durango. Les mandé las estadísticas de la cantidad de jóvenes envueltos en drogadicción y alcoholismo. Envié fotos del local que proponíamos rentar. Digo "proponíamos" porque requería de un milagro que nos lo rentaran porque había algunos problemas con el contrato de los inquilinos anteriores.

De hecho, por varios meses, los jóvenes y yo lo mantuvimos en mucha oración pidiéndole todos los días al Señor por ese milagro. Sabíamos que ése era el lugar adecuado porque estaba ubicado en el paso central de dos líneas de autobuses y a una cuadra de la escuela secundaria más grande de esa región de la ciudad. Además, en esas colonias habían muchísimos "cholos" que podíamos alcanzar. Necesitábamos ese lugar.

En una conferencia misionera en San Antonio, en la misma congregación donde había trabajado como ministro de música, recogieron fuertes ofrendas para ayudarnos con este nuevo proyecto. Nuevamente estaba comprobando la bendición del Señor. Éste era un "monte" mucho más alto que los $2,000 que necesité para comprar la camioneta. Ahora eran muchos miles de dólares para echar a andar esta atrevida visión que llevaría por nombre Centro Juvenil Sal y Luz. Cuando regresé a Durango con la noticia que teníamos el dinero para comenzar, nos gozamos mucho con la fidelidad de Dios. Ahora, sólo faltaba hacer el trabajo y conseguir el local.

Todos los días pasaba para visitar a Don Cipriano, el dueño del local. Creo que finalmente me lo rentó porque me había vuelto importuno. Recordaba a la mujer en la Biblia que tocó insistentemente a la puerta hasta que la atendieron. Así estaba yo con Don Cipriano. El día que llegué a la oficina de la iglesia con el contrato de renta en la mano, todos pegamos un grito de júbilo porque habían pasado más de dos meses desde que habíamos descubierto el lugar hasta que fue nuestro.

Cuando finalmente nos entregaron el salón estaba lleno de telarañas, muy despintado y desarreglado. El lugar había sido una rosticería de pollos y teníamos que quitar mucha grasa de los pisos. Había mucho trabajo pero teníamos muchas ganas. Todos soñábamos con el día en que ese lugar se llenara de "cholos", para poder mostrarles el amor de Cristo y compartir con ellos algo de "donas" y agua de fruta.

El equipo de base consistía en cuatro personas: Josué Martínez, Mely Uribe, Cindy Amézquita y yo. Detrás de nosotros había un sinfín de jóvenes que diariamente venían para dar de su esfuerzo y trabajo. ¡Qué días de gozo pasamos, pintando, limpiando la grasa y preparándonos para la gran apertura!

Busqué un diseñador para que nos hiciera un logotipo. Después de varios ensayos, nos decidimos por uno que tenía una llama de fuego saliendo de una Biblia abierta detrás de la paloma. Inmediátamente, mandamos hacer papelería, papel membreteado, tarjetas de presentación, sobres y un rótulo para el frente del local que decía: "Centro Juvenil Sal y Luz". Escogimos los colores café con beige para que tuviera neutralidad y elegancia. Sin duda, estábamos muy orgullosos de nuestro nuevo centro de evangelismo.

Después de tres meses de orar por el lugar que queríamos que nos rentaran, estábamos cerca de la noche de gran apertura. Durante un mes limpiamos, pintamos y esperamos que construyeran los muebles para inaugurar el local. Todos los días nos reuníamos a orar y a repasar ideas para el funcionamiento del café.

El local estaba a unas veinte cuadras de la casa de mis padres. Una tarde me encontraba caminando rumbo al centro juvenil, cuando se asomó ese viejo monstruo de la inferioridad. Escogió ese momento para hacerlo porque estábamos cerca de la apertura y aún nos faltaban muchas cosas por hacer. En verdad, la razón por la cual estaba caminando era porque no tenía dinero para ponerle gasolina a la camioneta.

Esa tarde el viejo monstruo me dijo las mismas frases que había oído tantas veces: "No vas a poder, Marcos. Eres simplemente un hijo de misioneros. No creas que esto lo lograrás". De nuevo, como lo había hecho en tantas ocasiones, empecé a reprender esa mentira. Solo que esta vez, me encontraba en plena calle, al sol del mediodía.

Miré a todos lados para ver si alguien me miraba. Como no había nadie, levanté la voz y empecé a reprender esas mentiras en voz alta. Le recordé al diablo que había recibido todas las cosas que pertenecen a la vida y a la piedad por medio de nuestro Señor Jesús. Le repetí los versículos que confirman que somos más que vencedores mediante la victoria en la cruz. Se lo estaba hablando con fuerza, en voz alta. Fue una práctica que había aprendido en mi tiempo en San Antonio. Después de un ratito, esa voz se escondió y volví a tomar el reto delante de mí. Era una lucha continua con esa inferioridad. "¿Cuándo dejaré de luchar con esto?", me pregunté una y mil veces.

Estrategias de evangelismo

Al ministerio de jóvenes lo habíamos denominado "Proyecto: Juventud". Con ese nombre nos presentábamos en diferentes sitios de la ciudad para predicar del Señor. Bajo ese título rentábamos auditorios para proyectar películas evangelísticas, dramas y presentaciones diversas en la ciudad.

Desde que había regresado a Durango, el grupo de jóvenes se había activado en un cien por cien. Siempre estábamos en algún lugar predicando, evangelizando o llevando a cabo algún evento. Usábamos payasos, pantomima, títeres y drama para llamar la atención y después compartir el Evangelio. Teníamos el deseo tan grande de evangelizar que haríamos cualquier cosa para poder predicar.

Una vez, puse una silla en el centro de una plaza. Sobre ella coloqué un sombrero de campesino y unos lentes en la orilla del sombrero. Debajo del sombrero puse una gran zanahoria que podía pasar de nariz. Mi invento parecía una persona sin piernas ni manos sentada en una silla. Sólo me paré junto a la silla sin decir nada. Después de un ratito, las personas se detenían para ver cuál era el espectáculo. Cuando un grupo interesante se había reunido, comencé a hablarles de "Don Nadie" (nombre que le había dado a mi figura ficticia). Este hombre estaba triste porque se sentía solo en la vida. Se preguntaba la razón de vivir. Nadie podía darle respuestas a las preguntas que tenía. Eso era porque nunca había conocido al Dador de la vida—y así empezaba a predicar de Cristo. Eran trucos para que la gente se acercara a oír el mensaje.

Otras veces hacíamos una presentación que también funcionaba. Poníamos a uno de nuestros mejores mimos llamado Noé, sobre el banco de la plaza pública y todos los demás jóvenes lo rodeábamos. Éramos un buen grupo de entre cuarenta y cincuenta muchachos. En la mano teníamos tratados y folletos que hablaban de temas bíblicos, pero los manteníamos ocultos hasta el momento oportuno.

La gente que pasaba veía que había público alrededor de un mimo y se acercaban por curiosidad. Al hacerlo, los jóvenes del grupo tomábamos las posiciones traseras y dejábamos que la gente quedara más cerca del mimo. Éste siempre hacía un "sketch" sobre algún tema que, sin palabras, se entendía como el mensaje de esperanza. Mientras la gente veía con curiosidad, sin darse cuenta, los integrantes del grupo ya los habíamos rodeado. Muy discretamente les entregábamos uno de los tratados y una invitación para asistir a las diferentes actividades que organizábamos.

Muchas veces nos tocó llevar personas a los pies de Cristo en esas plazas, usando esas tácticas. Otras veces fuimos menos discretos. Simplemente, deteníamos a la gente y les hablábamos de Cristo. Estábamos sembrando la preciosa simiente del Evangelio.

Una de las actividades la organizamos en conjunto con otro ministerio que se llamaba: Fuerza Agape. Era la presentación de la obra "El Fabricante de Muñecos e Hijo". Este ministerio estaba integrado por un grupo de misioneros norteamericanos que habían llegado a vivir a Durango con la visión de alcanzar jóvenes universitarios.

En esta ciudad hay varias universidades y muchos jóvenes vienen de varias partes de la república para estudiar aquí. Encabezados por su líder, Pedro Cawthon, el ministerio reunía a gente muy entusiasta y entregada a la causa de alcanzar hombres y mujeres para Cristo.

Rápidamente, Pedro y yo entablamos una gran amistad. Él es una persona muy agradable y estar en su presencia es un deleite. Además, era visionario y como reza un dicho: "Dios los hace y ellos se juntan".

Dios había reunido a estos dos visionarios para hacer algo para el Reino del Señor en Durango.

Pedro tenía el dinero y yo tenía los contactos. Así fue como hicimos esa primera presentación de la obra. Desde hacía unos años, Dios me había dado gracia con algunos funcionarios del gobierno que miraban con agrado lo que estábamos haciendo a favor de la juventud de Durango. Especialmente, el trabajo que hacíamos con los "cholos".

Cada dos o tres meses, alguno de estos funcionarios me invitaba a comer. Me sentía privilegiado que lo hicieran y sabía que era favor que sólo Dios puede dar. Uno de ellos, casualmente, era el que dirigía los principales auditorios de la ciudad. Cuando hice la cita con él para pedirle el auditorio más grande de la ciudad, no sabía que algunos hermanos habían querido este mismo lugar para eventos suyos y nunca se lo habían prestado.

Por primera vez, después de muchos años, nos facilitaron el auditorio para hacer la presentación de esta obra extraordinaria. Varios pastores me preguntaron cómo había hecho para conseguirlo y les dije que sólo lo había pedido. Nuevamente, vi la gracia de Dios. Favor que no merecemos.

En realidad, la obra que se presentó en el Auditorio del Pueblo fue un evento de Fuerza Agape y Pedro Cawthon. Nosotros, como Proyecto: Juventud hicimos todo lo que pudimos para ayudarlo. La noche en que se presentó por primera vez esta obra, aceptaron al Señor varias personas. Entre ellas había un joven que aún no terminaba sus estudios en la escuela comercial donde cursaba. Esa noche, fue con uno de sus amigos porque le habían contado que había unas chicas norteamericanas muy bonitas en la tropa de los actores. Ahí lo atrapó el Señor. Sin saberlo él en ese momento, fue el inicio de una aventura que cambiaría el resto de su vida. Su nombre es Jesús Huizar.

Una de las actividades que comencé cuando llegué a Durango, fue un estudio bíblico para muchachos en mi casa. Cada martes por la noche llegaban jóvenes de varios lugares del vecindario para aprender la Palabra conmigo. En este estudio bíblico se convirtieron varios muchachos y otros que no estaban muy sólidos en el Señor se afirmaron. Dos de los que nunca faltaban al estudio eran Sergio y Mario González[1].

Por espacio de dos horas, leíamos y estudiábamos la Palabra de Dios. Les daba las enseñanzas básicas acerca de la vida cristiana. Cada semana llegaban más de diez jóvenes para aprender y estudiar. Cada semana veíamos entregarse al Señor uno o dos muchachos. Este estudio del martes por la noche, llegó a tener tanta relevancia que hasta el día de hoy lo siguen llevando a cabo en nuestra congregación.

Con toda esta actividad y con tanto evento, nuestro grupo de jóvenes había crecido considerablemente. Después de unos cuantos meses, se había llenado el lugarcito donde celebrábamos la reunión de jóvenes los sábados. Había entusiasmo y mucho que hacer. Para cuando estábamos listos para abrir el centro juvenil, había suficientes jóvenes como para involucrarlos a todos en algo.

Necesitaríamos gente para atender las mesas y otros para recibir en la puerta a los que iban llegando. Nos habíamos propuesto que cada persona que viniera al Centro Juvenil Sal y Luz debiera sentirse súper bien recibido. Para eso, teníamos personas estratégicamente ubicadas en las puertas para recibir con abrazos y sonrisas a todos los que ingresaban.

Algunos entraban por solo cinco minutos y tan pronto como habían llegado así salían. Pero esos cinco minutos queríamos que fueran los mejores de su vida. También necesitábamos personas que ayudaran en la cocina con las aguas de fruta, con la canela o café que preparábamos. Siempre servíamos donas, galletas o pan de dulce. En cada mesa colocábamos una canastita llena de algo que comer. Además de los que servían y ayudaban con las diversas tareas, necesitábamos personas creativas que supieran preparar programas y presentar dramas.

El plan era que cada noche que abriéramos, después de convivir y conocer a los que nos visitaban, daríamos comienzo a algún tipo de programa, estilo "show". Se apagaban las luces de la casa y se prendían unas que enfocaban a la pequeña plataforma en el centro del salón. Desde ahí, dábamos el programa de esa noche, que siempre terminaba con un mensaje de salvación y una oportunidad para que la gente pudiera recibir oración por sus necesidades.

LA GRAN NOCHE

La noche de apertura nos encontramos todos muy temprano, ansiosos por ver si vendría gente o no. Habíamos repartido por todos lados unos folletos que decían: "Proyecto: Juventud los invita a la gran apertura de su Centro Juvenil Sal y Luz a las 19.30 hs. Entrada Libre".

Luego de un momento de oración con todo el equipo, abrimos las puertas del lugar a las 19 hs. Era el momento de la verdad. Veríamos si esto funcionaría. Cuando empezaron a llegar las primeras personas, casi las tumbábamos de la alegría que nos daba verlas. Eran sonrisas, abrazos y apretones de mano. Creo que nos excedimos, pero ése era el plan. Mostrar todo el amor cristiano que nos fuera posible.

Después de un rato, llegaron más personas. No lo podíamos creer. En realidad, estaba funcionando. Cuando empezamos el programa de esa noche, el lugar estaba lleno en toda su capacidad, aunque no había quedado gente afuera. ¡Qué increíble noche! Este fue el comienzo de dos años gloriosos del Centro Juvenil Sal y Luz, en los que ministramos a, literalmente, miles de jóvenes.

Durante las mañanas abríamos las puertas del salón para todos aquellos que quisieran venir sólo para estar, escuchar música o ver videos. Ofrecíamos una serie de audiovisuales de crecimiento cristiano básico que nos había dado Pedro Cawthon, de Fuerza Agape. Muchos jóvenes querían estar ahí sólo para platicar o pedir consejos acerca de su vida y sus problemas.

Para muchos, el Sal y Luz, como le decíamos todos, se estaba convirtiendo en un refugio para jóvenes necesitados. En varias ocasiones tuvimos el privilegio de ayudar a personas que querían quitarse la vida. Nos daba gusto saber que cuando luchaban con sus grandes problemas, venían a nosotros porque sentían mucha confianza. En una ocasión, nos tocó recibir a una chica que se había tomado una cantidad grande de pastillas, en un esfuerzo por quitarse la vida. Después de haberlo hecho tuvo miedo y corrió hacia el Sal y Luz para que la ayudáramos.

Una noche, después de haber permanecido abiertos durante algunos meses, uno de los jóvenes que nos ayudaba me avisó que había oído el rumor de que una de las pandillas de "cholos" más grandes vendría esa noche. Este muchacho, que participaba en el grupo de jóvenes con frecuencia, había sido miembro de esa pandilla y de cierta manera, todavía tenía amigos que formaban parte de ella, por lo tanto sabía cosas que sucedían con ellos.

Al darme la noticia, me preguntó acerca de qué haríamos si esto sucediese. Mi respuesta fue que les daríamos el mismo amor que le brindábamos a cualquier persona que entrara por las puertas del Sal y Luz. Me explicó que ésta era gente bastante violenta y que tendríamos que estar preparados. Le encargué que él tuviera un equipo de muchachos preparados y alertas ante cualquier situación.

Cuando llegaron, era una compañía de unos treinta jóvenes, hombres y mujeres. El líder era un muchacho de unos veinte y tantos años, alto y con una mirada que reflejaba cuánto había luchado en la vida. Me dijo que quería platicar conmigo. Nos sentamos rodeando una mesa con muchos de sus compañeros y hablamos por largo rato. Él tenía curiosidad en saber por qué teníamos este lugar y qué pretendíamos hacer allí. Quería conocer acerca de la Biblia y de las enseñanzas que dábamos. Conforme le fui despejando las dudas, sacó un cuchillo muy grande y lo puso en la mesa delante de él. Me explicó que él era una persona violenta, que había hecho muchos males y que lo teníamos que tratar bien para que nada nos sucediera.

Detrás de mí se sintió la tensión que produjo el hecho de que sacara el cuchillo. El joven de nuestro grupo que había sido parte de esta pandilla en otro tiempo, dijo: "Cálmate . . . cálmate". Yo nunca sentí temor, al contrario me sentía muy emocionado porque por primera vez estaba hablando con uno de los líderes de estas pandillas. Nunca había tenido esa oportunidad hasta ese momento.

Le expliqué que nosotros también éramos violentos, pero que nuestra violencia era espiritual. Que sabíamos que nuestro enemigo era el diablo y que la pelea contra él la ganó nuestro campeón Jesús, hacía mucho tiempo atrás en la cruz del Calvario. Le dije que estábamos violentamente enamorados del Señor y que esa era nuestra motivación y la razón de ser de este lugar llamado Sal y Luz. No teníamos otro propósito más que de hablarle a todo el que pudiéramos acerca de este gran amor de Dios.

Para sorpresa de todos, agachó la cabeza y permaneció callado por largo rato. Después, pidió tener una reunión a solas conmigo. Le respondí que no había mejor momento que el presente. Le ordenó a toda su "gente" que se alejara y nos fuimos a otra mesa, en un rincón más privado. Los únicos que nos acompañaron fueron su novia y el joven de mi grupo que antes había sido miembro de esa pandilla.

Una vez que estábamos situados en esa mesa, me platicó la historia de su vida. Un relato colmado de rechazos, violaciones, violencia y abandono. Sus primeras drogas las probó a los nueve o diez años de edad. Había una larga lista de acontecimientos tristes que había vivido.

Luego de hablarme un tiempo, comenzó a llorar. Hizo un esfuerzo muy grande por no hacerlo para que no lo vieran ninguno de sus seguidores. Me posicioné de tal manera que mi cuerpo lo bloqueara de la vista de los demás. Dejé que hablara todo lo que quiso. Por último le pedí que me diera la oportunidad de orar por él y de ayudarlo en lo que pudiera.

Esa noche oré por él, luego se levantó muy rápidamente de la mesa. Pude ver que estaba avergonzado por haber llorado y me dijo que regresaría al Sal y Luz muchas veces. Nos dio las gracias por recibirlo tan amablemente. Me dijo: "Eres buena onda, Marcos. El Sal y Luz es buena onda", y tan pronto como había llegado, se fue, siguiéndolo todo su séquito de muchachos en busca de aprobación y amor. ¡Habíamos ministrado al jefe de la pandilla más grande de la región! Luego nos visitó en varias oportunidades.

Había corrido la voz que el jefe de la pandilla había dado su aprobación a nuestro lugar y comenzaron a visitarnos con mucha frecuencia. Especialmente, las noches que sabían que serviríamos donas. Eso sucedía una vez por semana.

El ministerio de rehabilitación de drogadictos local llamado "Reto a La Juventud", hacía unas donas muy ricas para poder ayudarse con los gastos del ministerio. Cada semana les pedíamos una gran cantidad y venían algunos de los que estaban en el programa para contar sus testimonios. El día que servíamos donas siempre había más gente.

La prueba más grande que enfrentábamos en este ministerio era la de tener siempre creatividad y frescura en los programas que presentábamos. Todos los días platicábamos sobre qué podíamos hacer y a quiénes podíamos invitar para ayudarnos a presentar cosas nuevas.

Con los jóvenes, las películas siempre tenían un gran éxito. Las ocasiones en que proyectábamos una, hacíamos a un lado todas las mesas para tener más espacio y, aún así, quedaban personas afuera por falta de lugar.

Los dramas y las actuaciones también atraían a muchas personas. Se había dado la fama local de que en el Sal y Luz había buenos actores. Bajo la dirección de nuestra colaboradora Mely, se había desarrollado un buen grupo de actores, payasos y mimos. Mely tenía un don muy especial en esta área y le gustaba enseñarlo a otros. Alrededor de ella había jóvenes que mostraron gran capacidad de actuación.

Uno de ellos, Noé, había recibido al Señor en el Sal y Luz. Recuerdo el día en que llegó con su hermana y el momento cuando pasaron para entregar su vida al Señor. Él fue uno de los primeros frutos del Sal y Luz que se integraría al grupo de jóvenes, a la congregación y llegaría a ser uno de los actores más extraordinarios que tendríamos.

EL ENFRENTAMIENTO DE LAS PANDILLAS

Una tarde mientras preparábamos el programa para la noche, llegó corriendo el muchacho que había formado parte de los "cholos". Nos informó que dos de las pandillas más grandes, la que nos había visitado y otra, tenían un pleito territorial muy grande y que se habían citado para pelear esa noche, nada más ni nada menos que en el Sal y Luz.

Estos muchachos sabían que teníamos un permiso especial con el municipio para operar y que sería un lugar seguro donde podrían pelear sin intervención policíaca. No sabía qué hacer. Rápidamente, le dije al muchacho que avisara al grupo de jóvenes que todos ellos debían estar en la reunión de esa noche, ninguno podía faltar. Necesitaba muchos varones que estuvieran en la puerta. Dentro de lo posible, tendríamos una noche normal como siempre. No dejaríamos que esta noticia nos detuviera, pero estaríamos bien preparados, alertas y en oración para que nada violento sucediera.

Cuando abrimos las puertas esa noche, los primeros en llegar fueron los miembros de aquella pandilla que en otras ocasiones nos había visitado. Solo que esta vez, habían llegado todos. Llenaron el lugar. Venían en una actitud bastante irreverente y estaban alterados. En la puerta había colocado a diez de los jóvenes más grandes de tamaño como de guardias. Adentro, todos nos portamos como si esa fuera una noche más y los recibimos a todos con abrazos, sonrisas y donas.

Como el ambiente era más volátil esa noche, decidí empezar el programa un poco más temprano de lo acostumbrado. Apagamos las luces de la casa, prendimos las de escenario y les di la bienvenida a todos. Hicimos una oración y dimos inicio. No recuerdo cual fue el programa de esa noche, sólo recuerdo que no me tocaba estar en la tarima así que fui a la puerta para conocer los últimos acontecimientos.

Cuando miré por el ventanal que daba a la calle, me percaté de que en la otra acera había un gran grupo de jóvenes con palos en las manos gritando obscenidades en nuestra dirección. Habría unos cuarenta o cincuenta muchachos.

Tomé a un grupo pequeño de mis más fieles jóvenes e hicimos un círculo de oración tomando autoridad sobre estos espíritus que se estaban alterando. Les prohibimos, en el nombre de Jesús, hacer cualquier daño a nuestro lugar o a cualquier persona dentro de nuestro salón. Fue una oración de cinco minutos.

Después, salí de la puerta y comencé a platicar con los que nos estaban ayudando en la vigilancia. No estaban muy cómodos. De hecho, estaban bastante preocupados. Especialmente, cuando una que otra piedra fue lanzada en nuestra dirección. Lo único que podía hacer era animarlos a estar firmes y recordarles las promesas del Señor acerca de la victoria que tenemos en Jesús.

El muchacho que era nuestro contacto con toda esta gente, se ofreció para ir a hablar con ellos. Como nadie tenía una mejor idea, le dimos nuestra bendición. Platicó con ellos por un rato. Cuando regresó, nos dijo que estaban bastante alterados y que querían pelear. Que no deseaban hacerle daño al Sal y Luz y por eso, esperarían hasta que los muchachos salieran para pelear afuera.

Continuamos esperando para ver qué sucedería. Mientras tanto, el programa proseguía dentro del salón y para nuestra sorpresa, todos esos muchachos que habían llegado tan alterados, estaban bastante tranquilos, escuchando el mensaje. ¿Estaríamos viendo el poder de Dios?

Después de un buen rato, la pandilla que había acampado en la acera opuesta empezó a desbandarse. Uno que otro lanzaba un insulto hacia nosotros. Cayó alguna piedra más, pero de uno en uno se empezaron a retirar. Uno de los muchachos que había estado vigilando la puerta vino a darme el reporte que ya todos se habían ido.

El gozo en los rostros de ambos era visible. Más o menos al mismo tiempo estaba terminando el programa. Varios jóvenes hicieron la oración de arrepentimiento y nos despedimos como si hubiera sido uno de los días más normales del Sal y Luz. Se levantaron todos los de la pandilla y comenzaron a darnos las gracias antes de salir.

¡Habíamos obtenido un milagro! Vimos, "visiblemente", la mano de poder de Dios que guarda a los Suyos. Cuando el último se fue, nos sentamos todos en una mesa y exhalamos con gran alivio. Había sido un lapso muy tenso en la historia de nuestro pequeño ministerio. Esa noche estábamos muy agradecidos al Señor y nos detuvimos para darle las gracias.

Una obra necesaria en mí

Durante el tiempo que operamos el Sal y Luz, el grupo de jóvenes siguió creciendo y se mantuvo muy activo. Siempre teníamos algo planeado para hacer: Evangelismo en alguna plaza pública de la ciudad o en un pueblo cercano, retiros, conciertos, proyección de películas, además de las reuniones semanales.

Corríamos a cien por hora. El día empezaba con oración en la iglesia a las seis de la mañana todos los días, y terminaba muy tarde cada noche. Como yo era "soltero y sin compromiso" tenía todo mi tiempo dedicado a Proyecto: Juventud y Sal y Luz. Sin darme cuenta, había desarrollado malas costumbres en mi estilo de liderazgo que al poco tiempo me traerían consecuencias difíciles.

Me había convertido en un líder dictador. Uno que tenía poco tiempo o paciencia para las opiniones de mis colaboradores. Alguien que siempre tenía la última palabra y nadie la podía discutir. Muchas veces, ni siquiera lo hacía con intención o malicia, pero estaba dañando a muchas personas a mi alrededor. Dios me pasaría por el fuego en el proceso de prepararme para lo que venía. Me he dado cuenta que es una transformación que ha durado a través de los años. Empezó con una confusión que tuve que vivir.

Corría 1984, y aún no cumplía 22 años de edad. Había estado en el ministerio por dos años y medio. Cada febrero, mi familia asistía a una reunión de misioneros que se celebraba en diferentes lugares de México. Este viaje se había vuelto casi una tradición familiar. El lugar donde se realizaría ese año era en la ciudad de Saltillo.

Yo estaba emocionado de ir por varias razones. Primero, Saltillo tenía un significado importante para mí. Ahí se encontraba una congregación que me había invitado varias veces a ministrar y habíamos desarrollado una buena amistad. Los grupos de jóvenes de ambas congregaciones habíamos disfrutado de muchas actividades juntos. También, el hombre que era en ese tiempo el pastor de esa congregación, Richard Hayes, fue uno de los primeros en "creer" en mi ministerio. Él y su esposa, Fonda, tenían muchos años de conocer a mi familia ya que habían asistido a la misma escuela bíblica que todos nosotros. Fue Richard el que me dio la oportunidad de dar mi primer "concierto" en la ciudad de Saltillo, en el año de 1983, en el salón del Club de Leones.

Nunca olvidaré esa noche. Estaba a cupo total y canté usando unas pistas y un piano eléctrico "Fender Rhoades" que me había regalado una iglesia de Houston, Texas. Las pistas las compraba cuando visitaba los Estados Unidos y traducía las letras. También toqué en el piano algunos de mis cantos. Había compuesto muchos en los últimos tiempos. Algunos de ellos, los grabé en algún momento, pero la gran mayoría sólo sirvieron de ensayo para aprender a componer.

Rápidamente empezaba a darme cuenta cuáles cantos "pegaban" y cuáles no. Igualmente, algunos de ellos venían con el soplo del Espíritu Santo y otros eran manufactura mía y nada más. Siempre estaré agradecido a estos hermanos preciosos que me brindaron la oportunidad de "empezar" en esta fase del ministerio.

La segunda razón por la cual estaba emocionado por ir alretiro de Saltillo, era que habíamos disfrutado año a año de estos eventos para misioneros y habían sido de mucha bendición. Encontrábamos a personas que no veíamos desde el año anterior y eran momentos de convivencia y refrigerio en el espíritu.

Además, desde el retiro que se había celebrado en el '83, yo ya no estaba en categoría de "hijo" de misionero, sino de "misionero". Esto lo hacía aún más interesante para mí. Fue con esa expectativa que empecé a vivir una de las confusiones más grandes de mi vida, que Dios usaría para iniciar una obra muy necesaria para mi hombre interior y exterior.

Brújula perdida

El retiro había comenzado y esa tarde me senté a la mesa para comer con una de mis colaboradoras, Cindy Amézquita. Ella era hija de misioneros pero trabajaba igual que yo, como misionera, viviendo con sus papás. Cindy era una increíble bendición al ministerio.

Ella era una joven muy involucrada y comprometida en todo. Daba su tiempo completo para el Proyecto: Juventud y era la secretaria del Sal y Luz. Una persona de mucha oración, mucha palabra y una buena conseje-ra. Muchas de las señoritas que llegaban al Sal y Luz buscaban a Cindy para pedirle una palabra de consejo y ayuda. Todos los que estábamos a su alrededor sabíamos que era una de las personas más extraordinarias que habíamos conocido. Era diligente, entregada al Señor, sumamente cooperativa y nunca daba ningún problema. Era un deleite tenerla en el equipo.

En esa comida, se había sentado delante nuestro uno de los oradores que había sido invitado a ministrar en el retiro junto con su esposa. Comenzó a preguntar sobre nosotros y nuestro ministerio. Durante el transcurso de la comida, la conversación se había centrado exclusiva-mente en el ministerio y lo que estábamos haciendo entre los jóvenes y el trabajo en el Sal y Luz.

Hasta ese momento, el vínculo que disfrutaba con Cindy era sólo de amistad. Habíamos salido a tomar el café juntos en algún lugar y sí había una atracción hacia ella, pero no había desarrollado lo suficiente como para sentirme muy seguro en seguir profundizando esa amistad. Por lo pronto, así lo habíamos dejado... hasta ese día.

Después de la comida, el hermano que se había sentado frente a nosotros, estaba ministrando proféticamente a todos los presentes. En verdad, habíamos visto cómo Dios le mostraba cosas tan increíbles a este profeta y estábamos con la expectativa de tener una Palabra de Dios por boca suya.

Sinceramente, en pocas ocasiones vi ministrar de esta manera a un profeta. Ya que conocíamos muy bien a todos los que estaban en ese lugar, podíamos confirmar que las palabras que hablaba eran ciertas. Cuando tocó mi turno para ser ministrado, el hermano me llamó al frente y antes de empezar la oración por mí dijo: "¿Dónde está la señorita con la que estabas sentado a la hora de la comida?". La hizo pasar.

En mi corazón, había empezado la confusión. Nunca me había sucedido algo así y no estaba del todo seguro que esa era la manera que quería que Dios me hablara con respecto a una mujer en mi vida. Podía oír detrás de mí a todos mis compañeros del ministerio susurrándose cosas el uno al otro mientras Cindy pasaba al frente. Los papás de ella estaban presentes. Mis papás no. La profecía empezó así: "Así dice el Señor, el que halla esposa halla el bien y alcanza la benevolencia del Señor". Fueron las palabras que dieron inicio a una de las confusiones más grandes que he vivido hasta la fecha.

Viajamos por seis horas para regresar a Durango. Cindy venía en la camioneta conmigo, junto con varios hermanos más. Platicamos mucho tiempo. De hecho, lo único que quedaba era sacar el calendario y fijar una fecha. La profecía no había dejado margen para otra cosa.

Así que, esa noche fijamos una posible fecha en el mes de octubre. En mi mente ya estaba decidido. Sólo que en mi corazón, había un peso en lugar de alegría. "No sabía que Dios hacía las cosas de esa manera", pensé. Nunca había visto una cosa similar y la verdad, no me sentía cómodo con profetas que daban esa clase de profecías. No quería dudar la palabra del hombre de Dios. Toda mi vida me enseñaron a respetar a los hombres de Dios y escuchar las palabras de consejo y aún las profecías que daban. Pero, esto era algo que nunca había experimentado. Se complicaba más el asunto cuando recordaba las palabras que les dio a mis compañeros y supe, sin duda, que eran palabras de Dios. Tenía que ser un verdadero profeta y no tenía razón para dudar.

Las primeras personas en darme una palabra de precaución fueron mis papás. Sin haber estado presentes, sabían que algo no estaba bien con este asunto. El problema no era Cindy, ellos la amaban. Ella era la mejor amiga de mis dos hermanas. De hecho, sin estar casada con la familia, era parte de la familia. El problema era cómo se estaban dando las cosas.

Mi papá habló conmigo sobre este tema y me dijo que una profecía DEBE ser la confirmación de algo que Dios YA ESTÁ tratando con uno. Me dio muchas otras palabras de consejo. Sin embargo, al haber estado presente y permitido que la euforia alrededor de esa palabra me envolviera, no hice caso de su consejo y continué con los planes de casamiento.

Durante toda esa confusión, perdí la brújula. El ministerio seguía creciendo y los jóvenes seguían llegando al Sal y Luz, pero mi estilo de manejar a la gente se volvió más y más tajante. Ahora puedo reconocer que mucho de eso estaba sentado en dos cosas: 1) Una inseguridad que había arrastrado por muchos años ("el meón y el puercoespín"). 2) Una especie de orgullo que permití en mi vida. Esos dos ingredientes son una mala mezcla para seguir en la cordura y en la madurez.

Poco a poco, me percaté de que algunos de los jóvenes estaban desilusionándose. Esto me ponía peor y en lugar de comprender cuáles eran sus problemas o buscar alguna manera para ayudarlos, me ponía más duro, más estricto y más difícil. Mientras tanto, se acrecentaba la confusión acerca de qué hacer con una boda que se celebraría en el mes de octubre.

Me urgía estar a solas con el Señor. Por diez días tuve poco contacto con la gente. Sólo el acercamiento necesario con aquellos con quienes trabajaba. Durante esos días, no salí a pasear con Cindy y no tuvimos ninguna actividad donde estuviéramos a solas. Estuve muchas horas encerrado en mi recámara buscando a Dios, necesitaba tener una palabra suya para seguir adelante.

Esa palabra finalmente llegó. Durante todos esos días que había estado en oración sentí que lo que estábamos planeando estaba fuera del tiempo de Dios. Simplemente, el Señor impresionó en mi espíritu que no era SU tiempo. Tenía que esperar un tiempo más.

Unos días después, por medio de la esposa de uno de los misioneros que había estado el día de la famosa profecía, Dios me habló aún más claro. Eso fue suficiente para entrar en acción. Esa misma tarde, después de bañarme y alistarme, fui a la casa de Cindy para decirle lo que había estado sintiendo.

En realidad, no sabía lo que me esperaba, pero fue un día muy difícil para ambos. Yo la apreciaba mucho y nunca deseé lastimarla como lo hice. Al día siguiente, mis padres me acompañaron a hablar con los suyos y tratar de explicarles qué había sucedido. En verdad, fue un tiempo muy difícil para todos. A las pocas semanas Cindy se fue de la ciudad.

Después del dolor que viví con el asunto de Cindy, sucedió algo que me añadió más dolor. En el mes de junio de ese año, después de mi cumpleaños número 22, un grupo de más o menos quince jóvenes se fue a otra congregación. ¡Qué golpe para mí!

A muchos los había ganado para el Señor. Entre ellos estaba uno de los jóvenes con quien había pasado más tiempo. Había sido mi vecino por muchos años. Lo conocí cuando era niño y me había gozado mucho cuando se entregó a Cristo de todo corazón. Se había involucrado absolutamente y en muchos sentidos, era uno de los brazos fuertes del grupo. Tenía un extraordinario potencial para el ministerio. Cuando él se fue, junto con todos los demás, Dios empezó a tratar conmigo de una manera acelerada.

Los detalles de esos días no son claros. Lo único que recuerdo es que pasé muchas noches en mi recámara llorando hasta muy tarde. De lo profundo de mi corazón le preguntaba a Dios la razón de esta decisión. Nunca había experimentado lo que era una traición. Me sentía solo, abandonado y muy desanimado.

Me levantaba tarde en las mañanas, algo muy raro en mí. No tenía deseos de continuar en el ministerio. Habían sido meses de mucho dolor y angustia. Años después, pude ver que era uno de los favores más grandes que me hizo el Señor. A través de esta circunstancia me cambió, me desafió a ser una mejor persona. Me retó a ser un ministro y un líder a la estatura de la medida del varón perfecto.

La frescura de la Palabra

Una noche, durante este tiempo difícil, decidí que no podía seguir más. Me iría de Durango y entregaría el ministerio a otros. Pensé en Josué. Él podría llevarlo. La camioneta con capacidad para doce pasajeros que nos habían regalado para usarla en el grupo de jóvenes, se la entregaría a la hermana Dulce para que la siguiera usando. La cuenta de cheques del ministerio, con algo de dinero se la entregaría a alguien. Me iba. No podía quedarme en un lugar donde había sufrido tanto dolor y angustia.

En mi cuenta personal, había una cantidad de unos cuántos dólares que había ahorrado para, nada menos, que la boda. Con este dinero me iría a buscar trabajo tal vez en San Antonio y a hacer otra cosa. Estaba decidido. Miré el reloj, costumbre que tengo, eran las cuatro de la madrugada. Pero pasarían tres cosas que cambiarían mi idea. La primera, sucedería esa misma mañana.

Temprano entró mi mamá a la recámara. Cosa algo extraña. Hacía muchos años que mi mamá había dejado de entrar allí. Especialmente desde que éramos adultos ya que respetaba mucho más el lugar. Pero esa mañana empezó diciendo:

—Anoche no pude dormir hasta las cuatro de la mañana.

—Hmmmm, coincidencia, —pensé.

—Estuve intercediendo por ti y Dios me habló.

Pero, antes de seguir, hay que entender una cosa acerca de mi mamá. Ella no es de las personas que siempre andan diciendo: "Dios me habló". De hecho, son contadas las ocasiones que lo ha hecho, de manera que cuando lo dice, todos escuchamos. En el momento que ella dijo eso aquella mañana, tenía mi total atención.

—Marcos, estás como David lamentando a su hijo Absalón. El Señor dice que te levantes y pienses en todos aquellos que aún no te han abandonado. Por el bien de ellos y el tuyo, sigue adelante. Tu hijo, Absalón, ha muerto.

Eso sucedió un domingo por la mañana.

La segunda cosa que pasó fue la llegada de una carta. La persona que la redactó nunca antes me había escrito y en los quince años que han pasado, no me ha vuelto a escribir. Era la carta de un hombre que admiré desde mi niñez, cuando vino a predicar algunas veces a Durango. Él también era hijo de misioneros, pero ahora residía en los Estados Unidos y estaba empezando una congregación. Su nombre es Ricardo Casteel.

En su carta, después de saludarme, dijo lo siguiente: "Marcos, recuerda que hemos hecho un compromiso de ser soldados en el ejército del Señor. Un soldado nunca suelta su espada. Ni por un segundo, ni por una hora. No por un día ni por una semana. No la soltamos por un mes, ni por un año. De hecho, la espada que hemos tomado es para toda una vida. No la sueltes mi hermano". Con esas palabras se despidió. Había leído la carta en la camioneta mientras estaba estacionado al lado de la calle. Comencé a llorar. Pero esta vez, las lágrimas no eran de lástima y tristeza, sino de alegría porque Dios me estaba hablando. ¡Qué refrescante es cuando Dios habla!

La tercera cosa sucedió en la misma recámara donde había llorado por muchos días y donde había recibido la Palabra de Dios por parte de mi madre. Fue exáctamente una semana después, un domingo por la mañana, mientras oraba y leía la Palabra.

Para estas alturas había cambiado mi decisión: Me quedaría en el ministerio pero me iría de Durango. El dolor era todavía muy grande para quedarme aquí, pensé. Buscaría en la iglesia donde me había iniciado en el ministerio a ver si no querían que regresara para apoyarles.

En mi pequeña recamara había una mecedora que había comprado de una persona que las vendía por las calles de mi ciudad. Estaba sentado allí cuando nuevamente me habló el Señor. Pero, esta vez fue con un versículo de su Palabra. Había estudiado toda esa semana el libro de la Primera Epístola a los Corintios. Estaba terminando de leer el capítulo 15, cuando el Señor resaltó el último verso:

"Así que, hermanos míos amados, estad firmes y constantes, creciendo en la obra del Señor siempre, sabiendo que vuestro trabajo en el Señor no es en vano."

Pude ver con claridad que el Señor me estaba diciendo que no me fuera de Durango ("firme y constante"), que tenía que tomar estas pruebas para aprender ("creciendo—siempre") y que era mentira lo que el diablo me había estado diciendo que nada valía la pena ("sabiendo—trabajo—no es en vano").

Ese día, grité por primera vez después de unos dos meses. Era el primer rayo de luz que había visto desde hacía tiempo. Estaba saliendo de la angustia y entraba en un nuevo entendimiento de la gracia y el poder de Dios. Ese día, unos impresionantes rayos de luz entraron por la ventana de mi recámara pero no se comparaban con los rayos que habían penetrado hasta lo más profundo de mi espíritu.

Así tomé la determinación final: No me iría de Durango, mantendría el curso que había tomado, continuaría creciendo y dejando que el Señor se glorificara en cada una de las cosas que me pasarían en la vida.

Después de todo lo que había sucedido, mi papá tuvo la idea de que me fuera por tres días a algún lugar para tener un tiempo de recuperación y refrigerio. En efecto, hacía mucho tiempo que no me tomaba un tiempo para descansar.

Durante todos los meses de crisis personal que viví, seguí cumpliendo fielmente con cada una de mis responsabilidades pero me encontraba bastante cansado. Cuando mi papá lo sugirió, pensé en Guadalajara, una de las ciudades más hermosas de México y no la conocía muy bien. Además, había un nuevo vuelo desde nuestra ciudad a Guadalajara y realmente deseaba conocerla.

Fui a una agencia de viajes, compré un boleto y reservé un cuarto en un hotel. Había conocido a un hermano llamado Josemaría Zamorano, en una ciudad llamada Tepic, cerca de Guadalajara. Me habían invitado en un par de ocasiones a ministrar en la congregación donde él estaba y habíamos hecho una buena amistad. Él tenía en su haber una de las grabaciones más bonitas que había en México en ese entonces. Me había platicado de un estudio de grabación que había en la ciudad Guadalajara y me recomendó visitarlo. Eso haría.

También, había oído mencionar una congregación muy conocida en esos años llamada "El Camino". Tenían una escuela bíblica y por todos lados que uno iba en México se oía de la repercusión que tenía este grupo cristiano en el país.

Estaba pastoreado por Tomás Cueto, un español que había sido monje franciscano. El impacto de su testimonio había tocado a muchos. En poco tiempo, Dios lo había levantado como uno de los líderes cristianos prominentes de esos tiempos. Me propuse visitar esa congregación durante mi estancia en Guadalajara. También había oído que tenían un increíble equipo de alabanza y cantos frescos que estaban saliendo de allí.

Con una maleta y mi Biblia en la mano, me fui por tres días a Guadalajara. Puedo decir que fueron los días que Dios usó para empezar un trato que cambiaría significativamente mi vida. Aprendería cosas y conocería personas, a raíz de este sencillo viaje, que afectarían mi vida por el resto de mis días. En Guadalajara vivía otro hombre llamado Chuy Olivares.

Era el año 1984 y tenía 22 años.

APLICACIÓN PERSONAL

21. La coordinación de los detalles para su regreso a México fue todo un paso de fe para Marcos. Pero él estaba seguro que Dios lo había llamado a México y que Él supliría todo. ¿Estás en una situación similar? No retrocedas. Cuando Él llama, Él se encarga de todo.

22. Hubo una noche en la que el ministerio de Sal y Luz fue visitado por la pandilla más grande de la región. Al recibir la noticia de la posible visita, Marcos dijo que les darían el mismo amor que le brindaban a cualquier otra persona que entrara por la puerta. Al terminar la noche Marcos tuvo la oportunidad de compartir el evangelio y orar por el jefe de la pandilla. ¡David se había enfrentado al supuesto Goliat y había vencido! De vez en cuando Dios pone a supuestos Goliats en nuestra vida para llenarnos de temor. ¡No temas! Dios está contigo.

23. Marcos se dió cuenta que se había convertido en un líder dictador, uno que tenía poco tiempo o paciencia para las opiniones de sus colabo-

radores. ¿Estás en posición de liderazgo? Tienes que aprender a cuidar de tu posición y recordar que un líder es simplemente un servidor de los demás. Cuídate o si no tendrás que aprender a las duras . . . como le ocurrió a Marcos.

24. La situación con Cindy fue un tiempo muy difícil tanto para Marcos como para ella. Pero en el proceso, Marcos aprendió otra lección muy importante: no importa lo que nos digan otros, la palabra final sólo nos la puede dar Dios. Marcos escuchó del Señor y obedeció.

25. Al poco tiempo de lo que sucedió con Cindy y el grupo de jóvenes se fue a otra congregación Marcos entró en un tiempo de confusión y depresión. El decidió irse de Durango, pero el Señor le habló a través de su mamá y de la carta de un amigo. Finalmente, Marcos escuchó directamente del Señor. Los momentos difíciles no siempre son los ideales para hacer decisiones radicales. Asegúrate que Él te habló y no des un paso sin haber escuchado Su voz.

---

1. Sergio es el autor de varios cantos que se han grabado en CanZion Producciones. Mario es uno de los pastores en una congregación Bethel

Día en el que Miriam y yo anunciamos nuestro compromiso de matrimonio en octubre de 1985.

Uno de los días más felices de mi vida: nuestra boda el 1 de marzo de 1986.

Nuestra corta luna de miel en Londres, Inglaterra.

Capítulo seis

Una mujer
llamada Miriam

uadalajara es una ciudad con muchas fuentes, flores, árboles y frecuentes lluvias. De ahí la famosa canción. "Guadalajara, Guadalajara–hueles a pura tierra mojada". Mis pocos días allí estuvieron llenos de mucho dormir, leer la Biblia y orar. Al mediodía, salía a conocer algunos lugares y a comer en alguno de los muchos restaurantes que había en la zona donde me hospedaba.

Una tarde, llamé por teléfono para saber cómo llegar a la iglesia Comunidad Cristiana "El Camino". Al obtener la dirección, me di cuenta que el templo sólo quedaba a escasas doce cuadras del hotel donde me alojaba.

Era un edificio con varios pisos, donde además del auditorio principal de la congregación, tenían salones para las clases bíblicas, dormitorios para los alumnos, oficinas, cafetería y una librería cristiana. No había hecho cita con nadie, ni era mi deseo hacerlo, sólo quería tener información general de la congregación y quizá conocer algo acerca del Instituto Bíblico.

De vez en cuando, algunas personas preguntaban por algún lugar adonde podían ir a estudiar y quería tener referencias acerca de este instituto. Estuve un buen rato en la librería, viendo la variedad de música, libros y Biblias. Como siempre, la sección musical era bastante limitada y los pocos casetes eran de intérpretes locales, en su mayoría.

Compré algunas cosas y me llevé unos folletos. Entre ellos estaba la información para un Congreso Pastoral al que estaba invitado un ministro a quien yo conocía bien, nada menos que el pastor de Mike

Herron. Me pareció interesante que él, que había visitado varias veces nuestra congregación en San Antonio, estuviera en Guadalajara. Hice una nota mental de comentárselo a mis padres para llevar algunos de los pastores que colaboraban con ellos.

Después de mi visita a "El Camino", fui al Canal 58, el estudio que me había comentado mi amigo Chema, de Tepíc. Lo conocí y pude hablar sobre la posibilidad de grabar ahí alguna vez. Me dieron los precios y los datos de la persona con quién debía hablar para reservar un tiempo en el estudio.

Regresé al hotel a prepararme para volver a Durango. Al regresar, inmediátamente mis papás se interesaron en enviar a algunos de los pastores a la conferencia de Guadalajara. Me encargaron que hiciera los preparativos para llevarlos en la camioneta que en ese entonces teníamos.

Aprovechando que estaría en Guadalajara nuevamente, llamé al Canal 58 y reservé un tiempo en el estudio para hacer una grabación con las pistas que solía usar en los diferentes conciertos que daba por ahí.

Para esto, ya había regresado varias veces a Saltillo y había participado en otros lugares como Torreón, Fresnillo y Monterrey, cantando y ministrando en la música. La gente me preguntaba si tenía algo grabado y les decía que por ahora no, pero que algún día...

Conferencia pastoral en Guadalajara

La conferencia pastoral en la iglesia "El Camino" se celebró en el mes de agosto. Nos alojábamos en los dormitorios de los estudiantes, donde mi hermano mayor y yo compartíamos un cuarto. Durante las mañanas había enseñanzas y talleres. Después, una comida que todos disfrutábamos en armonía cristiana. Personas de diferentes partes de México llegaron hasta allí.

En las noches, había tiempos de gloriosa alabanza y adoración, seguidos por una predicación y tiempo de ministración a todos los participantes. En verdad, esa semana el Señor terminó de sanar muchas de las heridas que había en mi corazón, debido al tiempo difícil que había pasado.

Pude ver, con mucha claridad, los errores que había cometido en contra de esos preciosos muchachos que estaban queriendo sólo conocer más de Dios. Me arrepentí una y otra vez por mis actitudes incorrectas y por el espíritu dictatorial que había tenido, por el orgullo que había entrado a mi vida. Muchas lágrimas derramé esa semana.

En el transcurso de esos días, aparté tiempo para ir al estudio del Canal 58 para hacer las grabaciones que terminé el viernes de esa semana, el mismo día que culminaba el congreso pastoral. Durante todos esos días, sólo había conocido a una persona, Guillermo Ficachi. Él era el joven encargado del equipo de alabanza en la congregación. Cada noche, con su guitarra y su sensibilidad, nos dirigía a unos increíbles tiempos en la presencia del Señor.

Después de la comida del viernes, platicando con Guillermo, me pidió que tocara el piano esa noche en la alabanza. Me sorprendí con su petición, ya que cada noche había visto la plataforma llena de músicos y cantantes, y no había notado que hiciera falta alguien en el piano, pero Guillermo me insistió, diciéndome que la pianista no llegaría esa noche, o algo por el estilo. Teniendo la experiencia de mi amigo Lalo, sabía que me iría mejor si no invadía un terreno que no era mío. Los músicos podemos ser bastante territoriales.

Cuando se acercó la hora de empezar la reunión, yo estaba en un dilema personal. Me hubiera encantado tocar con el grupo, pero tenía temor de hacer sentir mal a alguien. Entonces, como se escuchaba todo en ese edificio, esperé hasta oír las primeras notas de la alabanza, antes de bajar al auditorio.

Mi estrategia era sencilla: Si llegaba y no había nadie sentado en el piano, entonces, sabría que no había llegado la persona para tocarlo. Si alguien estaba ahí, solucionado el problema. Cuando bajé, Guillermo no estaba dirigiendo esa noche sino un hombre bajo de estatura, muy bien vestido, con poco cabello y una guitarra en las manos.

Cuando entré al lugar, Guillermo me estaba esperando. No había nadie en el piano y rápidamente me hizo la seña de sentarme a tocar. Obedecí. Esa noche fue una reunión extraordinaria. Quizá fue más aún por lo que significó para mí estar en ese congreso y por la sanidad que Dios había traído a mi corazón. Había aprendido tantas cosas al observar y escuchar a los distintos ministros que trajeron la Palabra durante la semana.

En verdad, había sido un baño espiritual. Pero, en especial, esa noche fue diferente. Tal vez por el hecho de haber participado con ese increíble equipo de alabanza. El hombre que lo dirigía, lo hacía con mucho entusiasmo y energía. Nunca antes lo había visto, pero cómo me gustaba su espíritu.

Cuando finalizó el tiempo de alabanza, el único lugar que quedaba cerca del piano donde pudiera sentarme, se encontraba al lado del pastor principal de la congregación, Tomás Cueto. Rápidamente, empecé a buscar otro lugar, porque pensé que seguramente ese sitio estaba ocupado. Además, como era alguien que yo no conocía, tenía un poco de temor o respeto, de sentarme ahí. Pero él me hizo una seña para que tomar ese lugar.

Me sentía como un niño que nunca ha visitado la gran ciudad y que se siente nervioso de estar ahí. ¡No lo podía creer! Estaba sentado al lado del pastor principal. "No hagas algo tonto, Marcos", me decía dentro de mí. Este hombre había hecho un impacto en mi vida durante esa semana. Había visto cómo él amaba la presencia del Señor. Había dirigido esa conferencia con un deleite y un amor por la Palabra del Señor. Viéndolo ministrar, pude darme cuenta del porqué Dios lo había bendecido tanto.

Por cierto, en el pastor Tomás había una unción que pocas veces había visto en un hombre. Al estar a su lado, me preguntó de dónde era y a qué me dedicaba. Rápidamente le dije que era de Durango, hijo de misioneros y ahora trabajaba entre jóvenes al lado de mi papá.

De pronto, me pide mi dirección y teléfono y me dice: "Te voy a llamar para ver si puedes acompañarme a algunos lugares donde voy a ministrar ya que necesito a alguien que me ayude con la música". Pensé por un momento que seguramente estaría bromeando. Él era un pastor con tantos músicos y tantos ministros a su disposición. ¿Cómo es que me invitaría a mí? Sin embargo, le anoté el teléfono y la dirección en una hojita de papel y se la entregué.

Al terminar la reunión se despidió de mí y dijo que me hablaría. De pronto, salió por una puerta para atender a sus invitados y no volví a verlo esa noche.

Yo tenía que volver a Durango antes que los hermanos pastores que habían ido conmigo. Tenía unos compromisos que debía cumplir al día siguiente. Seguramente, se trataba de algún evento de evangelismo que habíamos planeado con el grupo de jóvenes. El plan era que mi hermano mayor regresara en la camioneta con los pastores y yo lo haría esa noche en autobús.

Después de cenar algo, platiqué un rato más con Guillermo. En eso, entró a la cafetería el hombre que había dirigido la alabanza esa noche. Todos lo conocían en esa congregación porque había ministrado muchas veces allí. Se notaba el amor que todos tenían por él, porque lo recibían con abrazos, besos y mucho cariño.

Guillermo había dicho que me lo presentaría. Cuando lo hizo, me di cuenta que ya había oído hablar mucho de este hombre. De hecho, había sido un impacto en la vida de multitud de personas, incluyendo la mía. Su nombre era sinónimo de un mover que Dios había empezado en México en el área de la alabanza y adoración. Después de charlar un rato, se ofreció llevarme a tomar el autobús. Me dijo que la casa donde estaba hospedado quedaba cerca y que le gustaría conocerme mejor.

Me preguntó sobre mis papás, sobre mi trabajo y especialmente, sobre mi música. Quería saber cuántos años había estudiado piano y dónde lo había hecho. Me hizo mil preguntas en ese recorrido que hicimos a la estación de autobuses. Casualmente, tenía en mi bolsa una copia de la grabación que había terminado ese mismo día en el Canal 58, con aquellas pistas. Me dijo que lo quería escuchar. Lo puso en el estéreo de ese pequeño auto y lo oyó atentamente, con el volumen bastante alto.

Se mostraba genuinamente interesado. Eso fue algo que me impactó de él. No me preguntaba sólo para quedar bien, sino que estaba realmente interesado en conocer quién era yo. "Pocos músicos como él", pensé por dentro, recordando a mi amigo Lalo y otros.

Después de escuchar cada canto que estaba grabado en ese casete, me preguntó si tenía una copia que pudiera darle. Le conté de mi sueño de sacar una grabación algún día y poder ayudar a cambiar la música cristiana en México. No lo sabía en ese momento, pero el que había dirigido la alabanza esa noche y me había llevado a la estación de autobuses se convertiría en uno de mis mejores amigos y compañeros en el ministerio. Esa noche había conocido a Jorge Lozano.

Era el mes de agosto de 1984. Yo tenía 22 años.

Tiempo de experiencia y nuevas amistades

La grabación que hice en el Canal 58 no llegó a nada. Cuando regresé a Durango, hice algunas llamadas telefónicas y escribí unas cartas para saber qué necesitaba para conseguir los permisos de las compañías dueñas de las pistas, para poder utilizarlas en una grabación.

Como habían sido traducidas al español y era una grabación sencilla de alguien totalmente desconocido, pensé que les daría gusto saber que las estaban usando en otros países y en otros idiomas. ¡Qué sorpresa me esperaba! Fue mi primer encuentro con el mundo de la industria musical.

No podía usar sus pistas, y además me multarían por usarlas de esa manera, me dijo una de las compañías. Otra empresa me dijo que podía usarlas, pero que tendría que pagar una cuota bastante alta. Cuando me dijeron la cantidad, recuerdo que era lo mismo que necesitábamos para el presupuesto de varios meses del Sal y Luz.

Algunas de las compañías de las pistas ni siquiera se dignaron en contestar mi carta. Fue cuando decidí que ésa no era una grabación que podíamos sacar al público y la almacené para siempre. El gasto y la inversión que había hecho en pagar el estudio lo tomé como una buena inversión para obtener experiencia en grabaciones. Después, hubo otra inversión de dinero que hice en una grabación que nunca nadie escucharía. Todo esto me estaba preparando para lo que vendría

Pedro Cawthon, de Fuerza Agape, había llegado a ser un buen amigo. Después de las muchísimas horas pasadas en su casa, con su esposa Teresa y sus hijos, realmente habíamos hecho una amistad que se mantendría a través de los años.

Una tarde, antes del tiempo del dolor y la confusión, me avisaron que se mudaban de Durango. La Misión con la que trabajaban los necesitaba para una nueva área que abrirían en los Estados Unidos. Con mucha tristeza nos despedimos. A pesar de que Pedro me lleva algunos años, habíamos hecho una buena amistad y yo los extrañaría. Hasta la fecha, mantenemos lazos de amistad. De hecho, sus hijos, Charlsie y Pete, me llaman "Tío Marcos". Los quiero mucho.

Una de las cosas que Pedro hizo antes de irse fue encargarnos a la poca gente que estaba asistiendo a sus reuniones. Entre ellos estaba el joven Jesús Huizar que había conocido al Señor durante la presentación de "Fabricante de Muñecos e hijo" que interpretó Juventud con una Misión, bajo la invitación de Pedro y Fuerza Agape.

De inmediato, este joven se integró absolutamente con nosotros. Asistía a todos los eventos que organizábamos y al Centro Juvenil Sal y Luz. Tenía un espíritu entusiasta y entregado. Siempre tenía una sonrisa y ganas de hacer algo. Estaba viviendo su primer amor con el Señor y nunca estaba satisfecho. Siempre quería saber más acerca de las cosas de Dios. Rápidamente nos hicimos amigos. Esto transcurrió unos días después de la salida de aquellos muchachos que se habían ido a otra congregación y, en verdad, su amistad suplió la necesidad de tener un amigo.

Huizar y yo compartimos mucho tiempo juntos. Casi todas las noches, después de ésta o aquella reunión lo dejaba en su casa y en muchas de esas ocasiones su mamá, Chuyita, me invitaba a cenar con ellos. Se dio la oportunidad de que trabajara con nosotros ayudando en algunas de las tareas administrativas del Sal y Luz. Desde entonces, Huizar ha estado a mi lado trabajando de una manera u otra.

UNA LLAMADA QUE NO ESPERABA

Más o menos en el mes de septiembre, estaba sentado a la mesa junto con mis papás y mis dos hermanas, comiendo. Éramos los únicos que vivíamos aún en la casa. Mi hermano Jerry, se había casado hacía algunos años con una de las mujeres más extraordinarias que he conocido y ellos ya tenían dos hijos preciosos. Mi hermano menor, Felipe, vivía en los Estados Unidos y estaba por terminar sus estudios.

Esa tarde, no esperábamos ninguna llamada importante y cuando sonó el teléfono a la hora de la comida, nos miramos todos pensando quién sería. La persona que contestó me dijo que la llamada era para mí.

"Por favor no cuelgue", dijo la voz al otro lado de la línea, "le comunico con el pastor Tomás Cueto". ¡Tomás Cueto! ¡Guau, me habló! No lo podía creer. Pensé que se había olvidado de mí. Él era un pastor importante de la ciudad de Guadalajara. Yo sólo un hijo de misioneros en la ciudad de Durango. "¿Qué querrá el hermano?" me preguntaba mientras lo ponían al teléfono.

—Marcos, —dijo—. ¿Marcos Witt?

—Si, —le contesté.

Después de saludarme y preguntar por mi familia y por mí, prosiguió a decirme la razón por la que me había llamado.

—Marcos, tengo un viaje planeado a Tijuana. Les avisé a los hermanos de allá que posiblemente iría alguien conmigo para ayudar en el área de la música. Me gustaría que tú me acompañaras. Si pudieras hacerlo, te cubriríamos los gastos de viaje y te daríamos una ofrenda, —me explicó.

En lo primero que pensé fue en los jóvenes. Teníamos una actividad planeada para el fin de semana. El calendario lo tenía en mi mente. No necesitaba ni siquiera verlo. Sabía que ese fin de semana no podía porque tenía esa responsabilidad y no esperaba que otro la cubriera. Estaba resuelto. No podía ir.

Traté de explicárselo en esa llamada. Le dije que era difícil dejar mis actividades porque no tenía quién me supliera. Le di millones de gracias por llamarme. En realidad, me sentía halagado por un lado y nervioso por el otro. Nervioso porque pensé que posiblemente yo no podría con

143

el paquete. "Mejor me quedo en Durango", pensé, "donde sé qué hacer y cómo hacerlo". Tomás me dijo que si cambiaba de opinión le hablara en un día a lo máximo, porque estaría buscando a otra persona que lo acompañara. Dentro de mí consideré que seguramente no lo llamaría.

Cuando regresé a la mesa para seguir comiendo, todos los ojos estaban puestos sobre mí. Traté de seguir comiendo como si nada hubiese ocurrido. En mi casa, ¡eso es imposible! Empezaron las preguntas: "¿Quién llamó? ¿Qué quería? ¿Qué le dijiste?". Les expliqué la versión condensada de la conversación y les comenté que mi respuesta había sido "no" porque tenía responsabilidades que cubrir el fin de semana en cuestión.

Después de un momento de silencio, fue mi papá el que habló. Lo que dijo me sorprendió. No había manera de saberlo en el momento, pero sus palabras fueron una profecía de lo que estaba por venir en un próximo futuro. Hasta la fecha puedo escuchar su voz que me habló con mucha convicción y seguridad.

—Marcos, —empezó—. La unción que Dios ha puesto en tu vida no es una unción local. Dios va a llevarte a muchos lugares. Los que estamos a tu alrededor podemos ver que Dios te ha dado algo que se tendrá que compartir con mucha más gente. Es nuestra tarea buscar la manera de apoyarte. Quien sabe si este es el inicio de algo que el Señor tiene planeado para ti.

—¿Me estás diciendo que debo ir con Tomás?, —pregunté.

—Esa es tu decisión, pero creo que deberías por lo menos considerarlo, —me contestó—. ¿Te dejó la puerta abierta para cambiar de opinión?

—Sí, —le respondí—. Me dijo que si cambiaba de parecer le avisara como máximo en un día, porque después de eso buscaría a otra persona que lo acompañara.

—Entonces, ve y llámalo. Nosotros podemos cubrir cualquier cosa que tengas aquí en Durango. Sólo di qué hay que hacer y lo haremos.

Nunca me habían invitado a ministrar a un lugar donde ofrecieran costearme el viaje por avión. De hecho, recuerdo que me sorprendí cuando me dijeron que fuera en avión porque se me hacía demasiado lujo y muy caro el boleto. Sin embargo, de Durango a Tijuana por tierra son tres días de viaje. Así que me subí al avión, embarcando en una gran aventura que no sabía a dónde me llevaría. Lo que sí puedo decir es que estaba disfrutando de cada minuto.

¡Qué momentos viví en ese viaje al conocer personas como la familia Mellado, que serían amigos por el resto de mi vida! Los hermanos de la congregación en Playas de Tijuana siempre tendrán un lugar muy especial en mi corazón por la manera en que me abrieron sus puertas, entregándome su amor y amistad, hasta el día de hoy.

Ese fue el primer viaje de muchos que haría con Tomás. Conforme lo fui conociendo, desarrollamos una gran amistad. Esos tiempos que pasamos ministrando juntos los recuerdo con mucho cariño. En realidad, Dios lo usó en mi vida para presentarme a mucha gente que de otra manera, quizá nunca hubiese conocido. Cada vez que lo veía ministrar, me sorprendía de la unción que tenía al llevarnos a ese lugar de reconocimiento de la presencia de Dios. Él era un adorador.

MI ENCUENTRO CON JUAN ROMERO

Sólo había oído hablar de Juan Romero. No tenía el gusto de conocerle. En el Centro Juvenil Sal y Luz teníamos muchos videos que nos habían regalado del Club PTL, un programa de televisión cristiano, en el que Juan Romero era el anfitrión. Esos programas los vimos cientos de veces. Me encantaba el formato, los invitados y sobre todo, la calidad con la que se hacían.

El hermano Romero me parecía un anfitrión muy carismático y ameno. Siempre tenía alguna broma o una historia interesante que añadir al programa. Su risa y su personalidad eran contagiosas y no me cabe duda de que una de las razones por la que ese programa era visto por millones de personas, era Juan Romero.

Supe que estaría en una congregación de las Asambleas de Dios, en Durango. Como siempre lo hacía, llevé a un buen grupo de jóvenes para participar en la actividad que habían organizado. Juan Romero venía con uno de sus hermanos a ministrar esa noche.

Me impactó la humildad de este hermano tan visto en América Latina. Al terminar la reunión, el pastor de la iglesia, el hermano Mario Carrasco, me invitó a cenar con ellos. Me sentí verdaderamente privilegiado. Rápidamente, llevé a algunos de los jóvenes a sus casas y fui al restaurante donde se encontraban los hermanos.

¡Qué manera de platicar tiene el hermano Romero! Cómo me reí escuchando historia tras historia de este hombre que había recorrido toda América Latina y que tenía tanto tiempo en el ministerio. ¡Qué de historias tiene! De pronto, me preguntó acerca de mí y de mi familia. Cuando terminé de contarle la historia de la muerte de mi papá y que mi mamá se había quedado en Durango sola con tres niños pequeños, se inquietó mucho en saber las fechas y los detalles acerca de esos acontecimientos. Cuando se los confirmé, se emocionó más aún.

Justo en el tiempo que mi papá había muerto, en el año 1962, el hermano Juan y su esposa, habían atravesado por un tiempo de dificultad muy grande en su vida personal y ministerial. El mismo día que recibió una carta donde le negaban el sueño de ser misionero, recibió también un pequeño boletín de una organización cristiana que se dedicaba a evangelizar en lugares remotos lanzando desde las avionetas de los misioneros, libros del Evangelio de San Juan. Lo mismo que hacía mi papá.

En ese boletín, el hermano Romero leyó acerca de la muerte de mi papá Jerry y de una viuda que se había quedado en México sola con sus tres hijos. En medio de lágrimas y tristeza personal, Dios usó esa historia para hacerlo reflexionar que las cosas para él no estaban tan mal y tomó tiempo para orar por aquella viuda y sus tres hijos.

Me contó que había sido un acontecimiento muy importante en su vida que le ayudó a decidir no abandonar la esperanza de seguir buscando ese deseo de su corazón en el ministerio. Sus ojos se llenaron de lágrimas al contarme la historia porque me explicó que por muchos años se había hecho la pregunta: "¿Qué le habrá sucedido a aquella viuda y sus tres pequeños hijos?". El saber que estaba hablando con uno de ellos, lo emocionó mucho. Yo me quedé muy sorprendido al comprender lo que el testimonio de una sola persona puede producir en el Reino de Dios. ¡Qué bendición!

Antes de despedirnos esa noche, el hermano Romero se dio cuenta que pronto yo estaría viajando a los Estados Unidos. Me preguntó que si me gustaría estar en el programa Club PTL. ¡Claro que sí! Le contesté. Una vez más, estaba aprendiendo que cuando Dios abre las puertas, lo hace de par en par. Sin solicitar una invitación, sin imaginarme que me invitaría, de pronto me encontré como un huésped en el programa cristiano más visto en el mundo hispano de aquel entonces. ¡Qué fidelidad la de Dios!

COMIENZO DE NUEVOS PLANES Y FINALIZACIÓN DE OTROS

Desde que había visto los programas que realizaban en PTL, tuve la inquietud de hacer algo similar. Pensé que sería una buena manera de compartir lo que Dios estaba haciendo en diferentes partes del mundo. Siempre tuve la curiosidad de saber lo que el Señor hacía en otros países. Comunicarlo a todos los demás me parecía un privilegio extraordinario.

A pesar de que fue antes de tiempo, hicimos una incursión muy temporal en el mundo de la televisión. Un amigo que conocí en los Estados Unidos, me comentó que en la iglesia donde pastoreaba había instalado todo un estudio de televisión y que estaba a mi disposición si quería hacer algo allí.

Huizar y yo nos dispusimos a hacer los preparativos de estos programas. Invitamos a algunos amigos de la congregación de Tepic, incluyendo a mi amigo Chema, para que cantara y diera su testimonio. Organizamos una orquesta para tocar la música en vivo y enviamos los cantos por adelantado para que los tuvieran listos.

El programa se llamaría "Celebración". En la estación de televisión local me habían dicho que si les presentaba un programa interesante y bien hecho, lo pasarían al aire por un costo no demasiado elevado. Tuve varias entrevistas con ellos y me dieron muy buenas sugerencias sobre cómo preparar los programas.

Para esto, ya habíamos tomado la decisión, difícil, de cerrar el Centro Juvenil Sal y Luz por varias razones. La principal fue que yo comenzaba a viajar cada día más y más por las invitaciones que me hacía el pastor Tomás. Había empezado a conocerse más mi ministerio. El Sal y Luz requería de una pasión para que siguiera funcionando. Era una de esas visiones que si no tenía un liderazgo fuerte y apasionado, no podía seguir.

Josué Martínez, que había sido el que lo había llevado adelante solo durante muchas ocasiones en mi ausencia, estaba sintiendo el llamado al pastorado. La congregación donde él funcionaba como uno de los pastores estaba en crecimiento y también lo requerían mucho.

Mi otra colaboradora, Mely, tenía la pasión por el lugar pero estaba pasando por unas dificultades muy fuertes con respecto a su salud. En vista de todas esas circunstancias, decidimos que el momento histórico en Durango y del ministerio Proyecto: Juventud había llegado a su fin.

Miles de jóvenes habían recibido la semilla de la Palabra de Dios, y sabíamos que algún día esa palabra no retornaría vacía. Muchos fueron los momentos de alegría y emoción que habíamos vivido al ver la vida de tantos jóvenes transformados por el poder del amor y de la Palabra de Dios.

Con tristeza cerramos las puertas del local, entregamos las llaves por las que habíamos orado tanto y nos mudamos para otro sitio. Hasta el día de hoy, en ocasiones me encuentro con personas que me preguntan por el Sal y Luz.

Para el verano en que íbamos a hacer las grabaciones de los programas, preparé un itinerario que incluía regresar a la ciudad de Portland, a la congregación donde Mike Herron había sido pastor de música. Él se había mudado a la ciudad de Salem para pastorear una congregación allí, pero continuaba siendo uno de los motores principales en la organización de un evento para músicos que celebraban cada año en la congregación de Portland. Ese año decidí asistir. Además, mi amiga Cindy se había ido a esa ciudad para estudiar en el instituto bíblico, y como había pasado un año desde que habíamos terminado, pensé que sería una buena oportunidad de ver si se podía restablecer por lo menos nuestra amistad. Los dos habíamos quedado bastante heridos, pero sin duda, ella más.

En el mismo viaje, acepté la invitación de visitar a Juan Romero, que estaba grabando una serie de programas en el centro de estudios que tenía PTL en Carolina del Norte. También visité a un amigo que pastoreaba una iglesia en una pequeña ciudad del estado norteño de los Estados Unidos llamado Wisconsin.

Durante mucho tiempo él había insistido para que fuera a su iglesia a enseñar sobre alabanza y adoración. Me dijo que varias congregaciones en el área querían que los visitara y que él me coordinaría todas esas visitas. La última parada que hice en esas largas jornadas fue en Arizona, donde vivían mis abuelos Witt.

Después de pasar tres días con ellos, fui a Phoenix para predicar en la congregación que nos había regalado hacía varios años la camioneta "van" que usábamos en el grupo de jóvenes. De ahí, regresé a Durango. El viaje duró aproximádamente un mes.

Había comprado un boleto que me permitía descender en todas esas escalas, por el mismo precio. El requerimiento del pasaje era que el itinerario debía ser fijado con anterioridad y no permitía cambios. Cuando organicé cada uno de los destinos, con mi portafolio, los escritos para los programas de televisión y una maleta con mi ropa, embarqué en esta gran aventura que sería una más de las que había tenido hasta ese momento.

Shreveport y Portland

La primera parada fue la ciudad de Shreveport, donde me estaban esperando para comenzar a grabar los programas de televisión. Me hospedé en casa de mi tía Sara, hermana de mi papá Francisco. Estuvimos encerrados durante tres días, desde las seis de la tarde, después que todos los voluntarios salían de sus trabajos habituales, hasta muy tarde por la noche, grabando un programa tras otro.

Mi tía nos llevaba té helado, fruta y bocadillos a todos. Mi hermano menor, Felipe, en esos días vivía en esa ciudad y se involucró como camarógrafo y ayudante en general. Todos estábamos muy contentos grabando esos programas. A pesar de que nunca se verían en ningún lado, los programas tenían la excelencia que el Señor se merece.

La música era excelente, el set era hermoso, las entrevistas resultaron buenísimas. En fin, todo quedó increíble. Después de ese intento, tuve que esperar más de catorce años antes de ver cumplido mi sueño de tener un programa regular de televisión. Abandonar ese proyecto fue difícil en el momento, pero fue necesario aprender a poner mi atención sólo en las cosas que el Señor estaba haciendo. En pocas palabras, tuve que aprender a esperar en Él.

La segunda porción del viaje me llevó a la hermosa ciudad de Portland, donde participaría en el evento para músicos y dirigentes de alabanza. Para ese momento tenía 23 años recién cumplidos y me encontraba escaso de recursos, por lo tanto opté por quedarme en los dormitorios de una escuela bíblica que utilizaban para los participantes.

Cuando llegué, me informaron que compartiría la habitación con otra persona. La idea no me desagradó, así que me propuse conocer con quién estaría. Cuando pregunté si sabían el nombre de la persona con quien compartiría la habitación, me dijeron que se llamaba Lamar Boschman.

Algunos años antes, alguien me había entregado un libro escrito por este hombre, llamado *El Renacimiento de la Música*, que había sido un impacto para mi vida. Lo había leído y recomendado a mucha gente. Ahora, me tocaba conocerlo.

Esa semana me visitó mucho el pequeño monstruo antiguo con el que había batallado en ocasiones. En primer lugar, había ido solo. No conocía a nadie más que a Mike Herron y a Cindy, pero ella no estaba. Se había ido a visitar a sus papás al terminar el ciclo escolar. Mike estaba muy ocupado siendo uno de los anfitriones del evento. Mi compañero de cuarto nunca estaba y cuando al fin llegaba, estaba muy cansado como para tener alguna conversación conmigo. Rápidamente se metía debajo de las cobijas y se quedaba dormido. Cada noche, yo me hacía la pregunta de porqué estaba ahí. Pensaba que había sido un error el haber ido, pero Dios sabía porqué me había llevado.

Todos los días me involucraba en cuanta actividad me era posible, como siempre acostumbraba. No falté a ningún taller ni a ninguna enseñanza. Especialmente, los talleres que dictaba Mike Herron. También, participé en el gran coro masivo que habían improvisado para presentar unos cantos el último día del evento.

Cuando llegó ese día, me enteré de algunas cosas, que me hicieron saber que lo de Cindy se había terminado para siempre. En mi corazón aún abrigaba la esperanza, muy remota, de que pudiéramos restaurar la relación. Pero ese día, hablando con una de las personas en autoridad de esa congregación, me di cuenta que necesitaba sacar este asunto de mi corazón lo más pronto posible.

Esa noche, sentado en el lugar del coro que me correspondía, sólo pude llorar durante toda la reunión. Lloré con grandes sollozos. Cuando nos tocó cantar, no podía hacerlo por las lágrimas que rodaban por mis mejillas. La presencia de Dios estaba de manera poderosa en esa reunión y sentí a través de esas lágrimas una sanidad que llegaba a mi espíritu y a mi alma. Literalmente experimenté sanidad sobre todas mis heridas como nunca antes había tenido. Era necesario para lo que vendría al poco tiempo.

Antes de terminar la reunión, invitaron a las personas a orar los unos por los otros. A mi izquierda había un pastor joven, de pelo rojo, al que había conocido en los ensayos de ese coro. Cuando empezó a orar por mí, me dio una palabra profética que mostró el amor tan grande que el Señor tiene por mí. Este hombre, sin saber absolutamente nada de los detalles, habló directamente del asunto y Dios usó esa palabra en mi vida para recobrar el ánimo y las fuerzas para no dejar que esto, que había sido un dolor y una confusión personal muy grande, me volviera a molestar.

En el instante que él oró por mí, se fue esa confusión y ese dolor. Dios había hecho un milagro en mi interior. Esa misma noche partí rumbo a Carolina del Norte para acompañar al hermano Juan Romero en su programa Club PTL. Me fui de Portland como un hombre nuevo y renovado. Hasta la fecha no he regresado a esa ciudad.

Era junio de 1985. Tenía yo 23 años.

LOS PROGRAMAS DE PTL

El avión que me llevaba a Carolina del Norte pasó por Chicago. El vuelo duró toda la noche y buena parte del día siguiente. Un hermano, que hacía trabajos voluntarios para el ministerio PTL, me recogió y me llevó al lugar donde me hospedaría y grabaríamos los programas.

En mi maleta llevaba los programas que habíamos hecho con mis amigos en Shreveport. Pensé que quizá podría mostrárselos a alguien para ver si encontraba algún apoyo. Ahora entiendo que cuando Dios no prepara ni promueve las cosas, simplemente no funcionan.

En la misma casa donde estaría hospedado, se encontraba uno de los cantantes que había admirado por muchos años: Alejandro Alonso. ¡Qué momentos tan bendecidos pasamos juntos con él! Desde entonces empezó una amistad duradera.

Participé en tres programas con Juan Romero. En dos de ellos, me entrevistó y platicamos sobre el testimonio de mis padres, la muerte de mi papá y el impacto que esto había tenido en su vida. Canté en todos los programas, y toqué en el piano algo de la música que estaba componiendo.

Juan tenía otros invitados esa misma semana, ya que grababan muchos programas al mismo tiempo. Antes de irnos, nos habían visitado algunos de los miembros ejecutivos del ministerio PTL. Cenamos con ellos en el gran comedor de la casa principal donde se encontraban los estudios. En esa cena nos acompañaron los papás de Jim Baker, fundador de PTL.

Al día siguiente, nos organizaron un tour por el nuevo lugar que estaba construyendo este hombre visionario. Era toda una ciudad con sus propios hoteles, tiendas, una galería donde se encontraba toda clase de recuerdos de allí, además de ropa y otros artículos muy bonitos. Recorrimos por varias horas el lugar que incluyó la visita a uno de los estudios de televisión donde Jim y su esposa Tammy hacían su programa diario.

Nuestros ojos se llenaron de asombro al ver construcciones tan impresionantes como la réplica del Aposento Alto y el gran teatro al aire libre donde interpretaban obras de teatro. El Gran Hotel tenía una suntuosidad y un lujo que nunca había visto. En el lobby principal había un piano incrustado de oro, con una persona tocando vestido con un elegante "smoking". Interpretaba himnos tradicionales y coros recientes. Toda música del Señor.

Daba la casualidad que el año que visité este sitio, era precisamente durante el tiempo que se había empezado a deshilar todo el ministerio. Aquellos que íbamos en el pequeño ómnibus de regreso al lugar donde estábamos, nos encontrábamos en un silencio muy profundo. Sin duda, había sido un impacto en nuestra vida esa visita. Podíamos sentir que algo se había descarrilado en ese lugar. Fue extraño.

El estudio donde se grababan los programas en español y en otros idiomas, era el lugar donde había iniciado el ministerio algunos años antes. La conversación en la cena de esa noche se enfocó en un problema que enfrentaban todos los que hacían programas en distintos idiomas. Estaban recortando el presupuesto porque necesitaban el dinero para construir los palacios del otro lugar. Poco tiempo después de haber estado ahí, me di cuenta que habían dejado de grabar esos programas en español y luego fue cuando el mundo se enteró de los acontecimientos que, al final, derribaron lo que había sido un ministerio de gran impacto para millones de personas.

LA CHICA DEL AUTO ROJO

Partí luego hacia el estado de Wisconsin. Me recogería mi amigo Ken Myers que había estudiado en la misma escuela que yo en San Antonio. El recorrido del aeropuerto a su casa sería de aproximádamente una hora y media.

En el camino platicamos de todo. Del pastorado que él había tomado en esa ciudad pequeña, del cambio que significó para él y su familia vivir en un estado donde la mayor parte del año se vive debajo de una cobija blanca de nieve, después de vivir en el calor del sur de Texas. Del ministerio en general, de PTL, ya que yo acababa de regresar de ahí. De tantas cosas.

El paisaje que se extendía delante de mis ojos era algo que no podría describir en mil libros. En verdad, esa región del mundo parece el paraíso. Existen millones de árboles y el follaje es de mil tonos de verde. Los lagos y los ríos están por todas partes, abrazando los cerritos y las lomas que descansan en el horizonte. Las fotografías más bonitas que había visto en mi vida, no se comparaban con la belleza natural de este lugar.

Ken me explicó que había conseguido que predicara en un par de lugares antes de empezar las sesiones especiales en su congregación. Había llegado un viernes por la tarde y la primera reunión la tendría el día siguiente, por la noche. El domingo en la mañana, me prestó su auto y fui a un pueblo que quedaba a una hora de distancia al norte, y por la noche comenzamos una serie de tres reuniones en su congregación. El miércoles predicaría en la ciudad de Minneápolis, ya que desde esa ciudad estaría saliendo el viernes en la mañana. En total estuve con ellos una semana. Esa noche, sólo descansamos, platicamos y disfrutamos de nuestra amistad.

Al otro día, Ken me llevó a la congregación donde yo ministraría. Cuando bajamos del auto, llegó un vehículo rojo que se estacionó justo al lado del nuestro y la persona que conducía bajó el vidrio para pedirle a mi amigo unas llaves. Era una mujer joven que ni se bajó del auto, sólo recibió las llaves y se marchó.

Me pareció muy atractiva y le pregunté a Ken quién era. Me dijo, sin ponerle mucha atención a mi pregunta, que era la persona que dirigía la alabanza en su congregación y que necesitaba las llaves para poder entrar al templo, y así prepararse para la reunión del domingo por la mañana. Además, agregó que si ella todavía estaba en el templo cuando finalizara la reunión, me la presentaría.

Esa noche prediqué y canté en aquella pequeña congregación. Al terminar, Ken me llevó con él a su iglesia que quedaba en otro pueblo cercano llamado "Clear Lake". Tardamos unos quince minutos en llegar. Cuando nos estacionamos, me di cuenta que el auto rojo estaba ahí todavía. Hmmm...

"Hola", me dijo al extenderme la mano con una sonrisa muy grande en el rostro. "Yo me llamo Miriam". Estaba sin zapatos, vestida con jeans y camiseta, con un lápiz en la mano y varios acetatos con las letras de los cantos que estaba escogiendo para la reunión del día siguiente. Esa noche no conversamos porque ella tenía que hablar con su pastor, pero me había impresionado.

El hecho de que una señorita guapa estuviera el sábado por la noche orando y preparándose para dirigir la alabanza al otro día, me impresionó. Había conocido pocos directores de alabanza así. No pregunté mucho acerca de ella, ni Ken, su pastor, me habló al respecto. Sólo me dijo que era una joven que vivía en la ciudad de Minneápolis y que venía, fielmente, cada sábado y domingo y una vez entre semana para apoyar las reuniones de la iglesia. Impresión número dos: Lealtad.

Sin embargo, yo no estaba interesado en ninguna joven. Después de lo que había vivido el año anterior, no quería saber nada de chicas. Además, antes de salir a este recorrido que me llevaría por tantos lugares, mi mamá se había despedido de mí con dos advertencias:

—Cuídate mucho. Ten cuidado en la carretera y en los viajes. Y, no te me vayas a enamorar, por favor, —fueron sus consejos.

—Mamá, —le contesté—. Después de todo lo que pasó, creo que es una de las cosas por las que no tendrás que preocuparte por ahora.

Y así salí por la puerta. Por lo tanto, no podía enamorarme a estas alturas.

Al siguiente día, viajé solo, a otro pueblo cercano al norte de donde estaba. Ministré en esa congregación hermosa y el Señor me usó para traer sanidad a unas situaciones difíciles que estaba viviendo la congregación.

Después de comer con el pastor y su esposa, tomé dirección al sur y regresé a la casa de mi amigo Ken. Curiosamente, en el camino de regreso, me encontré meditando en la joven que había conocido la noche anterior. Me hacía varias preguntas: ¿Tendrá novio? ¿Estudia o trabaja?

No quise pensar más en eso porque sabía que ése no era un momento adecuado para involucrarme con una persona. Había mucha actividad en el ministerio y necesitaba dedicar toda mi atención y esfuerzo en esa dirección. Una chica sería mucha distracción, pensé. No obstante, sentía un poco de expectativa de volver a verla en la reunión.

Esa noche ministré como siempre lo había hecho. Primero entoné unos cantos, enseñé algunos a la congregación y después prediqué un mensaje. En esa ocasión, el pastor quería que enseñara sobre alabanza y adoración, y fue lo que hice. Al terminar el mensaje, volví al piano e hicimos lo que acababa de enseñar: Adorar al Señor. Luego de unos momentos de adoración, sentí el espíritu profético venir sobre mí y me mostró algunas cosas acerca de varias personas presentes.

Esto era algo bastante común en mi ministerio y se estaba desarrollando más y más. Esa noche llamé a varias personas del público con las palabras que sentía de parte del Señor, entre ellas estaba la señorita que nos había dirigido en alabanza en la primera parte de la reunión. La palabra que Dios me había mostrado era algo difícil de dar pero cuando reconozco la voz de Dios, no titubeo. En palabras resumidas, el Señor le dijo esto a Miriam:

"Yo te he visto llorando por mucho tiempo. Has llorado tanto que ni te quedan lágrimas para continuar. Has pasado por una noche muy oscura y me has preguntado cuándo saldrás para ver una vez más la luz del día. Pues el Señor te dice que ese día está muy cerca. Secaré esas lágrimas y tendrás un canto de regocijo y júbilo. En las noches despertarás cantando. La mañana se acerca para ti".

Después de decirle eso y otras cosas más, seguí ministrando a otros.

Noté que mientras le había hablado, lágrimas habían corrido por sus mejillas y que varias personas de la congregación habían dicho: "Amén–Gloria a Dios" y se habían sonreído el uno al otro, como quienes saben algo.

Cuando regresábamos a casa, el pastor iba eufórico. Me comentó que las palabras que Dios me había mostrado eran exactamente ciertas y que ninguna me había fallado. Esto me alegró, porque desde la ocasión en que viví una profecía equivocada, tenía sumo cuidado a la hora de decir: "Así dice el Señor". Ken me siguió diciendo que la palabra que más había impactado a toda la congregación fue la que le había dado a esta joven directora de alabanza.

Un año antes —casi al mismo tiempo que yo estaba pasando por mi propia desilusión–Miriam había perdido a su amado en un accidente motociclista. Él se llamaba Nathan y era uno de los jóvenes fieles de la congregación. Vivía en la ciudad de Minneápolis y estaba en la escuela bíblica preparándose para el ministerio. Toda su vida había soñado con estar en la obra del Señor. Miriam también. Los dos se habían hecho muy buenos amigos y después se habían comprometido y habían hecho planes para casarse.

Una tarde trágica, Nathan estaba visitando a sus padres en el pueblo donde vivía Ken, cuando le pidió prestada la moto a su hermano. Nunca se había subido a esta motocicleta en particular y esta era una de esas que tienen tres ruedas, se le fue de las manos y se estrelló contra un árbol al lado de su casa.

Su muerte fue una pérdida dramática para toda la congregación, para su familia y también para Miriam. De un momento a otro, su futuro había cambiado radicalmente. Muchos de los planes que había tenido quedaron sepultados en la tumba del hombre con quien había planeado pasar el resto de su vida. Había llorado hasta más no poder.

Justo una semana antes de llegar yo a la congregación, me platicó después, que Miriam había estado en la casa de la esposa de su pastor llorando y preguntándole porqué le había sucedido eso tan trágico. "Si Nathan no se hubiera muerto"; recuerda haberle dicho, "ya estaríamos casados y yo no estaría con esta tristeza tan grande".

Poco sabía del impacto que esa palabra que le di tendría sobre su vida y la vida de toda esa gente que ese año había experimentado tristeza a su lado. Mucho menos sabía que le había profetizado algo que me incluía como parte del plan de Dios para traerle ese "canto nuevo".

Cuando oí la historia, me maravillé, una vez más, por el poder que hay en escuchar la dulce y tierna voz del Espíritu Santo. Cuando los dones son usados correctamente y bajo la autoridad establecida por el Señor, pueden ser de tanta edificación, consolación y exhortación.

De pronto, me encontraba sumamente intrigado con esta persona y tenía muchos deseos de escuchar de boca de ella los acontecimientos de su vida a la luz de la palabra que Dios le había dado a través de mí. Le pedí al pastor si podía invitarla a la noche siguiente a la casa para conocerla más de cerca. Le habló por teléfono para saber si ella podía acompañarnos y le contestó que sí. Hmmmmm.

Me estaba gustando más la idea de conocer a esta persona. "Pero", me prometí, "no te vas a enamorar de nadie. Sólo vas a conocerla más de cerca, pero recuerda que no te puedes enamorar". ¡Ajá!

La reunión de la siguiente noche cayó en lunes. Después de ministrar, regresamos a la casa del pastor que había pedido unas pizzas para cenar. Al principio, la conversación giraba alrededor de las reuniones, las predicaciones y las reacciones de la gente a las mismas.

Esa noche, Dios me había vuelto a dar varias palabras para los asistentes. Al referirnos a varias de ellas, naturalmente nos llevó a la palabra que el Señor me había dado la noche anterior para Miriam. Sin darnos cuenta, en un momento estábamos en amena conversación. Hablamos de todo un poco.

Después de hablar acerca de sus emociones con respecto a la pérdida de su futuro esposo, me relató lo difícil que había sido el año siguiente y de las preguntas que constantemente le había hecho al Señor. Se refirió a la palabra profética que le había dado la noche anterior como uno de los primeros rayos de luz que había recibido en muchísimo tiempo. Esto me llenaba de emoción.

Conforme charlábamos, cada vez me gustaba más esta persona extraordinaria. Al profundizar en cada tema pude enterarme que era una mujer de mucha oración y que pasaba mucho tiempo leyendo, estudiando y meditando en la Palabra de Dios. Igualmente, me di cuenta que tenía pasión por predicar de Cristo y, muy específicamente, sentía un fuerte llamado de ir a otras naciones para hacerlo. Esto me llamó aún más la atención.

Después de conversar una o dos horas, nos dimos cuenta que nuestros anfitriones no habían dicho nada por un largo rato. Habían estado sentados observando lo que estaba desarrollándose ante sus ojos. No tardaron mucho en despedirse y Miriam y yo seguimos platicando hasta altas horas de la noche.

Nunca había conocido a una mujer con quien me identificara tanto y con quien me sintiera tan cómodo, como con ella. Desde esa primera noche conocí cosas de su vida, carácter y formación que eran cualidades específicas que le había pedido al Señor en una esposa. La familia de donde procedía, las convicciones que sostenía y las visiones que Dios le había dado, todas eran señales muy fuertes de que había conocido a una persona muy especial. Creo que me encontraba muy sorprendido de lo cómodo que estaba con ella, a pesar de que tenía sólo dos días de haberla conocido. Esa primera conversación duró hasta las tres de la mañana.

Al siguiente día, Miriam condujo su auto hasta la ciudad de Minneápolis a tiempo para presentarse en su trabajo. Había dormido muy poco la noche anterior debido a nuestra larga conversación. Ese día en su trabajo pidió permiso para poder faltar el próximo día, que sería un miércoles. Cuando regresó esa noche de la ciudad para asistir a la reunión, volvimos a hacer planes para que llegara a la casa de mi amigo, su pastor, para cenar y conversar.

En esta segunda visita, nuestra conversación duró hasta las cuatro de la mañana. Me sentía tan identificado con ella. ¿Qué estaría pasando? Realmente, la emoción de encontrar a una persona que compartía tantas cosas conmigo y que tenía muchos de los mismos anhelos, sueños y deseos, fue algo incomprensible.

Después de muchas horas de conversación, me encontraba más y más atraído hacia ella y para el miércoles en la tarde, yo estaba seguro que algo muy especial estaba ocurriendo en mi vida. Ese miércoles, me habían invitado a predicar a una congregación que se encontraba en la ciudad de Minneápolis. Ya que las reuniones especiales habían terminado en la congregación donde había conocido a Miriam, ella decidió acompañarme a la iglesia donde predicaría ese miércoles y aprovechamos para seguir conversando y conociéndonos.

Ese día paseamos en un centro comercial, comimos en un restaurante y hablamos de muchas cosas. Cada momento que pasaba con ella, más seguro estaba que había encontrado a alguien que me llenaba de mucha alegría.

El próximo día era jueves, sólo cuatro días después de haberla conocido. Miriam regresó al trabajo esa mañana, después del día libre que había tomado. La noche anterior habíamos estado en la reunión donde prediqué y después salimos con los pastores de esa congregación.

Mi tiempo para regresar se acercaba. Estaba programado mi vuelo para la mañana del viernes. Antes de salir, deseaba poder invitarla a cenar una vez más a solas. Decidimos que me prestaría su auto para ese día, jueves y la recogería en su trabajo a las cinco de la tarde, para cenar juntos.

Cuando la recogí, tenía en mi mano un ramo de flores que había comprado en una florería cerca de donde ella trabajaba. Después, la llevé a un restaurante que quedaba en el último piso de una torre en el centro de Minneápolis que se llama "IDS Tower".

Desde nuestro lugar teníamos una vista excelente de toda la ciudad y del majestuoso Río Mississippi, que divide la ciudad de Minneápolis de la ciudad de San Pablo. El lugar era esplendoroso y súmamente elegante. Los dos disfrutamos de una rica cena y, como siempre, de conversación muy animada, amena e interesante.

Fue esa noche cuando ambos pudimos enterarnos que, en efecto, algo estaba sucediendo en nuestras emociones. A la luz de la candela que estaba en el centro de la mesa, se me hacía la mujer más hermosa que habían visto mis ojos.

Miriam pidió permiso para llegar un poco tarde a su trabajo, para poder llevarme hasta el aeropuerto el viernes en la mañana. Cada uno de los momentos que pasamos juntos fueron inolvidables. Cuando llegó el momento de abordar el avión, por alguna razón estaba teniendo mucha dificultad en decirle adiós a esta persona que tenía sólo seis días de conocer. Me parecía ilógico y, sin embargo, fue algo que nunca me había sucedido.

Mientras esperaba en la puerta de entrada que lleva al avión, le dije algo que, en el momento, fue una broma, pero que ahora nos damos cuenta que fue profético: "Bueno, quizá sea la primera de muchas veces que me traigas al aeropuerto".

Durante todo el vuelo a Phoenix pensé solamente en una persona: Miriam. Me había regalado una pequeña foto que yo sacaba cada 30 minutos para verla y acordarme de ella. Había encontrado a una mujer que pensaba como yo en tantas cosas y alguien que compartía el mismo sentir en muchas áreas de la vida.

A pesar de que sólo nos habíamos visto durante seis días, tenía la sensación de que la había conocido toda mi vida. Nunca me había sucedido algo similar (y nunca me sucedería otra vez con una mujer).

Mi abuelita Witt, mamá de mi papá Jerry, me había dicho en muchas ocasiones que cuando encontrara a la persona correcta simplemente "lo sabría". Yo le preguntaba que cómo sería eso y ella sólo me contestaba "lo sabrás". Me explicaba que en lo profundo del corazón, si un hombre andaba bien con Dios y escuchaba Su voz, había algo que sabría discernir esas cosas. Pues, no estaba seguro en todo lo que me hablaba mi abuelita, pero una cosa sí sabía: Miriam era una mujer excepcional y yo "sabía" que algo estaba sucediendo.

Cuando aterrizó el avión en el aeropuerto de la ciudad de Phoenix, todavía me faltaba un vuelo en un avión más pequeño que me llevaría a la ciudad donde vivían mis abuelos Witt, con quienes había planeado pasar el viernes y sábado, antes de predicar en una congregación en Phoenix el domingo.

Cuando me reuní con ellos, después de saludarnos y abrazarnos, fuimos a comer, y de pronto la conversación se enfocó a una persona: Miriam. Saqué la foto y todo el tiempo hablé de cómo nos habíamos conocido, de la palabra de profecía que Dios me había dado para ella y de los días que habíamos podido aprovechar juntos. Ellos escucharon con mucha atención todo lo que les decía.

Creo que también "sabían" que algo muy especial estaba aconteciendo. Cuando llegamos a la casa donde ellos vivían, no pude contener el deseo de llamarla por teléfono. Cuando lo hice, Miriam estaba sorprendida. Me dijo que había pensado que nunca oiría de mí otra vez. Que quizá había sido sólo una emoción vivida y que no volvería a saber de mí. Después me confesó que cuando le llamé en aquella ocasión se dio cuenta que, en efecto, ella también tenía muchos deseos de escucharme. Habíamos quedado flechados por el Espíritu Santo.

Era junio de 1985. Tenía yo 23 años.

SU LLEGADA A DURANGO

Cuando regresé a Durango, la primera en reconocer que algo había sucedido fue mi mamá. Sólo le dije:

—Mamá, conocí a alguien—.

—Oh no..., —me contestó ella.

Sólo al escuchar cómo hablaba de Miriam y cómo la llamaba por teléfono cada noche, se pudo enterar mi familia que algo sucedía entre ambos. Comenzamos a hacer planes para que Miriam visitara la ciudad de Durango. Pensé que si esta relación iba a continuar, ella necesitaba conocer el lugar donde yo vivía, la gente con quien convivía y el ministerio que dirigía.

Planeamos su visita para el mes de agosto. Ella sólo había estado en una ocasión en México, cuando visitó la ciudad de Cancún con unos amigos. Estábamos emocionados que ahora visitaría Durango.

Miriam es una mujer de mucha gracia. Tiene una quietud de espíritu que es contagiosa. La paz que posee es algo que transmite a todas las personas que están a su alrededor. No es una mujer de muchas palabras, a pesar de que nuestra amistad había comenzado con conversaciones largas, sin embargo, es una mujer que cuando habla, se la escucha atentamente. Tiene un enorme amor por el Señor, una vida de oración intensa y el hábito de estar constantemente en la Palabra.

Una de las características que me había llamado tanto la atención era que cuando adora al Señor, no permite que nada ni nadie la detenga de dar su mejor adoración. Desde la primera vez que la vi dirigir en adoración me impresionó el hecho que se quitaba los zapatos para poder danzar con libertad, no importándole quién la estuviera viendo. Hasta el día de hoy, hace lo mismo. Le gusta muchísimo adorar a su Señor.

Estas fueron algunas de las características que más me llamaron la atención cuando la conocí. Sin embargo, cuanto más la conocía, más me daba cuenta que poseía ciertas cualidades que nunca imaginé la importancia que tendrían en nuestra vida en años venideros. Conforme iba descubriendo cada una de ellas, más me sorprendía de cómo el Señor había traído a esta extraordinaria persona a mi vida.

Cuando aterrizó el avión de Aeroméxico en la ciudad de Durango, me asombré de lo emocionado que estaba de recibir a esta distinguida visita en nuestra ciudad. Los planes eran que se quedara una semana más o menos, conviviera con mi familia, el grupo de jóvenes y la congregación donde yo estaba involucrado.

Habíamos planeado varias actividades. Lo que más me sorprendió fue con qué emoción esperaba yo su visita. No la había visto desde que nos habíamos despedido en el mes de junio y su llegada por primera vez a Durango fue en el mes de agosto. Habíamos hablado casi todos los días por teléfono. De hecho, la compañía telefónica estaba muy agradecida conmigo por esos días que me estaba enamorando a larga distancia. Las cuentas que llegaban a mis manos durante esos meses, lograban que salieran varios gritos (no precisamente de júbilo) de mis labios.

Por su lado, Miriam también estaba pagando mucho en cuentas de teléfono. En ocasiones, nos pasábamos horas en larga distancia. Desde su inicio, nuestra amistad fue basada en la conversación. Esas largas charlas nos dieron la oportunidad de poder conocernos mejor y saber que estábamos impresionados el uno con el otro. Los días que ella pasó en Durango se fueron demasiado rápido, desde mi punto de vista. A estas alturas yo sabía, sin duda, que estaba profundamente enamorado de esta hermosa mujer. Estar con ella era un deleite. Todos los que estaban a mi alrededor se maravillaban de su sencillez, amor por el Señor y espíritu de aventura.

Era impresionante que una jovencita que tenía un par de meses de conocerme, viajara a otro país para saber si funcionaría o no esta amistad. Se ganó el corazón de todos casi al instante. Mi familia se enamoró de ella al momento. Cuando llegó el día de su partida, yo ya había quedado totalmente "flechado".

No pasó una semana cuando estaba encerrado en mi habitación buscando el rostro del Señor para conocer Su voluntad al respecto. Me había propuesto un ayuno total de tres días para pasar tiempo en oración ante esta decisión tan importante. Al término del segundo día, el Señor me habló muy claramente y me hizo saber que ésta era la mujer que Él había preparado para mí.

A través de los años, una de las cosas de las que nunca he dudado es de la voz de Dios. Aún en los tiempos más difíciles, siempre supe distinguir Su voz. Ese día, estaba en la recámara de la casa donde vivíamos, en Campanilla #34, y Dios me dio la paz que yo buscaba al saber que Miriam sería mi esposa.

Sin titubear o esperar un momento más, bajé de la habitación para ver si se encontraban mis papás en casa. Daba la casualidad que sí estaban y pedí hablar con ellos a solas. Cuando entré en su recámara y cerré la puerta, mi mamá sólo dijo: "¡Oh no—!" Me reí, porque ella sabía a lo que iba.

Me senté al pie de la cama y comencé a decirles lo que acababa de sentir por parte del Señor. Les dije que había comprobado que amaba a Miriam como nunca había amado a nadie y que estaba seguro que quería casarme con ella, si contaba con su bendición.

Después de un largo silencio, mi papá me preguntó lo mismo que me ha preguntado cada vez que le pido su consejo para una decisión importante: "Hijo, ¿puedes decir que tienes una Palabra de Dios, al respecto?". Cuando le contesté afirmativamente, me dijo que contaba con su bendición, que siguiera adelante.

Yo tenía 23 años y era septiembre de 1985.

VACAS, TRACTORES Y LA BENDICIÓN DE MIS SUEGROS

Había mucho que planear. Primero, necesitaba conocer la familia de Miriam. Hasta entonces, sólo los conocía por las fotos y por lo que Miriam me había platicado de ellos. Sólo en una ocasión había hablado con sus papás.

Decidí que lo primero que haría sería escribir una carta a las personas que llegarían a ser mis suegros. En esa carta les hablé de mi profundo amor por su hija, de mis deseos de conocerlos y de la seriedad que tenía para con ella. Les aseguré que mis intenciones eran correctas y formales.

A la vuelta de unas semanas, recibí una contestación de la mamá de Miriam. Mis suegros son personas que toda su vida han servido al Señor y que han tratado siempre de infundir el temor de Dios en cada uno de sus seis hijos.

En su carta, mi futura suegra me decía que desde muy pequeña habían entregado a Miriam al servicio del Señor. Me comunicó de una ocasión cuando su hija tenía tres años de edad, estando sobre su regazo en la reunión dominical de la iglesia, Dios le dijo que Miriam estaría sirviendo al Señor en tierras lejanas.

Desde esa tarde, ella la consagró al servicio del Señor y la entregó para que Dios la usara donde Él más la necesitaba. También me dijo que estaban ansiosos de conocerme y me esperaban con los brazos abiertos. Como resultado de ello hice planes para visitarles en el mes de Octubre.

Cuando llegué a Minneápolis, los papás de Miriam me estaban esperando. Después me confesaron que cuando recibieron mi carta explicando mis sentimientos por Miriam, se dieron cuenta que mi visita a esa parte del mundo tendría que ser algo importante, por lo que decidieron ir personalmente a recogerme al aeropuerto.

Hasta ese momento, sólo había hablado con ellos por teléfono. Fue un deleite llegar a conocerlos. Me llevaron al lugar de trabajo de Miriam, donde nos reunimos para salir a cenar y después regresar a la casa de sus padres, a unas dos horas de distancia de la ciudad de Minneápolis.

Mi amigo Ken, quien había sido la persona que nos había presentado, se ofreció para llevarme a Minneápolis una tarde, ya que yo tenía una compra muy importante que hacer. Ken, y su esposa Shirley, estaban muy contentos al ver todo lo que había transcurrido entre Miriam y yo, a raíz de la invitación a ministrar en su congregación.

Ken y yo visitamos varias tiendas hasta que al fin encontré lo que buscaba: un hermoso anillo con un pequeño brillante en el centro. Mi presupuesto sólo alcanzaba para un diamante de ⅟₁₆ quilates en un corte de marquis. Sencillo pero elegante, como su futura dueña. Después de comprar esta importante joya, estaba listo para los siguientes pasos: Hablar con su papá y después con ella.

El papá de Miriam es un hombre muy trabajador. Tenía una granja con más de ochenta vacas. Cuarenta de ellas eran ordeñadas dos veces por día. Su jornada de trabajo empezaba antes del amanecer y terminaba mucho después de que había bajado el sol. Durante el día, se encargaba de todas las cosas que implica tener una granja, además de los enormes sembradíos de maíz y zacate que tenía. Me impresionaba cómo trabajaba este hombre.

De vez en cuando, después del tiempo de la cosecha, aceptaba trabajos de su otra profesión en la ciudad: electricista. En ocasiones, sus contratos en esos trabajos duraban hasta seis meses, durante los cuales se levantaba aún más temprano y se acostaba más tarde. ¡Qué hombre tan trabajador!

Siempre había soñado que al pedirle la mano a la mujer que sería mi esposa, lo haría a la tradición mexicana. En mi país, se considera primero al padre de la novia. Se hace toda una ceremonia para "pedir" la mano de la joven, acompañado de una cena con familiares y festividades.

Esta no es una de las tradiciones de los Estados Unidos, sin embargo, quería hacerlo al estilo de México, en honra a los papás de esta mujer quienes habían invertido tanto en su vida. No sería exáctamente igual como si sucediese en México, pero por lo menos, pediría la bendición de su papá antes de hablar con ella.

En la pequeña casa de tres recámaras y un baño, vivían los tres hermanos de Miriam y su hermana menor. El hermano mayor había muerto en un trágico accidente automovilístico cuando tenía sólo diecinueve años. Era cupo completo con los que estaban ahí.

Me habían hecho una cena de bienvenida la noche que llegué y todos tenían preguntas qué hacerme acerca de México, el ministerio que tenía y sobre mi vida en general. Decidí que al siguiente día tendría una conversación con el papá de Miriam para expresarle mis deseos de casarme con su hija y de pedirle su bendición. El problema era encontrar un tiempo que pudiéramos estar a solas.

Me levanté muy temprano de mañana, para comenzar el día buscando un momento para pescar al futuro suegro. Esto se hacía más difícil conforme avanzaba el día. Mis planes eran entregarle a Miriam el anillo esa misma noche, después de una reunión a la que asistiríamos en donde me habían invitado a dar un pequeño saludo y testimonio.

Pensé que mientras el futuro suegro hacía su trabajo, podíamos platicar muy tranquilamente y después de contar con su bendición, me marcharía a la casita para prepararme para salir esa noche. Las primeras tres horas estuve arriba de un tractor muy ruidoso que impedía la conversación. Entre gritos, lo único que me atreví a preguntarle fue acerca del funcionamiento de su trabajo y del tractor que estaba conduciendo.

Después de eso, lo ayudé a cargar unos bultos de zacate que llevaba al corral para que las vacas pudieran tener qué comer. Rápidamente me di cuenta que ese no era un momento adecuado para plantearle lo que tenía que decirle.

Cuando terminó esa tarea, era hora de comer y estábamos rodeados de gente en la mesa y se me fue otra oportunidad para hablarle. Tan pronto había terminado de comer, el hombre le agradeció a su esposa y salió casi corriendo por la puerta. ¿Detrás de él? Claro—Marcos Witt en busca de la bendición paternal de su futuro suegro.

Volvió a subir al tractor—Ahí fui detrás de él. "Esto me tiene que funcionar", pensé por dentro. "Tarde que temprano, encontraré un tiempecito para poderle hablar". Si tan sólo apagara esa máquina tan ruidosa. Lo bueno fue que la máquina opacaba el sonido del fuerte latir de mi corazón que ya se había empezado a poner algo nervioso ante este gran desafío. Otra hora y media estuvimos en el tractor.

Tan pronto la apagó, me "invitó" a ayudarle a ordeñar las vacas. El día se estaba escapando. Pero, mis opciones eran verdaderamente limitadas. Acepté la "invitación", porque la respuesta era "sí" o "sí". Ese día, conocí mucho acerca de vacas, granjas, tractores, leche, maíz, siembra y cosecha. Sin lugar a dudas, uno de los días más informativos de mi vida.

Era imposible poder hablar con este hombre entre el mugir de vacas. El sol empezaba a ponerse y era increíble para mí el pensar que había participado todo un día de lo que es la vida real en una granja. ¡Los sacrificios que viví ese día sólo para tener la bendición del futuro suegro! NUNCA había pasado tanto tiempo en una granja.

Después de dos horas de ordeñar lo que parecían miles de vacas, finalmente el papá de Miriam se dispuso a limpiar con mucho cuidado el lugar donde guardaban un gran tanque refrigerado, de acero inoxidable, que servía de depósito para la leche. Con sólo dos días en la granja, yo sabía que esta era la última tarea principal del día. "Es ahora o nunca", pensé. Sólo había un reto que lograr: El terror que sentía de hablar un tema que nunca antes había tocado.

Cuando terminamos de limpiar aquel lugar con unas grandes mangueras de agua bajo presión, salimos por la puerta y me anunció el hermano Lee: "Marcos, cenemos algo", al empezar a caminar hacia la casa. Pronto, lo llamé y le dije:

—Sr. Lee—

Volteó rápidamente y me miró.

—¿Sí?, —me dijo.

—Tengo algo que hablarle.

—Pues, hable entonces, —me contestó.

Tragué saliva y traté de calmar este corazón que estaba retumbando en mi pecho.

—Creo que usted ya sabe cuánto amo a su hija Miriam. Pues, en México tenemos una costumbre de pedir la bendición de los papás sobre—Pues—Sobre unas personas que —Pues—es que—no sé cómo explicarle que—este, pues yo quisiera que—si usted y su esposa piensan que—pues—bueno—cómo decirle—.

Fue por la gracia de Dios que me interrumpió.

Si estás queriendo nuestra bendición para que te cases con nuestra hija, la tienes.

Me explicó que desde que había leído la carta que le había mandado sabía de mis intenciones y que habían estado orando desde ese entonces al respecto y que sentían la paz de Dios. Después de eso, me dijo algo acerca de que ni siquiera me hubiera tenido que pasear todo el día en el tractor para haber obtenido su bendición. Con eso, se dio la media vuelta y se dirigió a la casa para cenar.

EL ANILLO DE COMPROMISO

El anillo lo había depositado en la pequeña bolsita del saco que me puse esa noche. La iglesia donde asistían los papás de Miriam me había invitado a hablar por unos momentos al grupo de jóvenes. Habían preparado una reunión alrededor de una fogata, donde rostizarían algunas salchichas y malvaviscos. No recuerdo de lo que hablé porque había sólo una cosa en mi cabeza: ¿Cómo le iba a dar la noticia a Miriam que quería casarme con ella? Quería hacerlo de alguna manera más original que sólo decirle: "¿Te casas conmigo?"

Cuando terminó la reunión, nos subimos al pequeño auto rojo de Miriam, en el mismo que me había llevado al aeropuerto en esa primera ocasión. Había llegado el momento que tanto había esperado. Me estacioné bajo el poste de una luz en el pueblito donde estábamos. La noche era bella. Las estrellas brillaban. Había un silencio absoluto en todo alrededor. Lo único que sonaba con gran volumen era el "tun . . . tun" que venía de mi pecho. Creo que era mi corazón.

La tenía tomada de la mano. Yo había conducido el auto, entonces había tomado su mano izquierda con mi derecha. Después de charlar de cualquier cosa por algunos momentos, de pronto le hice la siguiente pregunta: "Miriam, me gustaría saber qué planes tienes para los próximos 70, 80 o 90 años, dependiendo de cuántos años de vida nos dé el Señor. Quisiera saber si estarías dispuesta a incluirme en tus planes porque quiero casarme contigo".

Estoy segurísimo que ella había pensado mucho en este momento porque su respuesta fue casi inmediata. "Marcos, me encantaría pasar el resto de mi vida a tu lado siendo un apoyo a lo que Dios te ha llamado a hacer".

"TUN . . . TUN . . . TUN . . . " gritaba mi pequeño corazón. La sensación era muy fuerte. Las manos me temblaban al meterlas dentro del pequeño bolsillo que estaba en el saco. Tuve que soltar la mano de Miriam para alcanzar el anillo, porque lo había puesto dentro del bolsillo izquierdo del saco.

Cuando saqué la pequeña cajita negra que contenía el anillo, la sorpresa fue para ella. "¿Cuándo compraste eso?", me preguntó.

Sin contestarle, se lo puse en el dedo y ella me dio un fuerte abrazo. No dejaba de admirarlo. En realidad, se veía hermoso en su mano. Habíamos iniciado nuestra vida juntos.

Al otro día, se había planeado una gran reunión con toda la familia de los papás de Miriam. Eran muchos y solían reunirse en la casa de la abuela Lee, una gran mujer de Dios con cabello plateado. Había disfrutado tanto conocer a esta mujer que era de tanta bendición a toda la familia. Nunca me imaginé que ese día que estuve en su casa sería la primera y última vez que estaría con ella.

La mamá de Miriam había mandado hacer un pastel para esa ocasión que decía simplemente: "Bienvenido Marcos Witt". Cuando la noche anterior Miriam llegó con un anillo en el dedo, su mamá llamó a la pastelería y ordenó cambiar la leyenda para que dijera de la siguiente manera: "Felicidades Marcos y Miriam".

Sería una sorpresa para todos. Especialmente, los hermanos se sorprendieron y uno de ellos, Andrés, reaccionó más violentamente que los demás. "¿Te vas a casar?", preguntó en voz tan alta que todos los familiares en la casa lo oyeron. "Eres demasiado joven para casarte", dijo. Yo decidí que sería un buen momento para marcharme a la cocina para saber qué necesitaba la abuelita Lee. Mientras, ellos dos platicaron por largo rato.

Andrés ha sido el hermano más cercano a Miriam y fue él quien tomó la noticia más de golpe que todos. Era comprensible. Llegó un joven predicador de México a robarse a la hija mayor de la familia. "¿Qué estaría pensando ese 'joven predicador?'. "¿Qué se le habrá metido a la cabeza?"

Miriam estaba feliz, mostraba su anillo a todo mundo. Todas sus primas estaban muy contentas con ella. Yo estaba muy alegre viendo que ella era feliz. No tuve muchas conversaciones ese día porque todos los hombres hablaban de la cacería de venados, un tema del cual no sé nada, hasta el día de hoy. La temporada de cacería se acercaba y era la conversación central de todos los caballeros. Esa tarde Miriam y yo salimos a pasear y a hacer lo que más nos gustaba: hablar.

Los meses volaron. En enero, Miriam hizo un viaje a San Antonio para conocer a mis amigos y conocidos de la congregación "Revival Temple" y para participar en una convención misionera que hace cada año esa iglesia.

Mis amigos David Bell y su esposa, Jodi, se encariñaron de inmediato con Miriam al igual que Rick y Cynthia Vela. Un encuentro muy hermoso que sucedió esa semana fue entre Miriam y la mamá de Cindy Amézquita, la joven con quien me iba a casar casi dos años antes. Cuando se abrazaron, la mamá de Cindy lloró por largo rato. A estas alturas, Miriam ya conocía la historia de lo que había sucedido y sabía quién era la persona que la abrazaba. Las lágrimas eran entendibles, pero trajeron mucha sanidad a todos los que estábamos presentes. Pocas mujeres hay en la tierra tan dulces y tiernas como la hermana Celia Amézquita. Miriam la amó en el momento de conocerla.

En febrero acepté la invitación para ministrar en unas congregaciones de Canadá, antes de ir en marzo a la casa de mi prometida para hacer preparativos para la boda. Pasé diez días en Toronto predicando en diferentes congregaciones de la ciudad. Después, visité la ciudad de Regina, también en Canadá, para predicar en otra serie de congregaciones alrededor de esa bella ciudad.

Faltaba una semana para la boda, y yo seguía predicando. Estaba muy emocionado con mi casamiento y con el privilegio de poder edificar el Reino del Señor Jesús en estos lugares tan hermosos de Canadá.

Cuando llegué al pueblo de "Chetek", donde vivía Miriam, estaba listo para lo que seguía: ¡El gran día de la fiesta! Había mucho que hacer y terminar los preparativos para nuestra boda. Miriam tenía todos los detalles preparados hacía algún tiempo y estábamos contentos que pronto sería parte de nuestra historia.

1º DE MARZO, 1986

El día antes de la boda, empezaron a llegar mis amigos y familiares de distintos lugares. Muchos de ellos no pudieron hacerlo por lo lejos que quedaba Wisconsin. Sin embargo, me sentí sumamente honrado que mis amigos de San Antonio, David y Jodi Bell, y Rick y Cynthia Vela, habían hecho el recorrido con sus hijos para acompañarme en esta ocasión tan especial. También, había llegado mi hermano menor, Felipe, mi hermano Jerry su esposa e hijos, mis hermanas y mis papás.

Todo el día fue una gran reunión de amigos y familiares. Esa noche, tuvimos un "ensayo" para la boda, donde repasamos las participaciones que tendrían las diferentes personas y los tres ministros en la ceremonia. De todos los ensayos de boda a los que he asistido, el mío tendría que ser el más desorganizado. Pero, al final tuvimos una cena con todos y reinaba la felicidad.

Mis familiares y amigos se fueron al lugar donde se habían hospedado. Yo me había quedado en la casa de los papás de Miriam y pensé que la noche antes de la boda, debería irme a otro lado. Así que tuvimos un tiempo muy hermoso de oración con Miriam y sus papás, en un pequeño círculo en el centro de la sala y nos dimos todos un abrazo, lágrimas corriendo por las mejillas de varios de nosotros.

Empaqué mi pequeña maleta y me fui a un hotel en el centro del pueblo de Chetek. Sería mi última noche como soltero. En realidad, había muchas emociones dentro de mí. Igualmente, muchas preguntas. La habitación era pequeña, pero había un rincón que me sirvió muy bien para pasar un buen tiempo en oración. Cuando oro, me gusta caminar de un lado para otro. Hermosa comunión tuve con el Espíritu Santo esa noche. Su presencia fue real en ese pequeño cuarto de hotel.

Cuando desperté, descubrí que se me había olvidado traer conmigo champú para el cabello. Me da risa cuando pienso que en uno de los días más importantes de mi vida, me tuve que lavar el cabello con jabón de tocador. Me pregunté si Miriam se daría cuenta.

Después de cumplir con unas cuantas cosas que tenía que hacer esa mañana, como ir por un saco que estaba en la tintorería y recoger el traje que había rentado para mi boda, me dirigí a la iglesia que habíamos rentado, ubicada en una ciudad pequeña llamada "Rice Lake".

Todavía quedaba mucha nieve en el suelo, después del invierno. En esa región de los Estados Unidos existen miles de lagos y todos aún estaban congelados. Los paisajes eran indescriptibles. Esa mañana el sol había salido y el cielo era de un azul profundo. Un hermoso día para una boda. Era un día lleno de felicidad para mí.

Cuando llegué al templo, lo primero que vi fue a Miriam sentada en los escalones de la plataforma, vestida de blanco, lista para iniciar. Siendo músico, había participado en un sinfín de bodas. En la escuela bíblica, todos mis amigos me invitaban a tocar la música en sus bodas. En Durango y en las ciudades o pueblos donde mis papás habían iniciado una obra, había ayudado en casi todas las bodas. NUNCA había estado en una de ellas donde la novia estuviera lista y esperando a que dieran inicio. Para mí, esto fue una enorme y grata sorpresa.

Miriam me llamó al frente porque estaban todos listos para la sesión fotográfica. Cuando me acerqué, contemplé la hermosura de esa mujer y casi no pude creer que dentro de pocas horas, sería toda mía. En verdad, en ese momento volví a sentir la emoción de haber conocido a esta extraordinaria mujer. ¡Qué Dios de misericordia tenemos, que sabe darnos exactamente lo que necesitamos! ¡Qué contento estaba de saber que Dios me había regalado este hermoso tesoro! ¡Cuán asombrosas son Sus obras!

La boda fue algo larga, desde el punto de vista de bodas en los Estados Unidos. En ese país, por lo general no duran más que 20 a 30 minutos. Sin embargo, en comparación con las bodas que acostumbraba yo, era corta. En México las bodas pueden durar desde una hora y media hasta tres horas.

En nuestras bodas mexicanas hacemos de todo: Predicamos, oramos por enfermos, hacemos llamado de salvación, cantos especiales, recogemos ofrenda, de todo (exagero un poco). Miriam y yo habíamos planeado una hermosa boda con mucha música (no sé porqué), con tres ministros, con santa cena y todas las ceremonias normales.

Yo había preparado dos cantos, uno que canté antes que Miriam entrara y otro mientras ingresaba del brazo de su papá. Había querido tocar el piano mientras cantaba, pero me sugirieron que sería mejor que no. Así que me paré frente al auditorio y entoné un canto que le había compuesto unos días antes, mientras ella entraba por el pasillo central con una sonrisa muy grande. Su papá le dijo algo y ella se rió. Después supe que su papá le dijo que si quería todavía podía arrepentirse y que él la sacaría de ahí. Ella le dijo que no–¡Qué bueno! Porque me hubiera dejado con el canto a medias.

La boda duró cerca de una hora y media. Habíamos oído cuatro cantos especiales, los dos míos, uno de David Bell y uno de Rick y Cynthia Vela, y cuatro instrumentales. Como eran tres ministros, mi papá, el pastor de Miriam y el de los papás de Miriam, tuvimos varias oraciones y declaraciones de bendición, una predicación, habíamos tomado la Santa Cena, encendido la vela de la unidad y jurado votos delante del Señor. Para cuando terminó, estábamos súper casados. Lo que Dios ha unido que ningún hombre lo separe.

Desde ese día hasta la fecha, no me ha quedado la menor duda que esta mujer es la que Dios había preparado especialmente para todo lo que vendría a nuestra vida en tan pocos años. El ministerio y las responsabilidades que Dios estaba por entregarme requerían de una mujer con una preparación especial, y Miriam era esa mujer.

Después de nuestra hermosa recepción, donde pude conocer a muchos más familiares de Miriam y saludar a tantos amigos, nos dispusimos para salir de luna de miel. Habíamos rentado un trineo tirado por caballos para ser nuestro "carro" de salida, pero a pesar de que todavía quedaba mucha nieve en el piso, no era la suficiente para poder ir a grandes distancias en el trineo. Sirvió para darle paseos a los niños en el estacionamiento de la iglesia y para darnos un pequeño paseo a Miriam y a mí.

Mi papá y mis hermanos habían intentado tramar algo para dañar el auto en el que nos iríamos de luna de miel. Esta es una tradición que había sostenido mi papá desde muchos años atrás y temía que se iba a salir con la suya. Nunca daña un automóvil, sólo lo pinta con crema de afeitar o cubre el volante de algún aceite o algo similar. Travesuras sencillas y divertidas.

Parte de la diversión es ver si pueden localizar el auto para poder hacerlo. Uno de los hermanos de Miriam me ayudó a esconder el auto en la cochera de la casa de una de las tías. Como mi papá y mis hermanos no conocían la región, no había forma de que nos hicieran alguna travesura. Nos trasladaría la tía en su auto, pasaríamos todo al nuestro y nos iríamos tranquilos. Sin saberlo, la travesura me la haría a mí mismo.

Cuando salimos de la iglesia en el auto de la tía, nos despedimos de todos entre abrazos, risas y algunas lágrimas. En realidad, para los que hemos vivido ese momento entendemos lo especial que es. Es un torrente de emociones.

Al llegar a la casa de la tía, me di a la tarea de pasar las cosas a nuestro auto preparado para la salida a Minneápolis, donde pasaríamos esa noche. La boda había sido a la una de la tarde y todavía no eran las seis de la tarde cuando estábamos en camino a Minneápolis.

Fue la primera vez que habíamos estado solos en todo el día. Nos tomamos de la mano y comenzamos a hacer lo que siempre nos ha gustado hacer: conversar. Hablamos de todo. Recordamos los momentos del día, la gente que había llegado, los comentarios de distintas personas. Hablamos de la ceremonia y de la generosidad de alguna gente que nos había dado unas ofrendas.

Habíamos conducido más de media hora cuando la conversación se tornó práctica. ¿Dónde nos quedaríamos esa noche? ¿Estaba todo arreglado para el viaje? Pasaríamos el siguiente día, domingo, en Minneápolis y saldríamos el lunes para Londres, la ciudad que habíamos escogido como el lugar para visitar en nuestra luna de miel. De pronto, Miriam me pregunta sobre su maleta.

—¿Qué maleta?, —le contesté.

—Una grande que estaba en el maletero del auto de mi tía, —me respondió.

—Hmmm—creo que saqué todo del auto de la tía. Sólo que no sabía que había algo en el maletero, —le contesté.

Resulta que habíamos puesto las maletas en nuestro auto, antes que el hermano de Miriam lo escondiera. Al menos, eso creí. Sucede que había una maleta que Miriam usó para cambiarse al terminar la boda y esa es la que pusieron en la cajuela del auto de la tía.

Esa faltaba. Estábamos a más de cuarenta y cinco minutos de la casa de la tía cuando la llamé desde el teléfono de un pequeño negocio en un pueblito que atravesamos en el camino. Nos regresamos a un punto donde quedé con el tío de encontrarlo para que nos entregara la maleta. Fue ahí que nos dimos cuenta que ni mis hermanos ni mi papá habían podido hacer alguna travesura. Nosotros solitos nos hicimos una. Cuando después mis hermanos lo supieron, les dio mucha risa.

Hacía más de un año que no había oído la voz del monstruo aquel que solía acusarme de joven. En verdad, al casarme con Miriam me di cuenta de lo importante que es el matrimonio en la vida de un hombre, porque le trae seguridad y confianza. Descubrí que era muy acertada la palabra que Dios dice en la Biblia: "No es bueno que el hombre esté solo".

Había encontrado a una amiga, una compañera y de añadidura, Dios me había preparado una increíble intercesora. Nunca me imaginé lo que esto llegaría a significar para nosotros en los años que vendrían.

Era marzo de 1986. Tenía 23 años.

APLICACIÓN PERSONAL

26. Cuando Marcos recibió la invitación de parte del pastor Tomás Cueto su primera reacción fue decir no. Marcos pensó: "Mejor me quedo en Durango donde sé qué hacer y cómo hacerlo". En otras palabras Marcos no quería salir de su "comodidad", aquello que le era conocido y familiar. ¡Qué mucho hubiera perdido si no hubiera dicho que sí! El Señor siempre nos va a motivar a salir de lo conocido y dar el paso hacía lo desconocido. Es en esos tiempos cuando más crecemos y más podemos ver Su mano obrando en nuestras vidas. No digas no. Solo Él sabe lo que te espera al decir ¡Sí!

27. Las primeras cosas que le impresionaron a Marcos de Miriam fueron su dedicación y lealtad. Soltero(a), ¿qué es lo primero que te impresiona de otro joven?

28. Una cosa que Marcos nunca ha dudado es la voz de Dios. Aún en tiempos difíciles él supo distinguir Su voz. ¿Puedes decir lo mismo? Esa clase de relación sólo se consigue a través de la intimidad con Cristo. Corre, Él te espera.

29. Cuando Marcos le propusó matrimonio a Miriam él dijo algo como esto: "Miriam, me gustaría saber qué planes tienes para los próximos 80 años. Quisiera saber si estarías dispuesta a incluirme en tus planes porque quiero casarme contigo". Ella respondió: "Quiero pasar el resto de mi vida a tu lado siendo un apoyo a lo que Dios te ha llamado a hacer". Es interesante notar que desde un principio los dos estaban conscientes que esta era una decisión para toda la vida, un compromiso eterno. ¿Cómo ves tú el matrimonio?

30. Marcos encontró en Miriam a una amiga y una compañera. El respeto y el amor que él siente por ella son obvios al leer sus palabras sobre Miriam. Esposo, ¿cómo ves a tu esposa? ¿La respetas y le dejas saber lo que sientes por ella? Esposa, ¿intercedes por tu esposo? ¿Lo respetas y le dejas saber lo que sientes por él?

En junio de 1985,
en el set del Club PTL
con Juan Romero.

Voces que grabaron
Canción a Dios
en enero de 1986.

Los Tres Mosqueteros:
Jorge Lozano
(frente al pódium),
Chuy Olivares
(detrás de Jorge)
y yo (en los teclados).

Capítulo siete

Un nuevo amanecer

Nuestro tiempo de luna de miel en Londres fue muy breve. Unos meses antes de nuestra boda, alguien me había comentado acerca de unos precios especiales para un vuelo redondo a Londres por US$198.00 por persona. Como todo ministro joven, mi presupuesto era bastante recortado, por lo tanto pensé que sería una buena oportunidad para ver una ciudad muy interesante a un precio verdaderamente accesible. El único problema radicaba en que teníamos que sujetarnos a los asientos que la aerolínea disponía con esta tarifa. El resultado fue que sólo pudimos disfrutar de esa bella ciudad por un poco más de tres días.

En ese tiempo visitamos lugares hermosos, como el Palacio Buckingham, la Torre de Londres —donde mantienen bajo custodia todas las joyas reales—, varios museos, la plaza "Trafalgar", la Catedral de San Pablo y muchos más. Uno de los momentos más especiales fue asistir a un recital de música clásica en el famoso Royal Albert Hall.

Descubrimos de manera un poco brusca que los ingleses no tienen el mismo carácter hospitalario y cálido que nuestros queridos hermanos latinoamericanos. En varias ocasiones, nos sentimos avergonzados ante nuestra ignorancia y la enorme impaciencia de los ingleses. Sin embargo, disfrutamos al máximo nuestro tiempo ahí, pero sobre todo, de nuestro tiempo juntos.

En esos días, fue increíble cómo conversamos Miriam y yo. Lo que tanto nos gustaba, ahora podíamos hacerlo todo el día y hasta altas horas de la noche. En verdad, nunca había conocido una persona del sexo opuesto con quien me sintiera tan cómodo platicando. Hasta la fecha es así.

175

Cuando regresamos al continente americano, pasamos por la ciudad de San Antonio para terminar un proyecto muy especial. Unas semanas antes de salir a Toronto para ministrar, aún antes de la boda, había terminado la parte inicial de mi primera grabación. Ésta saldría a la luz pública y se llamaría: "Canción a Dios".

Junto con mis amigos, David Bell, Rick Vela y otro hermano que fue de tanta bendición en las primeras dos grabaciones, Byron Spears, trabajábamos hasta altas horas de la noche para poder lograr este sueño de mi vida. Desde ahí empecé a darme cuenta que para hacer una grabación de calidad, había que invertir mucho tiempo, esfuerzo y dinero.

Un amigo me había hecho un préstamo para lograr esta producción que tendría un costo de más de US$4,000 dólares. Mi esperanza era vender suficientes casetes a mis amigos y familiares para recuperar esa cantidad. Pensé que si uno que otro hermano lo compraba, sería de añadida bendición. Todo era una gran aventura de fe que nunca antes había vivido. Lo único que faltaba era la mezcla, la portada y la reproducción de las cintas.

La mezcla es una de las etapas finales en una grabación. Se toma todo lo que se ha grabado en los diferentes canales y se les da un balance, para que ningún instrumento o voz sobresalga.

También, se toma el tiempo para hacer una ecualización final y procesar los diferentes efectos que usan en una grabación. Asistí personalmente a algunas mezclas de grabaciones de otras personas pero en esta ocasión estaría en la primera mezcla de mi propia grabación. ¡Qué emoción sentía!

Nunca imaginé lo tedioso que sería, las horas y los días que tomaría hacer un buen trabajo. Lo interesante es que estaba aprendiendo de estos profesionales que no se conformaban con cualquier cosa, sino que trabajaban las horas que fueran necesarias hasta que todo quedara perfecto.

Invité a Miriam a ir conmigo al estudio unos dos días, pero después de que ella se percatara de lo tedioso del proceso, optó por quedarse para hacer alguna otra cosa. Varias veces me escapé para pasear junto con Miriam por algunos de los lugares muy interesantes en esa hermosa ciudad de San Antonio.

Cuando partimos rumbo a Durango, teníamos en nuestro pequeño auto los regalos de boda que nos habían hecho, los recuerdos de un hermoso viaje a Inglaterra, el master de mi primera grabación y la ilusión de todo lo que Dios haría en nosotros como pareja. Sobre todo, nos teníamos el uno al otro.

Por espacio de dos semanas, vivimos en casa de mis padres, en la misma habitación que había tenido de soltero. Mientras tanto, todos los días salíamos a buscar alguna casa o departamento para rentar. Parecía que en ese mes de abril, las casas de renta eran muy escasas. Todos los días paseábamos por las calles de Durango esperando encontrar una casa deshabitada. Cada día compraba el periódico para ver si salía alguna oportunidad.

Alguien me dijo que en las tardes podía ir a la oficina del periódico para preguntar sobre los anuncios que saldrían al día siguiente y de esa manera adelantarnos a todas las demás personas. Hasta eso intenté varias veces. Nada nos funcionaba. Ya habían pasado varios días desde que lo habíamos puesto en oración y estábamos tranquilos al saber que Dios tenía por ahí algo para nosotros.

Una mañana salí temprano a comprar el periódico como de costumbre y al leerlo, anunciaban una pequeña casa con tres recámaras y un baño, cerca de la casa de mis papás. Rápidamente, marqué el número telefónico del anuncio y me contestó un señor diciéndome que a cierta hora de la mañana nos encontraríamos en la casa para mostrárnosla. Cuando llegamos Miriam y yo a la hora señalada, había otras quince personas que también habían sido citadas. ¡Casi no lo podía creer!

La puerta principal estaba abierta y todo mundo entraba y salía como si hubiera en ese lugar alguna fiesta. Miriam y yo entramos y nos dimos cuenta que era una casa muy hermosa, nueva y con lo necesario para que pudiéramos empezar nuestra vida familiar.

Después de recorrerla un par de veces, le pregunté a Miriam si era de su agrado, para saber si me daba a la tarea de pelear por la casa. Me dijo que sí. Lo que hicimos a continuación fue pararnos con nuestra espalda hacia una de las paredes en la entrada principal, poniendo las palmas de nuestras manos sobre ella y empezamos a reclamarla en el nombre de Jesús. Después de hacer una breve oración, nos quedamos ahí tranquilos sabiendo que si el Señor tenía esa casa para nosotros, sólo teníamos que estar quietos.

Cuando llegó el hijo de la dueña, preguntó a todos por una cierta persona. Cuando esa persona no contestó, prosiguió en preguntar por el Sr. Witt. Rápidamente, le contesté "presente". Nos preguntó que si queríamos la casa. De inmediato le dijimos que sí y a las demás personas les dijo, "entonces, está rentada". Les explicó que había tomado el orden de las personas que habían llamado y nosotros estábamos en segundo lugar y como los primeros en llamar no se encontraban presentes, la casa era nuestra.

Casi brincamos de la alegría. De hecho, Dios fue quien nos reservó esa casa porque, no teníamos manera de saberlo en ese entonces, pero el vivir en esa dirección específica, traería consecuencias de gran bendición para el resto de nuestra vida. Desde que la habitamos, hasta el día de hoy, esa casita se utiliza para algún ministerio. ¿Quién hubiera imaginado todo lo que acontecería en Diente de León #103?

ESE JOVENCITO... ¿MI CUÑADO?

No hacía mucho tiempo que vivíamos allí cuando llegó una familia a habitar la casa que estaba al final de la calle, como a media cuadra de nosotros. Para ese entonces, Miriam y yo ya conocíamos a todos nuestros vecinos y teníamos buena amistad con varios de ellos. Especialmente con la señora Celia que vivía enfrente, ya que tenía tres hijos jóvenes y una hija con quienes conversábamos con frecuencia.

Una tarde, vi pasar a un jovencito con una bolsa en la mano. No tendría más de catorce años, sumamente delgado y alto para su edad. Salía de mi casa cuando pasó frente a mí y le di las buenas tardes preguntándole si era parte de la familia que se había mudado a la casa que quedaba al final de la calle. Me dijo que sí y le pregunté cómo se llamaba. "Jorge", me respondió. Con eso, él siguió su camino rumbo a la tienda para comprar refresco para la hora de la comida.

Al día siguiente, mientras estaba en la ducha, oraba al Señor por esa familia. En muy pocas ocasiones siento una impresión tan fuerte en mi espíritu como la que sentí esa mañana. El Señor me dijo con toda claridad: "Tengo algo muy especial para esa familia". Cuando sentí eso, le dije al Señor, en voz alta: "Úsame como quieras para alcanzar a esa familia".

No pasaron tres semanas de esa oración cuando tocaron a la puerta de nuestra casa. Era el tío del joven que había saludado en la calle. Él también se llamaba Jorge y estaba visitando su familia por unos días. La razón por la que llegó hasta nuestra puerta fue que tenía unos aparatos electrónicos que venían con un instructivo en inglés y quería saber si podíamos ayudar a traducirlo. Enseguida le dije que sí y así fue como Dios nos abrió la puerta para conocer a nuestros nuevos vecinos.

Entre más tiempo pasaba con el tío, me daba cuenta que era un hombre con necesidad de Dios. Él tenía una gran curiosidad sobre todo lo espiritual y me hacía muchísimas preguntas acerca de la Biblia y de las cosas de Dios. Dos días después de haberlo conocido, Miriam y yo nos encontrábamos sentados a la mesa de la familia hablándoles acerca del Señor y contestando muchísimas preguntas.

Poco a poco la Palabra empezó a tener efecto en su corazón, hasta que un día, la señora Laura aceptó al Señor y luego sus hijos Juan, Jorge y Luz. Con el paso del tiempo, también llegó a los pies de Jesús el señor Juan.

¿Quién se hubiera imaginado que Dios me acababa de usar para alcanzar a uno de los jóvenes que tocaría América Latina con sus canciones y con su talento? Mucho menos podía imaginar que Dios me acababa de utilizar para alcanzar al joven que años más tarde llegaría a ser mi cuñado.

El joven que dio su vida al Señor se llama Jorge Clodoaldo Zamorano, más bien conocido como Coalo Zamorano, compositor, productor, arreglista, cantante, predicador y (sobre todo) cuñado.

En la misma regadera del baño de la casa de Diente de León #103, donde Dios me había hablado acerca de la familia Zamorano, sucedió otra cosa de sumo impacto: Dios me dio el canto "Renuévame".

Cada año, nuestra congregación, Centro Cristiano Bethel, organiza un campamento donde los jóvenes conviven y aprenden de Dios durante tres días. El lema del congreso de ese año era "Renovación", y como de costumbre, me habían pedido que compusiera el canto lema para el campamento.

Llegó el día de inicio y aún no había compuesto nada. Estaba en la regadera, bañándome, y le pedí al Señor que me diera un canto para el campamento. En menos de cinco minutos había llegado ese canto y esa noche lo enseñé por primera vez. Nunca me imaginé que ese tema impactaría a tantas personas alrededor de México y el mundo entero. Hoy me dicen que se canta en los principales idiomas del mundo. ¡Qué bendición!

¿¡QUINIENTOS CASETES!?

En mayo de ese mismo año sucedió otro evento histórico para mí. Había regresado de San Antonio con el master del proyecto en mis manos, pero no tenía dinero para el lanzamiento de este casete a la venta. Había que diseñar una portada, y mandar a imprimirla. Duplicar los casetes y muchos detalles que, en ese tiempo, no tenía idea qué se debían hacer.

Sin rumbo al respecto, lo primero que hice fue vender una camioneta que me habían regalado hacía unos años para poder contar con un poco de dinero. El vehículo lo usábamos para los jóvenes, pero el crecimiento de este grupo fue tan grande que nos obsequiaron un autobús para movilizarnos. La camioneta ya no era tan necesaria. Llamé al hermano que nos la había regalado para comentarle sobre la idea de venderla y me dio su bendición para hacerlo.

Al crecer en una casa ministerial aprendí que hay muchas atenciones que tenemos que respetar con aquellos que han ofrendado dinero o recursos para la obra del Señor. La ética me marcaba que debía avisarle acerca de esta decisión de vender el vehículo para invertirlo en la grabación. Me dieron 1,000 dólares por ella.

Fue precisamente el 19 de mayo, día de mi vigésimo cuarto cumpleaños, cuando partí rumbo a la Ciudad de México para hacer mi primer pedido para la duplicación de los casetes. Llevaba conmigo el master, los mil dólares de la venta de la camioneta y el teléfono del hermano Pedro Arturo Pérez, a quien había conocido unos meses antes. Él me ayudó a contactar a las compañías que se dedicaban a la duplicación de casetes.

Compré un boleto de avión y me hospedé en la casa del hermano Pedro Arturo. Una emoción que no puedo describir me acompañaba. En verdad, sin saberlo, estaba empezando algo totalmente nuevo en mi vida.

Unos días antes de partir para la Ciudad de México, había llamado al número telefónico que me había dado Pedro Arturo para preguntar sobre los detalles de lo que debía hacer para reproducir (la palabra correcta es "maquilar") los casetes.

Me atendió un señor, con quien tendríamos mucho trato en los próximos años, y me dijo que el pedido mínimo tendría que ser de quinientos casetes. Cuando me dijo esa cantidad, recuerdo que torcí la cara haciendo un gesto de aflicción. ¿¡Quinientos casetes!? Se me hacía un mundo de casetes. ¿Dónde los almacenaría? Peor todavía, ¿a quién se los regalaría? Porque de seguro tardarían años en venderse.

Después de un momento de silencio en el teléfono, le pregunté al señor Martínez, cuál era el número de reproducción más bajo que podríamos pedir. Me repitió "quinientos". Tragué saliva y le dije que nos veríamos en México en unos días. Fijamos la fecha e hicimos cita para vernos el día 20 de mayo.

Cuando me recogió Pedro Arturo en el aeropuerto, ya era de noche. Me llevó a su departamento y platicamos mucho acerca de una visión que yo tenía que se llamaba: "CanZion Producciones". Le dije que sería un ministerio dedicado a ayudar a muchos ministros de música poder cumplir sus sueños de servir al Señor con sus talentos. Él me animó mucho. De hecho, una de las cosas que más recuerdo de mi hermano fue su entusiasmo.

Platicamos hasta muy tarde y nos levantamos temprano en la mañana para comenzar el "gran día" para mí. Primero fuimos a la entrevista con el señor Martínez de la reproductora y conocí, por primera vez, el proceso de cómo toman un master, como el que yo llevaba, y convertirlo en un casete.

Después, hicimos el pedido y nos pusimos de acuerdo en los detalles de cómo y cuándo sería la entrega del material. Faltaba buscar quién diseñara la portada y la imprimiera, pero saliendo de allí, nos dirigimos al lugar donde nos harían ese trabajo. Pedro Arturo había grabado varios casetes, por lo que tenía los contactos.

A la gente de la imprenta le dejé una foto, las letras de las canciones y los créditos que había escrito a máquina antes de salir de Durango. Me dijeron que en dos semanas entregaban el trabajo y se lo harían llegar al señor Martínez.

Después de regresar al departamento del hermano Pedro Arturo, lo único que me quedaba era esperar el mes que tardaría en llegar el material a Durango y soñar con todo lo que Dios podía hacer con ese casete.

Por dentro, estaba un poco preocupado por tener que pagar tantas cosas, pero sabía que el Señor siempre había suplido. Estaba aprendiendo a vivir en Su paz. ¡Quién sabía qué sucedería con todos esos casetes que había mandado reproducir! De lo que estaba seguro era de que lo había hecho con todo mi corazón y con el deseo de bendecir al Señor. Lo demás lo tendría que hacer Él.

Para mi sorpresa, no tuve que regalar todos esos casetes. A cada lugar a donde íbamos, la gente lo compraba en grandes cantidades. Recuerdo la primera librería que mi hizo un pedido, se encontraba en Guadalajara. Los dueños eran Felipe Ponce y su esposa Vicki. No recuerdo la cantidad que me pidieron, pero eso no importaba. ¡Había hecho mi primera venta a una librería cristiana! ¡Qué momento de emoción para mí! Cuando menos lo pensé, estaba telefoneando nuevamente al señor Martínez encargándole un nuevo pedido. ¡Otros quinientos!

Cambios y más cambios

En muchos sentidos, 1986 fue un año crucial en nuestro ministerio.

En ese tiempo tomé decisiones que marcarían el rumbo de mi vida y ministerio. Dios me estaba inquietando hacia otras cosas. Para ese entonces formaba parte del equipo de pastores en nuestra congregación, continuaba con la visión de Proyecto: Juventud y el grupo de jóvenes. Antes de casarme, había decidido que la etapa del Centro Juvenil Sal y Luz había concluido. Como no había quien tomara el manto y corriera con él, decidimos cerrarlo y enfocar nuestras energías en la congregación que estaba en una etapa de crecimiento.

Sin embargo, estaba sintiendo una inquietud que no me la explicaba. Nunca antes me había pasado, así que no sabía cómo tratarla. No me dejaba descansar en las noches. Cada vez que tenía un tiempo de oración, esta carga llegaba a mi espíritu y comenzaba a clamar a Dios para que me mostrara qué era lo que me inquietaba. En muchas ocasiones me hallaba sobre mis rodillas con lágrimas en los ojos clamando a Dios por los músicos y ministros de adoración de mi país.

Le pedía al Señor que levantara músicos que al igual que Cristo estuvieran dispuestos a pagar el precio de ministerios de excelencia. Le pedía que diera cantos nuevos en México para que pudiéramos entonar la expresión del pueblo mexicano. Hasta ese entonces, casi en todas las congregaciones se cantaban los coros que venían de los Estados Unidos y que habían sido traducidos al español. Por esa razón le rogaba que levantara compositores mexicanos.

Uno de los hombres que literalmente movió a nuestro país en el área de la alabanza y adoración era aquel ministro que había conocido en 1984 en la ciudad de Guadalajara, Jorge Lozano. Él era muy querido en todos lados y siempre lo invitaban para predicar y ministrar con su guitarra.

Jorge, junto con su hermano Antonio, había realizado unas grabaciones caseras con canciones traducidas de los cantos de los Estados Unidos. Eran coros sencillos, pero llenos de la Palabra de Dios y ministraban a muchas personas. A todos lados a donde Jorge iba, llevaba su guitarra, su entusiasmo y sus cantos. Siempre enseñaba un canto nuevo y esto empezó a tomar fuerza en muchos lugares.

Al mismo tiempo, Dios estaba inquietando a nuestro país con un sentir de la necesidad de adorar a Dios. Uno de los que animaba mucho a la gente hacia la adoración era el pastor Tomás Cueto, con quien había viajado en varias ocasiones. De hecho, un año antes de casarme, en el mes de agosto de 1985, Tomás me pidió que coordinara una mini conferencia sobre música y alabanza que se llevaría en conjunto con un Congreso Pastoral que él organizaba anualmente.

Precisamente, había sido en el congreso del año anterior donde había conocido a Tomás, a Jorge Lozano y a otros. Me sentí verdaderamente privilegiado al poder colaborar en este evento, especialmente al saber que podríamos ser de ayuda y bendición tanto a pastores como a músicos que llegarían a Guadalajara para edificarse en el espíritu.

Uno de los hombres con quien trabajaría ese primer año fue alguien que llegó a ser uno de mis mejores amigos, Jesús "Chuy" Olivares. Juntos preparamos y planeamos talleres y sesiones para bendecir a los músicos. Sin saber lo que estaba pasando, ahora nos damos cuenta que fue el inicio de algo que marcó la historia en nuestro país.

En marzo de 1986, el mismo mes en el que me estaba casando, Jorge Lozano y Chuy se pusieron de acuerdo para tener un evento en la congregación de Chuy, al que llamarían: "Congreso de Alabanza y Adoración". Hasta esa fecha, lo único que había similar eran las sesiones que habíamos planeado para músicos y directores de alabanza en conjunto con el congreso pastoral en la congregación de "El Camino". Nunca antes se había hecho un evento donde el único tema por los tres días fuera la alabanza y adoración.

Hoy, Jorge y Chuy cuentan que la gente quedaba sorprendida cuando anunciaban el evento, porque no podían concebir que hubiera suficiente material como para hablar sólo de ese tema durante tres días. Lo que muchos no saben, es que es el segundo tema más mencionado en la Biblia.

Jorge y Chuy me buscaron para invitarme a ser parte de ese evento pero estaba en mi luna de miel. La respuesta que obtuvieron de la gente que asistió al congreso fue tan extraordinaria, que comprendieron que era una necesidad que existía en nuestro país. Sin darse cuenta, ellos habían empezado algo que se convertiría en una ola gigantesca que tocaría cada rincón de nuestro México. De hecho, habían desatado algo preparado por el Espíritu que tocaría las naciones de América Latina.

Después de ese primer Congreso de Alabanza, estalló una sed insaciable por saber más acerca del tema. Así comenzaron a organizar eventos en diferentes ciudades de México. Juntos íbamos a muchos lugares predicando, animando, motivando y enseñando que el Padre sigue buscando verdaderos adoradores.

Como yo aún era uno de los ministros de nuestra congregación en Durango, me era difícil acompañarlos a todos los eventos, pero cuando podía lo hacía con gran gusto. Así nació una pasión en mi corazón que me llevaría a tomar la primera de una serie de decisiones que afectarían para siempre mi vida.

Enciende una luz

En octubre de 1986, tuve una conversación con mis padres que marcaría el inicio del cambio más fuerte. Ellos aún vivían en la misma casa que ocupaban antes de casarme. Sabía que había llegado el tiempo de expresarles esa creciente inquietud y carga que sentía por los músicos, dirigentes de alabanza y congregaciones de México, para ayudar a traer un mayor entendimiento sobre lo que es ser un verdadero adorador.

El fuego que ardía en mi corazón era una llama enorme que me consumía día tras día. Se había vuelto incontenible. Así que, hice cita con mis padres, diciéndoles que quería comunicarles algo de suma importancia.

Cuando nos reunimos en la sala de la casa, no sabía por donde empezar, así que inicié la conversación contándoles sobre la necesidad que había en México de ayudar a las congregaciones con sus músicos y dirigentes de alabanza y que Dios había puesto una carga en mi corazón por ellos. Les expliqué que tenía el deseo de poder viajar continuamente para ayudar y asesorar a los equipos de alabanza y participar en los congresos que empezaban a cobrar mucha fuerza en todos lados. En otras palabras, estaba pidiendo ser liberado de mis responsabilidades en la iglesia local para poder asistir al Cuerpo de Cristo en todo México.

Después de un largo rato de conversación, me dijeron que no entendían porqué habiendo tanta necesidad en la congregación local, ahora yo estaba pidiendo que me dieran tiempo para viajar y ayudar a otras congregaciones. De hecho, nuestra pequeña congregación había estado experimentando uno de sus momentos de mayor crecimiento. Las palabras iban y venían, se empezaron a subir los ánimos, y comenzamos a llorar.

De pronto, en un momento se instaló entre nosotros el silencio y cuando nadie tenía nada más qué decir, mi papá pronunció unas palabras que hasta la fecha siguen retumbando en mis oídos. En todo lo que hago, éstas han llegado a ser las palabras que más me han cuidado de tomar decisiones incorrectas.

Cada vez que estoy por iniciar algo o tomar un rumbo nuevo, son estas palabras que escucho decir a mi papá, que me ayudan a estar seguro de lo que estoy haciendo.

Rompió el silencio que había reinado y me preguntó:

—Marcos, ¿tienes una palabra de Dios acerca de esto?

Le contesté que no tenía duda alguna de que había oído al Señor.

Con eso me dijo lo siguiente:

—En base a eso, cuentas con nuestro apoyo. No comprendo del todo lo que estás proponiendo el día de hoy, pero sé que eres un hombre que oye a Dios. Como puedes asegurarme que Él te ha hablado al respecto, cuentas con nuestro apoyo.

Hubo un silencio entre nosotros. Se había tomado una decisión que tenía que ver con la eternidad, con el destino de la vida de Miriam y la mía. Era un momento especial, un momento de propósito y del Reino de Dios. Después de unos minutos, hablamos acerca de cómo sería la práctica de esta nueva decisión. Cuando regresamos a nuestra casita esa tarde, sabíamos que nuestra vida estaba por dar un giro radical. Nunca nos imaginamos cuán drástico sería.

"LOS TRES MOSQUETEROS"

El acuerdo fue que a partir del primero de enero de 1987, estaríamos libres para organizar nuestro calendario, de manera tal que pudiéramos viajar y ministrar en las ciudades donde nos invitaban. Dos cosas le dije al Señor cuando tomamos la decisión de viajar a tiempo completo:

1) Nunca *solicitaría* invitaciones para ir a ministrar. Únicamente *aceptaría* invitaciones. Pensé que si era la voluntad de Dios que estuviéramos viajando, Él se encargaría de abrir las puertas por donde tendríamos que caminar. Nunca haría una llamada telefónica, ni enviaría una carta para abrirme una puerta. Desde el día en que se lo dije, hasta la fecha así ha sido.

2) Él tendría que velar por las finanzas. Es costoso viajar. Sabía que si Dios me estaba llamando a hacerlo, Él se encargaría de suplir cada necesidad. De la misma manera, por convicciones personales muy arraigadas, nunca pediría dinero a las personas que me invitaran. Creería que mis necesidades serían suplidas por la mano del Señor. Hasta la fecha, así ha sido. Las únicas dos peticiones que le presenté, antes de aceptar este reto, me las ha concedido todos estos años. A Él estoy tan agradecido.

El sueño que el Señor nos había dado era de llegar a una congregación y pasar tiempo con sus músicos, ayudándolos en varias áreas como dirección de alabanza, capacitación musical y la forma de trabajar en equipos de alabanza.

En años anteriores, pude hacer algo de esto en diferentes lugares, pero ahora podríamos encararlo dedicándole más atención a los músicos y dirigentes de alabanza. Íbamos a las diferentes congregaciones donde nos invitaban, instalaba mi piano y me disponía a ser de bendición a mis hermanos. En algunos sitios, nos quedábamos unos 10 o 15 días y dedicábamos mucho tiempo y esfuerzo para ayudar a los músicos y equipos de alabanza a ser mejores en sus habilidades.

Era un gozo ver cómo después de unos días, los músicos tomaban el reto y se esforzaban más para entregarle una mayor excelencia a nuestro Dios. En muchas congregaciones el Señor me permitía ayudar a resolver conflictos que existían entre músicos, un ministerio que sigo ejerciendo hasta la fecha. Lo que más me gustaba era animar a los músicos a elevarse al nivel que la Biblia le da a la música. Igualmente, ayudábamos a muchas congregaciones a conocer todo lo que Dios habla y enseña acerca de la música y la alabanza en Su palabra.

Con la nueva libertad que tenía de poder llenar mi agenda con estas actividades, comencé a aceptar las invitaciones que me hacían Jorge y Chuy. Algunas congregaciones me invitaban porque me habían conocido en diferentes eventos en los que había estado. Sin embargo, lo que más me gustaba hacer era trabajar con estos dos hombres de Dios que estaban transformando nuestra nación para la gloria del Señor.

Me impactaba su amor por el Pueblo de Dios. Me impresionaba la manera en que dedicaban horas enteras a hablar con la gente y contestar sus preguntas, orando con todos. Eran ejemplos muy importantes en mi vida. Cuando los tres ministrábamos, había una dinámica que nunca antes había experimentado. Fluíamos como si fuéramos un equipo que había trabajado por muchos años juntos. Nunca hubo una rivalidad o un espíritu de competencia entre nosotros, sino de apoyo mutuo.

Hubo ocasiones en que el programa se cambiaba, porque así lo dictaba el Espíritu Santo, y los demás estábamos en total acuerdo. De hecho, en más de una ocasión, cedíamos nuestro lugar el uno al otro, porque sabíamos que así lo mandaba el Espíritu. Había visto en algunos lugares cómo los ministros se peleaban por tener el lugar de preeminencia. En nuestro caso, siempre hubo un espíritu de apoyo, de tal manera que no dudábamos en hacernos a un lado para apoyar al otro.

Nunca he trabajado con un equipo similar a ese. La gente se sorprendía y nos preguntaba cómo nos "poníamos de acuerdo" para poder fluir de esa manera. Los tres nos mirábamos y nos reíamos porque nunca nos "poníamos de acuerdo" sino que el Señor fluía en nuestro equipo con una naturalidad divina. De ahí, nos empezaron a llamar "Los Tres Mosqueteros de la Alabanza".

DOS NUEVOS AMIGOS

Un día nos llamó Jorge con la idea de organizar el primer congreso de alabanza en la congregación donde él había servido en los primeros años de su ministerio. Era una iglesia bastante grande en la ciudad de México que se llamaba "Amistad Cristiana". Lo haríamos en diciembre de 1986, nos dijo, y sería de mucha bendición. Para ese entonces, los tres éramos casi inseparables. Nos apuntamos todos para ir.

El muchacho que me recogió en el aeropuerto era un joven, más o menos de mi edad, alto, de tez blanca y muy delgado. Nunca lo había visto antes, pero me habían platicado de él. Recién había egresado del Instituto Bíblico "Cristo para las Naciones", ubicado en Dallas, Texas. Se veía muy formal y serio. Se presentó y me llevó al auto.

Después de la conversación normal con una persona a quien no conocía, pasaron unos momentos de silencio en el auto. De pronto, este muchacho empezó a orar en voz alta, al mismo tiempo que conducía el automóvil. Yo sólo lo miraba de reojo. No me atrevía a interrumpir su tiempo de oración. Lo único que me tenía bastante preocupado era la forma en que manejaba el vehículo.

Además de que el tráfico en la Ciudad de México es una locura, este joven le añadía más locura con su manera de conducir. Por unos momentos pensé que posiblemente había sido conductor de autos de Formula Uno antes de conocer a Cristo. Definitivamente si no había sido, ¡podría serlo!

Llegó un momento en que me encontré apretando la manija de la puerta, con los pies tensos en el piso, con la esperanza de que esto me ayudara a mantener el equilibrio. Cuando de repente, él ya no era el único que oraba en el auto, ¡ahora yo también me encontraba orando! "Líbrame, Señor", le gritaba en silencio. "¡Cuídame!" "Soy joven, Señor—apenas empiezo en el ministerio—no quiero dar mi vida todavía". Además, le decía: "No quiero morir así—."

Esa fue la introducción que tuve a una de las personas más extraordinarias que existen: Marco Barrientos. Desde ese mismo día, hicimos una amistad que perdura y crece con el tiempo. Entre los hombres de Dios que he conocido, Marco es uno que sobresale en todo lo que hace. Ese fin de semana que pasé hospedado en su casa, "paseando" (si así se le podía llamar) por las calles de México con él, fue el inicio de una de las amistades que más he valorado con el tiempo.

En ese congreso de alabanza, ministramos Chuy, Jorge y yo como lo habíamos hecho en muchos otros lugares. Sin embargo, en ese fin de semana algo especial se percibía. El Espíritu Santo se movió de una manera tan hermosa. Hasta la fecha me encuentro con personas que estuvieron en ese primer congreso que celebramos en la Ciudad de México y me hablan acerca de la bendición que fue para ellos.

Después de una de las reuniones, se me acercó una persona para presentarse. Me dijo que había venido desde Costa Rica para ver qué era lo que Dios estaba haciendo a través de estos congresos de alabanza en los que estábamos involucrados Jorge, Chuy y yo. Me pidió si podíamos tomar un café en alguno de los recesos. Acepté y nos fuimos a un restaurante bonito de los tantos que hay en esa gran ciudad.

Después de charlar con este joven unos cuantos minutos, el Espíritu Santo me dijo muy claramente que acababa de encontrar a alguien que sería un gran amigo por muchos años. De hecho, oí con claridad la voz del Señor que me dijo que estaríamos algún día trabajando juntos en el ministerio. ¿Su nombre? Danilo Montero.

UNA NOTICIA SORPRESIVA

La noticia nos tomó por sorpresa. No la esperábamos. Era el mes de marzo de 1987, teníamos poco más de tres meses de haber dejado la congregación para empezar a viajar. Todos los proyectos de los jóvenes habían quedado en manos de otros y todas las responsabilidades que habíamos tenido en la congregación habían sido delegadas. Era un momento de crecimiento en nuestra vida ministerial.

Miriam y yo recorríamos muchos lugares de México instalando el piano Roland RD 1000 que nos habían regalado unos hermanos para nuestro ministerio. En el mes de diciembre de 1986, el Señor me habló de obsequiar el piano "Rhodes" que una congregación en Houston me había regalado, para sembrarlo en el ministerio de un joven con quien había crecido, Nathan Thompson. Nuestros papás habían sido amigos del alma, hasta que el Señor se llevó al papá de Nathan. El día que le entregué ese piano, recuerdo la libertad que sentí en mi espíritu.

El Señor me había desafiado permanentemente a través de la vida de un hombre que muchos admiramos. Es un siervo sencillo que dio la mayor parte de su vida para México, nuestro país, manteniendo un estilo de vida de "vivir para dar". Mi esposa y yo habíamos oído varias de las predicaciones del hermano Wayne Myers y habíamos decidido vivir con ese desafío. Esta era la primera prueba que tendría que pasar: El sembrar mi piano en otra persona. Para mi sorpresa, el Señor me mostró cómo es que funciona este principio del Reino.

A los pocos meses, unos hermanos reunieron una ofrenda para ayudarme a comprar un nuevo instrumento. Yo había visto un tremendo piano digital en una tienda de música en San Antonio, Texas. Era el piano perfecto para mis necesidades. El único defecto que tenía era la etiqueta que se encontraba en la parte superior derecha con unos numeritos pequeños que indicaban el precio. Cuando vi la cantidad, de pronto me faltó fe.

Miriam fue la que me animó a tener fe para creer que Dios podría darme ese piano. Llevamos el folleto a casa y lo tenía a la mano soñando con tener algún día ese piano. Mientras tanto, había desempolvado mi acordeón y lo estaba usando en los diferentes lugares. No pasó mucho tiempo (ni siquiera un mes) cuando el Señor me dio el privilegio de recibir en su caja original mi piano nuevo. ¡Con qué emoción lo toqué esa primera vez! Enseguida le pusieron un nombre: "Rolando". Por todo el país andaba conmigo bendiciendo el Cuerpo de Cristo

Otra decisión que había tomado con Miriam, era cambiar nuestro pequeño auto por uno más grande, en el que pudiéramos mover a "Rolando" y a las cajas que contenían los casetes. Hasta ese entonces, teníamos sólo un título: "Canción a Dios", pero la gente lo pedía más y más en todos los lugares adonde íbamos.

Para el mes de marzo de 1987, el señor Martínez y yo habíamos desarrollado una buena amistad, ya que le pedía muchos casetes. El auto que conseguimos fue una mini van y firmamos un contrato con el banco para pagarla en cinco años. Nunca había comprado un auto financiado, esto era algo nuevo para mí. Sin embargo, estaba confiado que Dios supliría. Además, estábamos aprendiendo uno de los principios del Reino que me serían de mayor bendición: "Dad y se os dará".

Como todo estaba preparado para viajar y ministrar, la noticia que recibimos esa mañana de marzo de 1987, nos tomaría de absoluta sorpresa. Miriam y yo ¡seríamos papás! Exactamente un año después de habernos casado, recibimos esta increíble noticia. A pesar de que nos tomó por sorpresa, estábamos en las nubes de la alegría. Yo recuerdo haber gritado y brincado del gusto cuando lo confirmamos. No me faltó uno que otro "AJÚA" mexicano. ¡Qué emoción!

Después de unos días, empecé a pensar en este nuevo desafío. ¿Habré oído de Dios, con respecto a esta decisión de viajar? Hasta ese momento, nunca lo había dudado. Pero, tener un bebé cambiaba muchas cosas, pensé. Cuando le expresé esta preocupación a Miriam, me sorprendió con su respuesta, como lo ha hecho en tantas ocasiones. "Marcos," me dijo, "cuando Dios nos llamó para bendecir a México, Él sabía que este bebé vendría en el momento que Él había dispuesto. Si Él nos llamó para viajar, Él sabrá cómo arreglar todo a fin de suplir lo que necesitamos para seguir siendo de bendición al Cuerpo de Cristo. No hay duda de ese llamado. Este bebé sólo complementará nuestra vida y nuestro ministerio". Dios usó esa frase en mi vida para confirmar una vez para siempre que en verdad Su llamado era firme y que no era hora de dar marcha atrás.

"CANZION" DE UN NUEVO AMANECER

Las invitaciones llegaban con más frecuencia. No tan sólo para viajar con Jorge y Chuy, sino ahora muchas congregaciones nos llamaban de diferentes lugares para ir a ayudar a sus iglesias en el área de la alabanza y adoración. Por su lado, Jorge y Chuy viajaban todo lo que podían, además de tener la responsabilidad de ser pastores.

Jorge tenía a su cargo una iglesia en la ciudad de Cabo San Lucas y otra en La Paz, Baja California, mientras Chuy tenía una de las congregaciones de mayor crecimiento en Guadalajara. Hasta la fecha admiro la manera en que daban todo de sí mismos para ir y compartir la carga del Señor acerca de la falta de adoradores verdaderos. Los tres viajábamos muchísimo predicando, enseñando y ayudando a quienes nos invitaban. En ese primer año, recorrí tantas ciudades y ministré en tantos lugares que sería imposible recordarlos.

Hasta ese momento, CanZion Producciones sólo había sido un sueño. En la portada del primer casete: "Canción a Dios", había puesto el logotipo de CanZion —que por cierto cambiaría al mismo tiempo que cambiaría la portada del mismo proyecto—, pero no había formalizado la visión ni la había escrito. Además, básicamente a esas alturas CanZion éramos Miriam y yo. La demanda de viajar, ministrar, empacar piano, casetes y maletas crecían más cada día, así que comenzamos a orar para que el Señor nos enviara a alguien que nos ayudara con todo el trabajo y con los pedidos de casetes que eran cada día más.

Una de las personas que había trabajado conmigo por un tiempo en el Centro Juvenil Sal y Luz y después en la oficina de Proyecto: Juventud era Jesús Gómez, "Huizar". Desde que cerramos las oficinas de Proyecto: Juventud, Huizar trabajó en la oficina de la congregación.

Después de hablar con mi papá acerca de la posibilidad de que Huizar me ayudara en este nuevo proyecto llamado CanZion Producciones, lo invité y aceptó trabajar con nosotros en este sueño. Eso ocurrió en el mes de abril de 1987. Como Huizar fue el primer colaborador oficial con sueldo, consideramos abril del 87 como el mes que dio inicio formalmente CanZion Producciones.

La razón por la que la llamé CanZion fue por el obvio "juego" de palabras que existe con "canción", pero asociado con Sión, el monte del Señor. En el tiempo en que le puse el nombre al ministerio, había hecho un estudio intenso acerca de Sión como la habitación de Dios, el lugar donde Él mora.

Aprendí muchas cosas de este lugar tan especial llamado "Sión" (Jeremías 31:12). Todas las bendiciones que hay en Sión son para cada uno de nosotros. Esto lo asocié con la verdad de que nuestra música, nuestros cánticos deben venir de la misma presencia de Dios, o sea que la fuente de toda la música debe provenir de la habitación misma de Dios, Sión. De esta manera, nuestra música puede ser una fuente de todas las bendiciones que hay en la habitación de Dios.

Además, lo escribí con la letra "Z" en mayúscula por una razón muy específica. Había leído en una ocasión que después del tiempo de Cristo, dejaron de deletrear "Sión" con la letra "S", y lo cambiaron a "Z". De hecho, así es hasta el día de hoy en el país de Israel. Cuando supe eso, lo asocié con el hecho de que somos cristianos del Nuevo Pacto (después de Cristo) y por ende, nuestras canciones deben provenir de la habitación de Dios, bajo los términos del Nuevo Pacto. Es decir, "cantos de Zion": CanZion.

El "eslogan" que escogí para este nuevo ministerio/empresa fue: "Un nuevo amanecer en la música cristiana". Nunca imaginé todo lo que implicaba este lema tan lleno de significado y la forma en que literalmente traería un nuevo amanecer a nuestro país y a otros. En ese entonces lo escogimos sólo para dar a conocer que había algo nuevo y diferente que se empezaba a dar en nuestro país. Una compañía de música dedicada a servir y apoyar al Cuerpo de Cristo en el área específica de la música cristiana, con un enfoque especial en la alabanza y adoración. Hasta ese momento, no existía una empresa así y por eso anunciamos "Un nuevo amanecer". Muchos años después, seguiría siendo este eslogan el que nos guiaría para mantenernos con el enfoque de lo que Dios nos había llamado a hacer.

Un autor de excelencia

En un viaje que hice con Jorge Lozano para predicar juntos en un congreso de alabanza que se organizó en Dallas, Texas, surgió un nuevo proyecto de grabación que impactaría muchas vidas. Durante un espacio de tres días, predicamos y enseñamos en el auditorio del Instituto Cristo para las Naciones en un evento llamado Despertar Latino, organizado por un amigo de Jorge y mío llamado Palemón Camú.

En realidad, fue poca gente al evento, pero como siempre, Jorge y yo predicamos como si el lugar hubiera estado totalmente lleno. Después nos enteraríamos que los videos que se grabaron en ese evento bendecirían a muchísimas personas. Una noche después de haber predicado y alabado a Dios con la gente, Jorge y yo salimos a cenar. Una hermana, amiga de la familia de mi papá, nos había prestado su auto que tenía un casete de música de piano. No acompañaban otros instrumentos, sólo el piano. Era una música muy suave y tranquila. Al oír ese casete, Jorge me dice:

—Marcos, tú deberías hacer una grabación con esta clase de música. Sólo el piano para poder adorar al Señor en momentos de estar a solas con Él.

—Pero, no creo que haya mucha gente que quiera algo así, —le contesté.

—Pues, para los pocos que sí lo escucharíamos, ¡hazlo!

Su respuesta me convenció.

Unos meses antes, había comprado una sencilla grabadora de cuatro canales. Con ella, había ayudado a varios hermanos a poner en cinta algunas de sus alabanzas, pero no la había usado para una grabación mía. Pensé que sería muy fácil utilizar esa grabadora para hacer este instrumental de piano que Jorge me había sugerido. La idea había sido sembrada y a las pocas semanas, estaba grabado el primero de tres instrumentales que se llamaron *Instrumento de Adoración I, II y III*. El primero salió en el otoño de 1987.

Grabé los pianos en la sala de mi casa, con mi nuevo "Rolando". Después, en una viaje que hice a la ciudad de Tepic, a donde iba con frecuencia por una amistad hermosa con los hermanos de ahí, conseguí tiempo en el estudio de grabación de mi amigo Josemaría Zamorano para poder hacer una "mezcla" y masterización del instrumental. Básicamente, era hacer un trabajo sencillo: ecualizar bien el sonido del piano y ponerle algo de efecto.

Luego, hacer el master en el formato adecuado para llevar a la maquiladora. Quien diseñaría la portada sería la misma persona que rediseñó la portada de "Canción a Dios" y que había hecho el nuevo logo de CanZion Producciones, Raquel Barrientos, hermana de Marco.

En el estudio de Tepic, pasamos los sonidos de lo que había grabado en mi pequeña grabadora de cuatro canales (marca "Tascam"), a la cinta master. De pronto, se abrió una puerta y entró mi amigo Josemaría, acompañado de una persona que lo estaba visitando, de la ciudad de Guadalajara. Me lo presentaron como Miguel Cassina.

Había oído hablar de él por medio de Jorge y Chuy, pero nunca lo había visto. Después de platicar un rato, la música seguía tocando en el estudio, al pasarla de una cinta a otra. En cierto momento empezamos a escuchar la melodía de un canto que había sido de tanta bendición en los congresos a donde habíamos ministrando:

"Tu fidelidad es grande
Tu fidelidad incomparable es
Nadie como tú, Bendito Dios
Grande es tu fidelidad".

Yo le había preguntado a Jorge de quién era ese canto y sólo me había contestado: "De una persona de Guadalajara". Lo habíamos cantado en muchísimas ocasiones y había ministrado a tanta gente que lo quería grabar en mi primer instrumental.

Cuando Miguel oyó los sonidos del piano tocar esa melodía, me dijo muy calladamente, "ese canto es mío". Casi me caigo de espaldas. Creo que Miguel en ese momento no sabía el impacto que ese canto había sido en la vida de tanta gente. ¡Qué privilegio conocer al autor! Aproveché ese momento para pedirle que me autorizara grabar su canto. Ahí empezó una amistad entre Miguel y yo que permanece hasta la fecha. ¡Qué cantos le ha dado Dios a este hombre! ¡Qué bendición han sido a todo el Cuerpo de Cristo!

UN REENCUENTRO MARAVILLOSO

Miriam y yo seguíamos viajando por toda la República Mexicana. Ahora teníamos la añadida bendición de que nos acompañaba Huizar. No nos medíamos en tiempo ni distancia para ir de una ciudad para otra. En algunas ocasiones, terminábamos un evento en un lugar y manejábamos toda la noche para amanecer en otra ciudad, para empezar a la siguiente mañana otro evento. Teníamos, literalmente, fuerzas como las del búfalo para hacerlo. No conocíamos el significado de la palabra "no" a la hora de recibir una invitación para llegar a una congregación. A todos les decíamos que "sí" y fue como Dios nos permitió conocer a tanta gente y muchos lugares.

Hay una ciudad cerca de Durango que se llama Torreón. Unos familiares de mi mamá habían sido parte en la formación de una congregación en esa ciudad la cual habíamos visitado con frecuencia desde mi niñez. De hecho, desde el tiempo en que viajaba con las campañas para niños a los pueblos y las ciudades pequeñas, habíamos usado a varios jóvenes de esta congregación para ser parte de los equipos de ministerio.

Por muchos años habíamos compartido juntos en los campamentos y retiros de jóvenes, ya sea que el grupo de Torreón viajara a Durango o nosotros a Torreón. Teníamos mucho compañerismo con esta congregación hermana. Algunos de mis primeros mensajes los prediqué entre estos hermosos hermanos del Templo "La Hermosa". Sin embargo, hasta ese entonces, nunca me habían invitado a ministrar en un evento con otras congregaciones de la ciudad.

Julio, el hijo del pastor de esta iglesia, estaba involucrado como uno de los líderes en una alianza de jóvenes en la que participaban muchas congregaciones de la región. Les propuso un evento conmigo, promovido por la alianza de jóvenes en la que él participaba. Con ellos, hicimos un concierto y ministramos en alabanza y adoración. Fue un evento hermoso.

En esa ocasión conocí a varios pastores de la región que me propusieron hacer uno de los congresos de alabanza con Jorge y Chuy. Me fui con el compromiso de hablar con ellos para considerar esta posibilidad. Cuando menos lo pensamos, habíamos entregado las fechas y se estaba preparando todo para un congreso de alabanza en Torreón.

El día que llegamos, me encontraba en la plataforma armando la base para mi piano, "Rolando". Detrás de mí había un grupo de hermanos que habían estado ensayando para el tiempo de alabanza que dirigirían. Entre ellos, se encontraba una persona que después de observarme un rato, se acercó y me preguntó:

—¿Tú estudiaste en la Escuela de Música de Durango, por los años '77 al '79?

—Sí, —le contesté. Había dejado de armar la base para el piano y estaba haciendo un esfuerzo por reconocer quién era esta persona.

—De casualidad, ¿tú tocaste en la orquesta juvenil del Estado de Durango?

Nuevamente le contesté que sí. En el archivo antiguo de mi memoria estaba empezando a reconocer a esta persona pero la veía muy cambiada. Si era quien yo recordaba, ¿qué estaba haciendo en esta iglesia? En mi recuerdo no tenía ni rasgos de cristiano, todo lo contrario. Él se juntaba con todos los "rebeldes" de la escuela (por no usar otra palabra más fuerte).

—Quizá te acuerdes de mí, —me dijo—. Soy Juan Salinas. Tocaba el violonchelo en la orquesta juvenil.

Juan me explicó que mientras había estado en Durango, en sus visitas a Torreón, ciudad de donde proviene, le habían hablado del Señor. En uno de esos viajes, había tomado la decisión de seguir a Jesús. Esto sucedió más o menos al mismo tiempo en que yo había decidido ir a estudiar a la escuela bíblica en San Antonio, por lo que nunca vi al Juan "renovado y mejorado" hasta esa tarde arriba de la plataforma de la iglesia donde él se congregaba. Yo estaba verdaderamente sorprendido al verlo, porque podía observar el poder de Dios en su vida. El cambio era más radical de lo que puedo escribir aquí.

Todos esos días, Juan y yo hablamos de muchas cosas. Del ministerio, de la música, de la necesidad de hacer más música para el Señor. Hablamos de la mediocridad que se veía en muchos músicos cristianos. Le compartí acerca de los congresos que hacíamos con Jorge y Chuy, y de cómo animábamos a los músicos a ser excelentes para el Señor. Esto emocionó mucho a Juan. Cuando escuché los cantos que él había compuesto, sabía que Dios usaría su vida para tocar a muchos. Sin darme cuenta, me había reencontrado con un hombre que llegaría a ser uno de los amigos más cercanos que jamás he tenido.

Al poco tiempo, Juan y yo comenzamos un proyecto de grabación de algunos de los cantos que él había compuesto. Juan tenía un amigo local que era dueño de un estudio de grabación y nos hizo un "precio especial". Juan necesitaba el apoyo financiero para hacerlo. Le entramos. Nos daríamos cuenta, demasiado tarde, que la idea de Dios en todo eso era usar ese proyecto de grabación para solidificar nuestra amistad y pavimentar el camino para trabajar juntos por muchos años.

Esa grabación, en sí, fue todo un desastre, por muchísimas razones. Sin embargo, la producción principal de esa grabación fue una amistad fuerte y duradera, además de una increíble experiencia que nos enseñó muchas cosas de cómo "NO" hacer las cosas en el futuro. Hasta el día de hoy, Juan y yo disfrutamos riéndonos al recordar ese "intento serio" de grabación.

LA PRINCESA ELENA

Durante el tiempo de su embarazo, Miriam no pudo acompañarme a tantos lugares como lo había hecho antes. Fue un tiempo difícil, físicamente hablando. Huizar y yo viajábamos, llevábamos el piano, los casetes y la bendición del Señor. Hacíamos un gran esfuerzo por regresar a casa. A veces viajábamos toda la noche para poder amanecer en nuestro hogar, y estar con nuestra familia. Cada día que pasaba, me emocionaba más la idea de conocer a mi bebé. No sabíamos si era niño o niña, pero estábamos muy ansiosos de poder recibirlo en nuestros brazos.

Miriam había salido a visitar a sus papás por unas semanas, mientras Huizar y yo seguíamos recorriendo muchos lugares de México. En un lugar me habían bendecido con una ofrenda más generosa de lo normal y decidí hacer algo especial para nuestro bebé, como una sorpresa para mi esposa.

En nuestra casa, teníamos una habitación que estaba dedicada a mi piano. Era una especie de estudio pequeño donde podía apartarme para tocar, orar y componer. Ahí tenía instalada mi grabadora de cuatro canales, mi piano y un módulo de sonidos MT-32, al que le pusimos por nombre "Emeterio".

En ausencia de Miriam, saqué mis aparatos del estudio y los pasé al cuarto que había sido de nuestro gatito, Leo. Nos habíamos tenido que deshacer de él cuando Miriam se embarazó. Hasta ese entonces, había sido el rey de la casa. Dejé todas mis cosas instaladas en ese lugar y comencé a trabajar con la habitación que sería del bebé.

Llamé gente para instalar la alfombra y el papel tapiz. Me divertí consiguiendo algunas cosas para ese cuarto. Le puse cortinas nuevas, que iban de acuerdo al papel tapiz y la alfombra. Lo hice todo en colores neutros, porque no sabíamos el sexo de nuestro bebé. No queríamos saberlo. Deseábamos que fuera sorpresa.

Cuando Miriam regresó, le gustó mucho la sorpresa. Después, nos dispusimos a comprar una cuna y otros muebles para el bebé. Una etapa absolutamente nueva en nuestra vida. Una hermana de la ciudad de Monterrey nos regaló un pequeño moisés con una base sobre ruedas que nos trajimos e instalamos en la recámara. ¡Qué linda estaba la habitación que sería de nuestro bebé! Ahora sólo hacía falta que llegara. El día esperado fue el 6 de noviembre de 1987. Habíamos convenido con el doctor que yo quería presenciar el nacimiento de nuestro bebé. No tenía idea de lo que me esperaba. El trabajo de parto se había prolongado mucho y después de más de treinta horas, Miriam finalmente accedió a la necesidad de cesárea, algo que no deseábamos.

Después de preparar el quirófano, me llevaron a vestirme con una ropa especial y enseguida fuimos al lugar donde estaba mi amada esposa. El doctor me explicaba todo lo que hacía y con total fascinación le hacía preguntas sobre diferentes cosas. Recordé que de niño había querido ser doctor.

Después de unos cuantos minutos, vi nacer una pequeña hermosura, que rápidamente el doctor empezó a limpiar. En el momento en que salió la niña, me quedé estupefacto. Estaba paralizado. Nunca había visto una cosa similar, lógicamente. El milagro de la vida, delante de mis ojos. Pero algo más estaba por suceder en los próximos segundos, que nadie puede entender hasta que le sucede.

El doctor había tenido al bebé por unos segundos en sus manos cuando me anunció: "Marcos, tiene una hija muy sana y fuerte". Yo no la podía dejar de mirar. Después de hacer varias cosas, cortó el cordón umbilical y le puso un aparato para succionar su nariz. Escuché algo muy distante, al principio eran como pequeñísimos quejidos casi inaudibles. Después se convirtieron en quejidos más y más fuertes hasta que la niña soltó un llanto fuerte. ¡Ahí fue donde me pasó! La mejor manera de describirlo es que alguien tomó una llave y abrió la puerta a una emoción nueva que nunca antes había sido abierta. Era una sensación que nunca antes había vivido. Tocó un lugar de mi ser que nunca había sido tocado.

En un instante, las lágrimas estaban corriendo por mis mejillas y me encontraba alabando al Señor por Su grandeza y por la bendición de haberme concedido el privilegio de ser papá. La enfermera se sorprendió al verme llorar y anunció a todos los que estaban en el quirófano: "Miren. El papá está llorando—" No me sentí en lo más mínimo avergonzado. Eran lágrimas de mucho gozo y agradecimiento por esta extraordinaria bendición que había llegado a nuestra vida: Elena Yannette Witt Lee. ¡Mi princesa!

Era noviembre de 1987. Tenía yo 25 años.

APLICACIÓN PERSONAL

31. Cuando Dios usó a Marcos para alcanzar a Coalo Zamorano él nunca imaginó el futuro que les esperaba juntos. Ese joven llegaría a ser compositor de muchas melodías cantadas por Marcos y productor de varias grabaciones de CanZion Produccciones. Mucho menos podía imaginar que Coalo llegaría a ser su cuñado. Este es uno de los temas centrales de este libro: nunca sabes a quién tienes a tú lado. Cuidado de no estar tan ocupado que se te escapen estas bendiciones de Dios.

32. Pedro Arturo fue una de las primeras personas en alentar a Marcos a seguir adelante con la visión de CanZion Producciones. ¿Qué hubiera pasado si Pedro Arturo hubiera dicho que la visión le parecía una idea imposible y loca? Gracias a Dios, nunca lo sabremos. Ten cuidado de no "aplastar" la visión de otros, nunca sabes lo que Dios tiene preparado.

33. El papá de Marcos siempre le dice lo mismo cuando es hora de iniciar algo o tomar un rumbo nuevo: "Marcos, ¿tienes una palabra de Dios acerca de esto?". Cada vez que Marcos dice que sí, su papá le presta su apoyo – sin importar si comprende del todo la situación. Padres y madres, ¿confían lo suficiente en sus hijos para saber que ellos escuchan de Dios? Como padres debemos aprender el tiempo adecuado para dejar que nuestros hijos tomen sus propias decisiones.

34. Cuando Marcos y Miriam supieron que iban a ser padres él dudó sobre su decisión de viajar, pero Miriam le afirmó que sí habían escuchado del Señor y que el bebé complementaría sus vidas y ministerio. Una de las bendiciones del matrimonio es que cuando uno duda el otro afirma, y juntos siguen adelante con los planes del Señor. Algo que no debemos olvidar.

35. Cuando Elena nació Marcos se quedó estupefacto. En sus propias palabras "alguien tomó una llave y abrió la puerta a una emoción que nunca antes había sido abierta. Tocó un lugar de mi ser que nunca había sido tocado". Cada uno de nosotros tiene un lugar en el corazón separado para el amor de ser padre o madre. Lo precioso de esto es que no sólo sentimos un amor inexplicable hacía nuestros hijos, sino que entramos en una nueva dimensión donde comprendemos mejor el amor del Padre hacia nosotros.

En enero de 1988, predicando en Cristo para las Naciones en Texas, EE.UU.

Las voces que grabaron el canto "Hoy" en el proyecto *Adoremos* durante el verano de 1988.

Con César Garza en el estudio mientras trabajamos en *Adoremos*.

Capítulo ocho

La primera explosión

onocerlo marcó una diferencia para CanZion Producciones. Fue en un estudio de grabación en la ciudad de Monterrey, la tercera ciudad más grande de nuestro país. Visitaba con frecuencia esa ciudad. Tuve el privilegio de participar en varios eventos que organizaba una congregación llamada "Castillo del Rey", pastoreada por un gran líder visionario llamado Roger Wolcott. En varias ocasiones me hospedé en su hogar, mientras ayudaba a los músicos y dirigentes de alabanza de esta creciente y dinámica congregación.

En una de esas ocasiones, Miriam, Elena y yo habíamos ido a quedarnos por un tiempo, ya que pasaríamos varios días con todos los músicos de las diferentes "áreas" del Castillo. Había congregaciones pequeñas relacionadas con el Castillo regadas por toda la ciudad y a éstas les llamaban "áreas".

En cada una de ellas, había músicos y equipos de alabanza. Mi función para esos días era visitar las "áreas" y servir a sus músicos y directores de alabanza. Mi anfitrión era uno de los músicos principales de la congregación llamado Pepe Pérez. Él me acompañaba a todos lados y organizaba las visitas de los diferentes músicos que pasarían tiempo conmigo.

Había una pequeña sala a un lado de la oficina del pastor Roger que se adecuó para usar durante este tiempo. Ahí instalé mi piano y recibí un músico tras otro por un espacio de más de una semana. En las tardes, salíamos Pepe y yo, con algunos otros jóvenes, para ministrar en algunas de las "áreas".

Una tarde, Pepe había programado una visita a un estudio de grabación, a petición mía, porque estaba buscando un estudio donde grabar el nuevo proyecto que estaba por empezar y quería conocer algunos de los estudios en Monterrey. Además, desde hacía varios días Pepe me insistía en que había alguien que quería presentarme.

Cuando llegamos a cierto estudio, pasamos por una sala y mi amigo Pepe preguntó por la persona que nos estaba esperando. La secretaria lo llamó y nos hizo esperar un momento mientras llegaba. Cuando entró, saludó a Pepe dándole el típico abrazo mexicano. En eso, volteó y me dijo: "Mira Marcos, ésta es la persona que tanto he querido que conozcas. Él se llama César Garza". Con eso, César me extendió la mano y me dijo que había estado en varias ocasiones cuando ministré en la iglesia Castillo del Rey.

Nos llevó al estudio principal y allí nos mostró todo el equipo que había y lo que se podía hacer con él. Después de hablar acerca de precios y demás, nos llevó a otro estudio más pequeño donde había preparado todo para que escucháramos una cinta de una grabación que estaba terminando. Él participaba como músico en un grupo cristiano muy conocido llamado "Mitzvah" y ellos le habían dado la comisión de producirles su nuevo proyecto de grabación.

En algunas de las ocasiones que ministré en Monterrey tuve el privilegio de conocer a Hazael Gutiérrez, director de este grupo. Eran reconocidos como personas muy serias y comprometidas con el Señor y su calidad musical me había impactado. Sabía que estaban por terminar una grabación pero ignoraba que tendría el gusto de ser una de las primeras personas en escucharla.

Después de oír dos o tres de los cantos de esa grabación, supe que había conocido a un productor extraordinario. Me sorprendí de la creatividad de César y sabía, desde ese momento, que trabajaríamos juntos en algo para el Señor. Ahí mismo, aprovechando la oportunidad, le comenté que empezaría un nuevo trabajo y le pregunté si estaría dispuesto a ayudarme. Su respuesta fue un "sí" inmediato. Lo único que añadió fue que no sabía tocar la guitarra. Él estaba preocupado si le pediría tocar todos los instrumentos para la grabación. Le expliqué que usaríamos a otros músicos en el proyecto. Con eso nos despedimos, pero había conocido a un hombre que marcaría la diferencia en mi vida y en el ministerio de CanZion.

No fue en esa misma visita, pero sí en la misma ciudad y bajo las mismas circunstancias que conocí a un muchachito que tomaría un lugar muy importante en mi vida. Había estado visitando el Castillo del Rey y algunas de sus "áreas". Una noche, salí con mi piano y con dos o tres jóvenes músicos de la congregación principal y visitamos la iglesia de una región de la ciudad llamada "San Martín".

La esposa del pastor pasaría a buscarme por la casa en la que me hospedaba para guiarme al lugar de la reunión. Llegó con su hijo que no tendría más de once años. Esa noche llovió y no fue mucha gente a la reunión. Ministré a la congregación, cantando, predicando y enseñándoles algunos cantos nuevos.

Después de la reunión, llevé a la hermana y a su hijito al lugar donde habían dejado su auto y nos despedimos. El niño que la acompañaba sería uno de los miembros de mi equipo de músicos siete años después, y uno de los amigos más cercanos que jamás he tenido.

Ese niño se llama Melvin Cruz. Primero llegaría a mí como músico, en 1992. Después de un tiempo de participar como tecladista de apoyo en el grupo musical, me pidió ser discípulo y terminaríamos como grandes amigos. Sería una de las personas que usaría Dios para ayudarme a pasar por una de las peores tormentas de mi vida.

ADOREMOS

César y yo desarrollamos una gran amistad en el poco tiempo que teníamos de conocernos. A comienzos de 1988, estábamos planeando y preparando una grabación nueva. Desde 1986, lo único que había grabado habían sido los instrumentales I y II. Estos tuvieron una gran aceptación y eso nos ayudó a reunir un poco de dinero para pensar en una nueva producción.

La portada del proyecto "Canción a Dios" había sido rediseñada y tuvo una buena aceptación también. Sin embargo, sentía la necesidad de algo nuevo, algo diferente. "Canción a Dios" había sido un buen "ensayo" desde mi punto de vista, pero había algo que me preocupaba. En los tiempos de ministración, veía a los jóvenes de las congregaciones en los asientos de atrás y los papás sentados en las primeras filas.

Empecé a tener la inquietud de ver cómo podíamos cambiar eso. ¿Qué podríamos hacer para que los jóvenes estuvieran en las primeras filas y los papás en la parte de atrás? Sabía que lo que estaba pensando era arriesgado, pero tenía un sentir muy fuerte en mi corazón sobre la mecánica que Dios podría usar para lograr este objetivo. Aun antes de grabar el proyecto, estaba consciente que me expondría a crítica y malos entendidos, sólo que nunca me imaginé la magnitud de ello cuando finalmente llegó. Era algo que, sinceramente, no estaba preparado para recibir.

En muchas conversaciones que tuvimos con César, veíamos la necesidad de que en la música cristiana en español hubiera algo de calidad, pero con un toque más juvenil de lo que había en ese momento. Con algunas excepciones, la mayoría de lo que estaba grabado, al menos en México en esos años, era pensado para adultos más que para jóvenes.

Comenzamos a soñar con algo que tuviera un ritmo juvenil, arreglos muy contemporáneos, pero con un contenido bíblico profundo y sobre todo, Cristocéntrico. Dios me había dado unos cantos nuevos y al mostrárselos a César, se emocionó al oírlos. Además, había cantado algunos de ellos en las distintas congregaciones a donde había ido, y pude ver la reacción de la gente ante la música, especialmente, de los jóvenes. De esta manera, Dios me permitió hacer un "sondeo" para saber qué impactaría a los jóvenes y qué no. De ahí, fuimos escogiendo algunas de las canciones que grabaríamos.

A principios de 1988, junto con César, estábamos súper metidos en el tema de esta nueva grabación. Un hermano que conocíamos nos prestó un departamento en una zona muy bonita de Monterrey donde nos fuimos por tres días para comenzar la primera fase de la grabación: La planeación.

Nos llevamos el piano, un módulo de sonidos de batería y una cosa nueva que apenas aprenderíamos a manejar: un secuenciador. Era como una computadora pequeña que nos permitía hacer arreglos, cambiarlos, añadir otros sonidos y en fin, trabajar una canción hasta que quedara al gusto del productor. Una máquina genial. En la grabación de "Canción a Dios", habían usado algo similar pero era tecnología de punta, en pleno desarrollo. César y yo tuvimos grandes frustraciones al tratar de hacer arreglos de música y al mismo tiempo estar aprendiendo a manejar esta nueva tecnología.

Finalmente decidimos utilizar un estudio de grabación que había armado mi amigo Byron Spears de San Antonio, Texas. Byron había sido el ingeniero principal y uno de los arreglistas en la grabación de "Canción a Dios". Ahora tenía su propio estudio y me había ofrecido un precio paquete para toda la grabación. Él estaba emocionado al conocer a César y darle el uso absoluto de todo el estudio.

Durante esos días, había juntado mis pesitos para poder pagar esta nueva grabación que tendría un costo mucho más alto que la primera.

César y yo habíamos determinado que no importaba el costo, teníamos que hacer algo de muy alta calidad. Yo estaba convencido que sin importar el tiempo en el estudio ni el costo, teníamos que hacer algo que fuera digno del Señor y un fuerte impacto a nuestra generación. Así fue como el martes, 8 de marzo de 1988 a las 9 de la mañana, llegamos al estudio con un pago inicial de US$1,000, para empezar una grabación que titularíamos *Adoremos*.

Además de estar con el trabajo de la nueva producción, seguía viajando para ministrar en congregaciones y participar en los congresos con Jorge Lozano y Chuy Olivares. La demanda del trabajo se hacía cada día más grande. Huizar, además de viajar conmigo, había empezado a ser el encargado de negociar con la imprenta, la maquiladora y de pedir, recibir y enviar los distintos pedidos de casetes que estaban llegando. Todas las "operaciones" se hacían desde mi casa. El número de teléfono que teníamos impreso en las portadas de los casetes era el de mi casa y la gente llamaba mucho para hacer pedidos. Yo tomaba los pedidos, Huizar hacía las cajas y nos íbamos a paquetería para enviarlos.

En esos años, eran pequeños los pedidos y no tomaba mucho de nuestro tiempo. Cuando no estábamos, dejábamos un contestador telefónico conectado para que la gente pudiera dejar su mensaje. Una noche, alguien llamó a la casa para hacer un pedido. Eran las 11:30 de la noche, Huizar y yo estábamos de viaje y Miriam estaba sola en la casa con la niña.

Mi esposa trató de explicarle a esta persona que no había nadie para atenderle en ese momento pero que al día siguiente podía volver a llamar. Después de un buen rato de intentar hacerlo entrar en razón, Miriam finalmente colgó el teléfono, tratando de despedirse de la manera más cortés posible.

A los pocos minutos, volvió a llamar regañando a mi esposa diciéndole acerca de su falta de educación por colgar el teléfono. Me supongo que nadie le dijo a esta persona que llamar a la gente a esas horas de la noche no era algo muy educado. Después de unos momentos de intentar disculparse, Miriam volvió a colgar, pero después, dejó el teléfono descolgado para que la persona no pudiera volver a llamar. Cuando mi esposa me dijo lo que había sucedido, supe que era tiempo de tener una oficina propia desde donde podíamos hacer todos esos trabajos. Empezábamos a aprender a cuidar el ambiente familiar, tratando de mantener algo de privacidad.

Un nuevo distribuidor

Un día estando en la Ciudad de México, participando como orador en un evento, me presentaron a un joven que había iniciado una empresa de distribución de música cristiana llamada Piedra Angular. Yo había leído acerca de esta nueva compañía, ya que habían empezado casi al mismo tiempo que nosotros.

La historia de cómo empezó era interesante. Un joven, llamado Arturo Allen, tenía el deseo de traer música cristiana de alta calidad a México para luego vender entre sus amigos y otras personas que, como él, les gustaba la música cristiana contemporánea. Como un visionario (y además, una persona sumamente arrojada), se lanzó a conocer a los ejecutivos de las diferentes compañías de música cristiana en los Estados Unidos. Pasó unos días como huésped en la casa de uno de ellos, se hicieron grandes amigos y al final de su estancia, le había entregado la distribución de la música de varios artistas cristianos para su venta en México. Así fue como comenzó su empresa. De ahí, fue edificando una red de distribución en todo el país.

Cuando nos conocimos en aquella ocasión, me invitó a comer al día siguiente para platicar acerca de nuestros proyectos y los sueños que Dios había puesto en mí. En esa conversación, me habló de su deseo de ser distribuidor de este nuevo proyecto que estábamos grabando en San Antonio. En lo personal, me pareció una excelente idea, porque simplemente con los viajes y los eventos en los que estaba participando, el trabajo se había acrecentado en gran manera y necesitábamos el apoyo de gente conocedora para poder hacer el trabajo de distribución. Además, Arturo me parecía un joven entusiasta, dinámico y que sabía hacer negocios. Juntos comenzamos a planear el lanzamiento de este nuevo proyecto llamado *Adoremos*.

Una confirmación profética

En el verano de 1988, Miriam y yo fuimos invitados a viajar a los Estados Unidos para participar en un evento de preparación de maestros de Escuela Dominical. Son pocas las veces que he aceptado invitaciones para ministrar en inglés, a pesar de que lo puedo hacer. Por cuestión de enfoque, me mantenía principalmente disponible para ministrar en español. Mi pensamiento al respecto es que hay muchas personas que ministran en inglés y muchos menos los que lo hacemos en español. Sin embargo, había una que otra invitación que aceptaba porque sentía que venía de parte de Dios.

De hecho, en enero de ese mismo año fui el orador invitado en Cristo para las Naciones, convirtiéndome en el orador especial más joven que habían invitado hasta esa fecha. Recuerdo el día que me llegó la carta de invitación, firmada por la hermana Lindsay, viuda del fundador de esa prestigiosa institución. Qué gran bendición fue poder conocer a esta dinámica familia que Dios había usado tanto para movilizar personas para ir a todo el mundo.

Otra invitación vino de una persona que había conocido en la Ciudad de México, quería que le ayudara en una conferencia anual que él organizaba, como uno de los oradores, pero también dirigiendo la alabanza en las reuniones, ¡en inglés! Eso me puso un poco nervioso, porque no lo había hecho desde los años en que fui ministro de música en San Antonio. Habían pasado más de 6 años y no me sentía muy "actualizado" con los cantos del "momento". Sin embargo, como en todo, tomé el paraguas en la mano y me lancé de la azotea.

Una tarde, hablábamos con Miriam acerca de las diferentes cosas que habíamos oído y vivido en esa conferencia en el estado de Illinois. Recuerdo que mi hijita, Elena, estaba tomando una siesta. En esa conversación, charlamos de muchísimas cosas acerca de mi llamado, y sobre algunas de las decisiones que necesitábamos tomar en los próximos días. Una de ellas tenía que ver con la invitación que estábamos queriendo hacerle a una persona que nos ayudara en la oficina. Nos urgía alguien capaz para contestar las llamadas telefónicas, que eran cada día más y más. También, necesitábamos alguien que pudiera atender al creciente número de clientes que estaban llamando para hacer pedidos de casetes. Hasta ese momento, lo seguíamos haciendo todo Huizar y yo.

Habíamos pensado en una hermana de nuestra congregación, en Durango. Ella había sido secretaria ejecutiva por muchos años en empresas muy importantes. El único problema que yo veía era cómo haríamos para pagarle lo que sabíamos que merecía. Ese fue uno de los puntos principales de nuestra conversación.

Otro punto había sido el sueño de tener un estudio de grabación propio, donde podríamos hacer cuantas grabaciones quisiéramos. Le decía a mi esposa, "pero es que es tan caro todo eso de los estudios". Ella me animaba, como siempre lo ha hecho, que Dios era quien suplía todo para las visiones que vienen de Él.

Otra cosa de la que hablamos fue acerca de una invitación que había recibido para viajar a la India con otro grupo de personas. En ese punto estuvimos conversando por mucho tiempo. Yo le decía acerca de mi convicción de nunca aceptar una invitación porque era "llamativa" o "exótica", sino que tenían que ser invitaciones que nacieran en el corazón de Dios, para poder aceptarlas. Le explicaba que yo no tenía ningún deseo de aceptar invitaciones a ciertos países sólo para poder poner en un currículum que había viajado a "este" o "aquel" país. Tenía que haber un propósito más fuerte que sólo ir a una nación. Miriam me comentaba que ella siempre había sentido que Dios me llevaría a otros países que no eran de habla hispana. Que me preparara para esa posibilidad. En mi corazón la escuché, pero pensé por dentro, "Bueno, quién sabe . . ."

La verdad sea dicha, el amor que le tenía, y le sigo teniendo a América Latina, me cegó a la posibilidad de ministrar en cualquier otro lugar fuera de ahí. Después de hablar por mucho tiempo, llegó el momento de irme a la reunión principal de esa noche, en la que dirigiría la alabanza. Me preparé y salí.

Acababa de cantar junto a la gente el himno "¡Cuán Grande es Él!", y había descendido una presencia poderosa del Espíritu Santo a ese lugar. Después de cantar, un silencio profundo entró en el auditorio y se escucharon los susurros de gente que estaba teniendo profunda comunión con Él.

Estaba sentado al piano —uno de cola, largo y de color negro—, cuando siento que unas manos se apoyan sobre mis hombros. No eran unas manos fuertes, ni pesadas. Era un toque suave pero lleno del poder de Dios. La voz de la persona que me había tocado empezó a hablar proféticamente algo que ha llegado a ser un hito en nuestro ministerio. El Señor me dijo:

Hijo mío, tu clamor ha subido delante de mi Trono. He oído los secretos de tu corazón. He escuchado con agrado cada una de las veces que has entrado a mi presencia. Ahora te digo, que puedes retirar cantidades grandes de los depósitos que has hecho en tu cuenta celestial. Te estoy dando la libertad de usar todo lo que quieras de tu cuenta porque tienes ahí grandes sumas que has depositado a través de los años. De ahora en adelante, te prometo que NUNCA faltará la provisión para cualquiera de las visiones que pondré en tu corazón. Puedes tomarlo como una promesa mía, que NUNCA tendrás falta de dinero para todas y cada una de las visiones que he puesto en tu corazón. Nunca más dudes de mi provisión.

Hasta ahí, la palabra estaba teniendo un impacto profundo en mi corazón, las lágrimas corrían por mis mejillas en cantidades industriales. ¡Qué manera de contestarme el Señor! Si sólo unas horas antes, Miriam y yo habíamos hablado precisamente este punto. Pero, ahí no terminó la palabra. Siguió diciendo:

Además, hijo mío, quiero que sepas que te llevaré a muchas naciones de la tierra. El sonido de alabanza que levantarás se escuchará en muchas naciones de la Tierra. Pero una cosa te digo, ya no digas en tu corazón que únicamente irás a esas naciones que hablan español, porque yo te digo que irás a muchos lugares donde no hablan ese idioma y cantarán las melodías que te daré en muchas lenguas diferentes. Abre tu corazón, hijo mío, a la promesa que te llevaré a muchos diferentes lugares, no tan sólo a los países que hablan el español.

Ahí se desató en mí un río de lágrimas. La palabra siguió por otro rato más y no recuerdo los detalles de todo lo que el Señor habló. Lo que más recuerdo fueron esas dos promesas que me hizo esa noche. Nunca lo olvido. Cada vez que estoy ante un proyecto fuerte, donde hace falta mucho dinero, le recuerdo al Señor esta promesa que me hizo aquella noche en ese campamento del estado de Illinois.

A la mujer que me dio la palabra la había visto sólo una vez y después de ese día, una vez más. Qué ejemplo de lo que es fluir con poder en un don del Espíritu. Esa palabra me sostuvo en muchos momentos donde el espíritu de duda ha querido invadir mis pensamientos. Más poderoso aún es ver cómo, a través de todos estos años, Dios ha honrado esa palabra totalmente. Nunca ha faltado Su provisión para cada una de las visiones que, hemos comprobado, han nacido en Su corazón. Así es nuestro Dios.

Regresando de ese campamento, empezamos a platicar con Gloria Quiñones, la hermana que habíamos pensado para la oficina. Con esa promesa tan firme, sabíamos que era tiempo de actuar. Ella había aceptado la invitación de ser una de las administradoras de un colegio metodista, pero nos dio la bendición de ir todas las tardes a nuestra oficina y empezar a darle un ambiente de profesionalismo que nos faltaba a Huizar y a mí. ¡Cuánto aprendimos de Gloria! ¡Qué bendición ha sido a través de todos estos años! Entregó su vida a este ministerio. Estamos eternamente agradecidos.

EL NUEVO PROYECTO EN MARCHA

La provisión del Señor se empezó a sentir casi inmediátamente después de la palabra que recibí en Illinois. El proyecto estaba costando mucho más de lo que nos habíamos imaginado al principio por varias razones. La principal era que César Garza es un perfeccionista que trabaja en un detalle hasta que le sale exáctamente como lo está pensando u "oyendo" en su increíble cabeza.

Empecé a darme cuenta que las horas que llevaba una sola cosa eran más de las que habíamos empleado en toda una canción cuando grabamos "Canción a Dios". Byron estaba fascinado con César, precisamente por ese detalle. Sin embargo, el precio "paquete" que me había hecho, era pensando en una "x" cantidad de horas que creyó usaríamos para todo el proyecto. Ese número lo habíamos rebasado desde hacía mucho tiempo atrás. Byron no tardó en hablar conmigo y comenzar una renegociación de los términos.

Estaba tan comprometido con este nuevo proyecto y con el concepto de dejar que el productor tuviera cuánto tiempo quisiera para la grabación, que acepté todo lo que me decían, sabiendo que de alguna manera, Dios iba a proveer lo necesario para poder terminar el proyecto.

En cada oportunidad que tenía, le daba un poco más de dinero a Byron. Entre las cosas que se fueron para poder pagar estaba la pequeña grabadora de cuatro canales que vendí a unos hermanos de la ciudad de Cuernavaca. Con esa grabadora habíamos hecho un poco de la historia de CanZion.

Un día, estábamos en San Antonio ocupados en la nueva grabación, salí para hacer algunos encargos como ir al banco, mandar el correo, etc. Cuando me fui, César trabajaba sobre un sólo de flauta que estaría en uno de los puentes musicales del canto "Mira":

Mira . . . Que Su amor ha sido grande.
Aún más alto que los cielos

Ha sido Su amor.
Mira . . . Que Sus bendiciones todas
Nos han dado Sus riquezas
Y mucho más.

Cuando regresé al estudio, César me pidió que me sentara frente a las bocinas principales porque quería que escuchara lo que acababa de terminar. Cuando hizo correr la cinta y comenzamos a oír el canto, los dos, casi simultáneamente, empezamos a llorar. Lloramos y lloramos. El canto terminó y nosotros seguíamos llorando. César alcanzó a apagar la máquina donde estaba la cinta, antes que empezara a tocar la siguiente canción. Nos quedamos un buen rato, adorando al Señor en el estudio, él y yo solos. Después de un rato, oramos y le pedimos al Señor que este proyecto cambiara vidas, tocara corazones y llegara, especialmente, a esos jóvenes que tanto anhelábamos que conocieran un toque de la presencia de Dios.

Después de un rato de intimidad con el Señor, César volteó hacia mí y me dijo algo que jamás olvidaré: "Marcos, nunca antes he sentido lo que siento al estar produciendo esto. En ningún otro proyecto he sentido tanto la presencia de Dios al estar trabajando. Creo que estamos trabajando en algo que cambiará el rumbo de la música en nuestro país". Sin saberlo, César casi estaba profetizando. Los dos sabíamos que era algo muy diferente de lo que había en nuestro país, pero nunca nos pudimos imaginar el impacto que causaría.

Arturo Allen y su equipo de trabajo estaban preparándose para un gran lanzamiento. Recuerdo que cuando me dijeron que maquilarían 5.000 casetes, casi me desmayo. Nunca se había hecho algo similar, hasta ese entonces, al menos en México. Me acordé de los 500 que me "forzó" a maquilar el señor Martínez. Ahora, me reía de mí mismo al pensar en eso. Lo que más me llenaba de emoción era que Arturo me aseguraba que harían falta más casetes.

El día que me entregaron la primera caja con 400 casetes, estaba hospedado en la casa de la familia Barrientos, con quienes Miriam y yo habíamos desarrollado una gran amistad. Raquel, la hermana de Marco, nos había hecho muchos favores como el de recoger y entregar cajas de casetes, además de los diseños de las portadas y de todo el papel membretado y el logotipo de CanZion.

En ese tiempo, Cauce #68 llegó a ser nuestra dirección fuera de Durango. ¡Cómo estamos eternamente agradecidos con esta hermosa familia por todo el apoyo que nos han dado a través de los años!

Esa tarde, Raquel, su mamá (que también se llama Raquel), don Eduardo, Miriam y yo rodeamos esa primera caja que saldría conmigo esa noche a la congregación donde estaba ministrando. "La Casa del Alfarero" sería la primera congregación donde ofreceríamos en venta este nuevo proyecto llamado *Adoremos*. Con cuánta emoción pedimos a Dios una bendición sobre esa caja. Estaba delante de nosotros un ejemplo de la maravillosa provisión de Dios. Un ejemplo de que el Señor cumple sueños. Un ejemplo que Él nunca nos abandona, sino al contrario, siempre nos sostiene con Su poderosa mano. No faltó una que otra lágrima en esa oración.

Era octubre de 1988. Tenía 26 años.

UNA BOMBA

Adoremos fue una explosión que se oyó en todo el país. Muchos, al oír el proyecto lo abrazaron y nos decían qué agradecidos estaban con lo que habíamos hecho. Cantos como "Yo quiero ser un adorador" escrito por Juan Salinas, se oía en todos lados.

En Costa Rica, el canto de "Hoy" estuvo en la posición número uno de popularidad en una estación de radio secular por más de tres semanas. Por todos lados oíamos a los jóvenes hacernos miles de comentarios acerca de lo agradecidos que estaban que habíamos hecho un proyecto de música pensado para ellos.

Casi inmediatamente vi el resultado deseado. Los jóvenes estaban sentados en las primeras filas, expectantes con la música. Esto es lo que nos habíamos propuesto y lo habíamos logrado. Mi visión había sido "engancharlos" con la música alegre para después llevarlos a un lugar de adoración, donde podrían ser tocados por la presencia del Altísimo. En gran medida, es lo que veíamos suceder.

Al mismo tiempo que explotó la bomba de la aceptación, le siguió otra bomba que nunca imaginé que explotaría con tanto ímpetu. Me empecé a dar cuenta del precio que se paga por tener un ministerio visible y no muy entendido. El precio de ser el recipiente de la crítica y el ataque desmedido de personas que no se dan a la tarea de intentar entender cuál es la visión que Dios pone en los corazones.

Esta bomba empezaría un proceso en mí que tardaría muchos años, pero que me traería a una de las noches más obscuras de mi vida. Hacía mucho tiempo que el monstruo de la inferioridad había sido domado. De pronto, sin aviso, se asomó otra vez, para empezar a molestar y a decir cosas que pensé que nunca volvería a escuchar. ¡Cómo es sutil el diablo!

Esta vez, cuando me susurró esas mentiras, era en las vísperas de toda la crítica que había oído acerca del proyecto *Adoremos*. En lugar de callar esa voz, como lo había hecho en tantas ocasiones, esta vez me entró la inseguridad. Empecé a tener algo de duda acerca de la palabra que yo había sentido tan clara por parte del Señor. Aquellos que en un tiempo me habían apoyado, ahora me daban la espalda, porque no les gustaba el estilo de música que estaba usando y pensé que había cometido un error.

A pesar de todo el dolor que sentí, conocía la voz de Dios. Aunque el acusador me trataba de decir que yo no era nadie, sabía, sin duda, que Dios me había mostrado este plan. Así que, me hice fuerte y seguí firme en lo que me había propuesto. Pude entender que la única manera que un hombre sale adelante en la vida es si tiene una palabra del Señor. Con razón mi papá siempre me preguntaba: "¿Tienes una palabra del Señor?"

ADIÓS A JORGE

Huizar y yo abordamos el transbordador para cruzar el Mar de Cortés, que separa la península de Baja California del continente. Es un viaje que dura dieciocho horas aproximadamente entre las ciudades de Mazatlán, que queda en el continente, y La Paz, Baja California. Nuestro destino era la ciudad de Cabo San Lucas para visitar a nuestro queridísimo Jorge Lozano.

En alguno de los compartimientos de carga que había en el barco, estacionamos la minivan, cargada con el piano y algunas cajas de casetes, además de nuestro equipaje. Este viaje tenía algo muy especial. Estarían las tres familias reunidas: la de Jorge, la de Chuy y la mía. Miriam había visitado a sus padres en Wisconsin y nos encontraría en Cabo San Lucas.

Tendríamos un congreso de alabanza en la congregación donde Jorge era pastor, y de ahí, las tres familias haríamos el recorrido por toda la península —24 horas de viaje—, para ministrar en un congreso de alabanza que se había organizado en la ciudad de Mexicali.

Cuando Huizar y yo llegamos a Cabo, nos enteramos que Miriam no podía salir de Mineápolis por un problema de documentos que requería el gobierno norteamericano para la niña. Así que, modificamos los planes y quedamos en que Miriam viajaría a San Diego y nos uniríamos todos en Mexicali. Sin darnos cuenta, esa sería la ciudad donde estaríamos los tres juntos por última vez dando un congreso como los que habíamos ministrado todos esos años.

Jorge había visitado el país de Argentina con los doctores Pardillo, directores de la congregación Amistad Cristiana de la Ciudad de México. Jorge había dejado su corazón en ese país. Cuando Chuy Olivares y yo lo oíamos hablar de su visita allí, sentíamos la pasión que ardía en su corazón. En varias ocasiones, sus ojos se llenaban de lágrimas cuando nos decía de la carga que tenía por Argentina. Él quería ayudar a músicos y pastores.

En lo que a mí respecta, no podía creer lo que oía. ¿Qué haríamos sin Jorge? Este equipo tan maravilloso que habíamos desarrollado ¿en qué terminaría? Por otro lado, tanto Chuy como yo, sabíamos que cuando Dios mueve al hombre no le queda otra opción más que obedecer.

Para mí fue increíble el testimonio que escuché de Eva, la esposa de Jorge, cuando me habló que aun antes que él regresara de Argentina, Dios le había hablado a ella que era tiempo de empacar sus cosas porque los iba a llevar a ese país.

Jorge cuenta que cuando llegó a casa, pensaba que debería "convencer" a Eva sobre lo que el Señor le había dicho, pero ella se adelantó y le dijo que Dios le había mostrado que era tiempo de irse. ¡Qué manera de fluir como pareja! Por eso, y por muchas otras razones, siguen siendo una de las parejas que más admiro.

El tiempo que vivimos juntos en Cabo fue tan especial. Ministramos unidos como siempre lo habíamos hecho, pero esta vez, sabiendo que nuestra vida tomaba un rumbo distinto, valorábamos ese tiempo al máximo.

Después del evento, en el que Jorge se despidió formalmente de su congregación, salimos en tres automóviles rumbo al norte. Fue un viaje memorable. ¡Qué hermosa es la Baja! Por dos días manejamos cerca de doce horas hasta llegar a la frontera con los Estados Unidos. Huizar se fue con Jorge y Chuy a Mexicali, y yo me quedé en San Diego para recibir a mi querida esposa y nuestra hermosa hija.

Luego de pasar un día en esa increíble ciudad, nos dirigimos a Mexicali para dar inicio al congreso de alabanza donde estaríamos por última vez, en esa etapa de nuestro ministerio, los "tres mosqueteros de la alabanza". Recuerdo que era el mes de noviembre porque fue en Mexicali, durante ese congreso, donde nuestra hijita Elena cumplió su primer año de vida.

LA SEGUNDA BOMBA

Después de nuestra experiencia de trabajar juntos en la grabación de *Adoremos,* César y yo sabíamos que habíamos encontrado un gran apoyo el uno en el otro. Él tenía un sinfín de ideas locas y a mí me encantaban casi todas ellas. Estaba buscando alguien que le apoyara en esas ideas y yo necesitaba así. Él había soñado con dedicarse a producir música cristiana en español y yo tenía el sueño de apoyar a alguien con ese sueño.

Una de las cosas que el Señor me había hablado cláramente desde el inicio de nuestro ministerio era que CanZion serviría de plataforma para que Él pudiera cumplir los sueños de mucha gente. Es por eso que desde sus inicios, Miriam y yo decidimos no tomar dinero de la venta de mis casetes, sino dejar que todo el dinero quedara en el ministerio para hacer más casetes y proyectos de grabación. Decidimos que el Señor vería por nuestras necesidades a través de las ofrendas que yo recibía cuando salía a ministrar.

Esencialmente, es la misma manera en que seguimos viviendo hasta el día de hoy. Esta decisión ayudó para que en aquellos primeros años pudiéramos disponer de todos los recursos en el objetivo de hacer crecer la visión de CanZion más rápidamente de lo que hubiera sido, si estuviéramos viviendo del dinero que entrara. El ingreso de la venta del proyecto *Adoremos*, permitió que a pocos meses de haber salido esa grabación, empezáramos otra que llegaría a ser una segunda bomba que se oiría en muchos lugares del mundo: *Proyecto: A/A.*

César decidió salirse del estudio de grabación donde había trabajado para dedicarse a pleno en el ministerio de CanZion. Esta decisión fue un paso de fe tanto para él como para nosotros. Con lo que pudimos, juntamos un poco de dinero y le compramos un equipo básico para que pudiera tener en su casa un "midi-estudio". Este es un "estudio" basándose en computadoras (secuenciadores) y modules digitales. Además, hicimos un gran esfuerzo y le compramos un "sampler" Akai S-900. Esta es una máquina que permite que se graben sonidos naturales y los convierte en información digital para poder meterlo en las computadoras.

Uno de los juguetes favoritos de César era el sampler. Hizo muchos inventos con ese aparato. Por ejemplo, grababa el sonido de un globo que truena y lo usaba en algún lado de la grabación. Ideas locas, pero frescas e innovadoras. Conforme lo iba conociendo más, me percaté de que había encontrado a una persona verdaderamente extraordinaria— fuera de serie.

A principios de 1989, César nos visitó en la ciudad de Durango. La mecánica de trabajo que teníamos era que, periódicamente, César se daría sus vueltas por Durango para mantenernos en contacto y soñar juntos. Mientras estaba en Monterrey, se dedicaba a hacer secuencias y a preparar la música para la siguiente grabación.

Como estábamos hablando de una grabación y teníamos algunos cantos escogidos, pero no todos, realmente no teníamos un concepto claro de lo que queríamos hacer, hasta ese día en que César llegó de visita.

A estas alturas, habíamos cambiado la oficina a Diente de León #103 porque Miriam y yo nos habíamos mudado a una casa que estaba a la vuelta de la calle. César me había adelantado que venía para proponernos algo acerca de la nueva grabación. Cuando llegó, había diagramado unas hojas con la idea del proyecto y nos repartió una a cada uno de los que estábamos en la mesa: Miriam, Gloria, Huizar y yo.

En la parte de arriba de la hoja decía simplemente *Proyecto: A/A*. César dijo: "El encabezado es algo sólo para darnos una idea acerca de qué clase de proyecto va a ser. No es el título, este lo podemos decidir después". Comenzó a explicarnos la idea de juntar a varios cantantes cristianos y hacer una grabación de cantos de alabanza y adoración pero con el corte juvenil y contemporáneo que había caracterizado el proyecto *Adoremos*.

En la hoja tenía escritos los nombres de Ruth Ríos, una hermana muy conocida y amada en nuestro país por su voz, Nicky Garza y Rodolfo Orozco del grupo Mitzvah. También tenía unos cantos sugeridos y algunos otros apuntes. Después de leernos todo lo que estaba en el papel, nos quedamos callados por un largo rato. En mi espíritu empecé a sentir algo muy especial. Era el mismo sentir que había tenido mientras planeábamos la grabación de *Adoremos*.

Esto era como una continuación de la misma idea, pero con coros de alabanza y adoración. Este proyecto nos acercaría todavía más a la visión de ayudar que los jóvenes estuvieran en las primeras filas y no en las de atrás. En ese momento, sabía que teníamos un proyecto que había nacido en el corazón de Dios.

Después del largo silencio, hablé algunas palabras acerca de lo que acababa de sentir y todos sabíamos que estábamos viviendo un momento histórico para CanZion Producciones. Una de las expresiones que

salieron de mi boca fue: "Me gusta el título *Proyecto: A/A*". Así quedó.
En ese momento nuestro quinto proyecto acababa de nacer.

Después de esa reunión, fuimos con César a mi casa donde tenía
instalado el piano, allí escogeríamos algunos de los cantos para el
Proyecto: A/A. El primero que interpreté fue uno que hacía un día había
terminado. Le dije: "César, a ver qué te parece este canto". Empecé a
tocar.

> *"Te exaltamos sobre un Trono de alabanza*
> *Te exaltamos Oh Señor*
> *Nuestras alabanzas subirán*
> *Delante de Tu trono, Oh Señor"*
> *Olor fragante . . . a Ti Señor*
> *Honor y Alabanza . . .*
> *Por siempre daré*
> *Al que está sentado sobre el Trono de mi Dios . . ."*

© 1989 CanZion Producciones.

PERIPECIAS HACIA LA INDIA

Atendí la invitación de ir a la India. Después de orar y pedir al Señor
su confirmación, sentí que era una invitación que Él me había preparado. Todos los que formábamos el grupo teníamos que cubrir nuestros
gastos. Para mí sería un paso de fe importante ya que nunca había hecho
un viaje tan largo y tan costoso. Estaba seguro que si era la voluntad del
Padre, Él se encargaría de proveer.

El dinero que se necesitaba para hacer el viaje fue llegando poco a
poco. Justo cuando pensé que no podría ir, porque me faltaban todavía
500 dólares, una hermana me habló por teléfono para decirme que
sentía en su corazón hacer un aporte para el viaje a la India. ¿La cantidad? ¡500 dólares!

La noche antes de salir, estuvimos en una reunión donde mi papá
invitó a varios pastores y ministros a que me rodearan, me impusieran
manos y oraran por mí para que el Señor me protegiera en este viaje al
otro lado del mundo. Lo más lejos que había viajado en mi vida había
sido a Londres, para nuestra luna de miel. No sabía qué me esperaba en
este viaje, pero iba con alegría sabiendo que estaba en los planes del
Señor.

Las aventuras comenzaron desde el momento que subí al avión que
me llevaría a Nueva York, para combinar con un vuelo a Bombay.

Después de abordar todos los pasajeros, estuvimos sentados en el avión por más de cuatro horas por un problema mecánico. Hasta la fecha, no entiendo porqué nos tuvieron arriba del avión todo ese tiempo, pero se hizo largo.

El problema que enfrentaba era que a la misma hora que llegaría a Nueva York salía el vuelo con el que haría conexión a Bombay. Pronto me hice a la idea que no llegaría a tiempo a Nueva York. Cuando finalmente arribamos, corrí al edificio donde estaba Air India, para darme cuenta que el vuelo hacía quince minutos había despegado para Bombay.

Como sólo tenían un vuelo diario, tuve que pasar la noche en Nueva York y salir al día siguiente. Esto presentaba varios problemas:

1) Disponía de muy poco dinero para el viaje, aproximádamente trescientos dólares, y no estaba prevista una estancia en Nueva York. Además, era en los tiempos en que no era dueño ni de una sola tarjeta de crédito. Gracias a Dios, después de discutir con uno de los agentes de la aerolínea que nos había retrasado en la Ciudad de México, me dieron un "voucher" para hotel y dos alimentos. Esto me ayudó enórmemente.

2) El grupo que acompañaría se había ido antes a la India y me esperaban el día en que yo no llegaría. No tenía más que el número telefónico del pastor que visitaríamos y cada vez que lo marcaba, no entraba la llamada. Fue interesante este viaje.

Al salir de Nueva York al siguiente día, hicimos una escala técnica en Londres. Después seguimos para Bombay donde esperaría más o menos cuatro horas para tomar el vuelo a la ciudad de Calcuta. Era ahí donde tendríamos que reunirnos todos los del grupo antes de partir para una ciudad llamada Shillong que queda en el nordeste del país.

Cuando llegué a Calcuta, no había nadie en el aeropuerto esperándome. Me fui de un lado a otro por un espacio de una hora, con la esperanza de que probablemente los que venían a recogerme se encontraran en otra parte del aeropuerto.

Después de esperar tres horas, decidí que tenía que hacer algo. Había estado llamando al número telefónico que me había dado la persona encargada del grupo, donde me dijeron que estarían hospedados, pero sonaba muchas veces y nadie respondía. Cuando finalmente contestaron, me dijeron que el grupo se había cambiado de hotel y no habían dejado dicho adonde se habían ido. Colgué y me marché a un escritorio dentro del aeropuerto donde vendían reservaciones de hotel. En el mismo lugar compré un boleto de taxi que me llevara al hotel.

Al salir del edificio terminal, me sorprendió ver la cantidad de limosneros que había por todos lados. Al haber vivido en México, estaba acostumbrado a ver limosneros, pero no en tan grandes cantidades. Otra cosa que me impactó fue la cantidad de ellos que estaban mancos, desfigurados o con lesiones y heridas en el cuerpo. Todos trataban de cargar mis maletas a cambio de uno o dos "rupís" –la unidad monetaria de aquel país–.

Al subirme al taxi, me impresionó lo antiguo que era el automóvil y lo sucio que estaba. Me encontraba en una ciudad con el aspecto de haber dejado de existir hacía cincuenta años. Las calles estaban en total ruina, muchos de los edificios estaban deteriorándose por falta de mantenimiento. Había muchísima gente viviendo en las calles, refugiados debajo de pedazos de cartón. Eran escenas que a pesar de observarlas por diez días, nunca me acostumbré a verlas.

Después de viajar por algunas avenidas y otras calles por más de veinte minutos, el conductor del taxi volteó la cabeza y me dirigió unas palabras en su lengua natal, el hindi. El idioma oficial de la India es el inglés, gracias a los años que estuvieron bajo la bandera de Inglaterra, pero aún hay muchísima gente que no habla el inglés sino uno de los miles de dialectos que existen a lo largo del país.

Daba la casualidad que me había tocado un chofer que no hablaba una sola palabra de inglés. Lo único que pensé era repetirle vez tras vez, en inglés, el nombre del hotel a donde supuestamente íbamos. Él hizo dos paradas para hablar con personas que estaban en la calle y por lo que podía ver, ellas tampoco sabían hacia donde nos dirigíamos.

Quizá fue por la cantidad de horas que había estado viajando –más de treinta y dos sin parar– o por todo lo que estaba sucediendo en ese momento, pero me entró un ataque de risa. Quizá fue risa nerviosa de pensar que estaba en un país exactamente al otro lado del mundo de mi casa, con menos de trescientos dólares en la bolsa, con un taxista que no sabía inglés, perdido del grupo con quienes tenía que estar, en una ciudad atestada de gente hablando un idioma que no entendía, con la reservación en un hotel que no conocía el taxista, y mucho menos yo. ¡Qué aventura es servir al Señor! Ni quiero imaginarme lo que habrá pensado el taxista al mirar por su espejo retrovisor y ver que su cliente estaba muerto de la risa.

El chofer le preguntó a una persona más. Éste se subió al auto y en un inglés muy limitado me dijo que el taxista no sabía la dirección del hotel donde yo me hospedaría. Le dije que esa revelación ya me la había mostrado el Señor. Me explicó que él iba en dirección al hotel y nos mostraría cómo llegar. No sé si era un ángel del cielo, pero para mí fue un enviado de Dios.

KUBLEI SHIBUN

Cuando finalmente llegamos al hotel, me registré y subí a la habitación para tomar un baño. Después seguí haciendo llamadas telefónicas para ver si podía localizar al grupo. Llamé a la oficina en México para saber si de casualidad habían llamado allá. ¡No! Llamé al teléfono del pastor de Shillong donde estaríamos ministrando. ¡Nada!

Mientras estaba acostado en la cama del hotel pensando qué hacer, decidí intentar de nuevo llamar al número que me habían dado del hotel en el que iban a hospedarse originalmente. Cuando volví a preguntar, era el mismo hombre que me había contestado unas horas antes y de pronto me preguntó: "¿Usted es la persona que viene de México?" "Sí", le contesté rápidamente. A lo que él me dice, "AH—le dejaron un mensaje de parte del grupo. Me dijeron que si usted llamaba le dijéramos que están en tal hotel". ¡Finalmente! Luz al final del túnel.

Cuando investigué, el hotel donde estaban hospedados quedaba a menos de dos cuadras de donde estaba yo. De nuevo, Dios me había estado dirigiendo en cada paso. La reunión con el grupo fue un momento de mucha alegría para todos. Al reflexionar en este viaje, puedo ver cómo Dios usó ese tiempo para enseñarme y recordarme tantas cosas que son tan fáciles de olvidar.

El pastor Joseph Skinner es un hombre de quien aprendí muchas cosas. Me contaba la manera en que Dios los visitó en el año 1966. Un grupo de hombres se reunía todas las mañanas para orar y pedir que el Señor les enviara "más". Me decía que ni siquiera sabían por qué orar. Sólo le pedían: "Señor, queremos más de Ti".

Un día, después de estar orando así por muchas semanas, los visitó una presencia que no entendían. Su trasfondo denominacional les había enseñado que las manifestaciones del Espíritu habían sido algo exclusivo para los apóstoles del tiempo de la iglesia primitiva. Sin saber qué era lo que ocurría, muchos de los que estaban en el grupo empezaron a experimentar un toque sobrenatural de la presencia de Dios, hablando lenguas extrañas y profetizando. El pastor confiesa que no sabía lo que pasaba.

La misma tarde en que ocurrió lo que ellos llaman "el derramamiento", llegó a su ciudad una mujer desde el sur del país. No la conocían, pero ella les dijo que había recibido una palabra del Señor que debía visitar esa ciudad y preguntar por el nombre del pastor. Les explicó que el Señor le había revelado en oración que venía para explicarles algo que ellos no entendían acerca del Santo Espíritu de Dios. Viajó por más de cinco días y llegó el mismo día en que el Señor los visitó con Su poder.

Les enseñó durante toda la tarde y hasta muy noche. De ahí, se fue desatando un avivamiento que resultó en que miles de personas entregaran su vida al Señorío de Cristo. El hermano Skinner me hablaba de una historia tras otra, de cómo Dios sanó a éste y aquel ciego, cómo limpió a muchos leprosos y aun cómo habían visto a más de cuatro muertos resucitar. Cuando le pregunté acerca de cómo es que habían entrado en esa dimensión del poder de Dios, me dijo que después que Dios les quitó la venda de los ojos, podían ver que si Dios lo hizo en los tiempos bíblicos, ¿por qué no lo podía hacer ahora? Entonces, simplemente empezaron a creer que Dios lo haría para ellos.

Más de sesenta iglesias habían sido fundadas hasta el momento que yo los visité. Me había encontrado con un verdadero hombre de visión y fe. Qué privilegio haber ingresado a ese curso que el Señor me tenía preparado para esos diez días.

Diariamente enseñábamos, predicábamos y pasábamos tiempo con el liderazgo de esas congregaciones. Enseñé por más de ocho horas diarias por espacio de tres días. Descansábamos sólo para comer y seguir con las enseñanzas. Me sorprendía el hambre por la Palabra que tenía la gente. Por horas permanecían sentados en esos banquitos de madera, sin moverse, tomando notas y apuntes de cada cosa que decíamos. Luego cantábamos y adorábamos al Señor por largos ratos. ¡Qué tiempo tan hermoso! Fue una experiencia que marcaría mi vida para siempre.

Cuando aterricé en la Ciudad de México, me sorprendió algo que nunca había observado: ¡Qué limpieza en las calles! ¡Qué orden! Alguien que haya visitado la Ciudad de México diría: "¿Cómo puedes decir eso Marcos?". Después de mi viaje a la India, mi perspectiva de todo había cambiado. En realidad, Dios nos ha bendecido en abundancia. Somos tan mal agradecidos por todo lo que tenemos.

Cuando vi y olí la muerte en las calles de Calcuta, pude darle gracias a

Dios por México, mi país. Cuando vi a niños chiquitos, de la misma edad de mi hijita, Elena, sobreviviendo en la miseria y la pobreza, me sentí como el hombre más rico del mundo. Mi lenguaje cambió. Nunca me había considerado como una persona ingrata ni mucho menos, sino que en vista de todo lo que había experimentado en aquel lugar, toda mi perspectiva había cambiado.

La principal lección que aprendí en ese viaje fue el agradecimiento. Estar agradecido con Dios por Su provisión. Estar agradecido por las cosas que tengo y aun por las que no tengo. Disfrutar de todas las bendiciones que Él ha derramado sobre mi vida. Dejar a un lado la queja, fue el cambio principal que tuvo mi vocabulario. Una de las frases que aprendí del dialecto que hablan en esa región del país es "Kublei Shibun", que significa "Muchas gracias". De ahí es que nació un canto que el Señor me dio:

Kublei–Kublei Shibun
Kublei–Kublei Shibun

Hay un canto que tú debes estar cantando
En lugar de constantemente estarte quejando
Dando gracias por todo lo que has recibido
Al Dios y Padre celestial–
En el nombre de Jesús–.

Kublei–etc–.
Si pudieras ver al menos afortunado
Y compararlo con lo mucho que Dios te ha dado
Te pondrías a cantar aquí de mi lado
Agradeciéndole al Padre Su Bondad
Por medio de Jesús–.
Tantas cosas por darle gracias siempre
A Nuestro Señor Jesús
La vida, el pan, el aliento, amor que siempre siento
Dale gracias al Señor.

UNA NUEVA VISIÓN

Desde que Jorge se había ido a Argentina, Chuy y yo compartíamos los tiempos de ministración con otro joven ministro que tenía mucha visión: Miguel Cassina. Para este entonces, Dios estaba usando a Miguel en diferentes lugares de México, viajaba y compartía su música en muchas congregaciones. Podíamos ver cómo Dios lo respaldaba grandemente en su ministerio.

Además, los cantos que componía eran verdaderamente extraordinarios. Canciones como "Quiero levantar mis manos" habían llegado a ser como el himno nacional de los cristianos. Recuerdo la vez que presentamos este canto en uno de los congresos que organizó la congregación Castillo del Rey, en Monterrey. Lo cantábamos una y otra vez sin parar. Había gente postrada en el piso, otras con lágrimas en los ojos, todas derramaban su corazón al Padre a través de esta alabanza.

¡Qué momentos memorables! Miguel Cassina trajo otra dimensión a los congresos donde participábamos. Siempre tenía buena palabra y ministraba con mucha gracia. Era obvio que la mano del Señor estaba sobre su ministerio. Después veríamos cuánto Dios lo usaría.

Una noche estaba de visita en la casa de mi gran amigo David Bell, en San Antonio. No podía dormir. Algo estaba ocurriendo en mi espíritu. David y yo habíamos tenido una de nuestras largas conversaciones donde soñamos con tantas cosas. Habíamos tocado muchos de los puntos que teníamos años de hablar. Esas conversaciones siempre me dejaban con grandes inquietudes porque soy el tipo de persona que no estoy conforme con dejarlo sólo en una conversación, sino llevarlo a la acción.

Esa noche, el Espíritu estaba por darme una de las tareas más grandes que había recibido hasta ese momento. Estábamos acostados en el sofá cama que se encuentra en la sala de la casa de mi amigo. Miriam estaba profundamente dormida y la bebita a su lado. Miré el reloj y eran pasadas las dos de la mañana. Me levanté y fui hacia la mesa del comedor que se encontraba a unos pasos de donde yo estaba y prendí una lamparita para tener un poco de luz.

Ahí empecé a tomar nota de algunas cosas que sentía en mi espíritu con relación a la idea de juntar algunos amigos músicos y directores de alabanza para tener un retiro juntos. Anoté los nombres de algunos de ellos en una hoja de papel. La lista era de unas catorce personas. Hice algunos otros apuntes de los temas que se podrían tratar y cómo lo financiaríamos. También anoté la idea de traer a una persona invitada que ministrara a los que asistiéramos.

Cuando terminé de hacer anotaciones apuntando ideas, miré el reloj y eran pasadas las cuatro de la mañana. Dios me acababa de dictar el formato para el evento que llegaría a impactar millones de vidas en muchísimos países del mundo.

En algunas ocasiones, Jorge, Chuy y yo habíamos comentado acerca de la posibilidad de convocar una reunión entre músicos y dirigentes de alabanza. Después, con Miguel hablamos mucho de esta idea también. Cuando les conté lo que me había pasado en la casa de David, nos dimos cuenta que era hora de llevar la conversación a la acción.

Chuy me ofreció su congregación como el lugar donde podríamos celebrar el evento. Originalmente, había pensado que sería una reunión pequeña, entre amigos. Sin embargo, Chuy sentía que sería muy bueno invitar a grupos completos de alabanza, pastores y líderes también.

Así fue como lo ampliamos para incluir a muchos más. En una reunión donde ministramos, se me ocurrió la idea de mencionar este evento que estábamos proponiendo. Les expliqué a los presentes que sería un tiempo de refrigerio espiritual, de capacitación y de enlace con muchos otros ministerios de México que también estaban en la música o la alabanza.

Cuando pedí ver las manos de las personas a las que les gustaría tener más información acerca de un evento así, casi me caí de espaldas al ver la cantidad de manos que se levantaron. Les pedimos que anotaran su nombre y dirección en una hoja de papel y la dejaran en la mesa de los casetes. Al terminar la reunión, Huizar llegó con una caja llena de papelitos con direcciones que habían dejado los hermanos. ¡Qué sorpresa!

Después de hacer la misma pregunta en varios eventos y de recibir más y más direcciones, un día Chuy me dijo: "Marcos, mi edificio no va a ser suficiente para lo que será este evento. Necesitamos pensar en algo más grande". Con esa palabra de ánimo, fui a visitar un centro de convenciones de un hotel que se encuentra en la ciudad de Guadalajara. Había sido invitado en una ocasión a predicar en una convención de Mujeres "Aglow" que habían organizado en ese lugar, entonces me informé de cuánto era la renta y qué tendríamos que hacer para celebrar nuestro congreso ahí.

Luego del recorrido con el gerente de banquetes y servicios, para mostrarnos todo lo que tenían, me entregó una carpeta de información con una cotización de cuánto tendríamos que pagar y cuáles eran los servicios que podían ofrecernos. Nos pidió tomar una decisión lo más pronto posible porque era un lugar muy solicitado y las fechas podían cambiar de un día para otro. Me llevé la carpeta y regresé a Durango para escuchar de Dios. En realidad, las cifras que estaban escritas ahí eran un estirón de fe bastante fuerte para nosotros. Tendría que ocurrir un milagro para poder pagar todo lo que se requería para realizar ese evento.

Un día, al llegar a la oficina, Gloria me avisa que habían llamado del hotel de Guadalajara para conocer nuestra respuesta sobre la propuesta que nos habían hecho. La fecha límite para firmar el contrato se estaba acercando y había otras personas que querían ese mismo día pero nos llamaban para saber si todavía estábamos interesados.

Yo había orado mucho acerca de ello, pero aún no podía decir cláramente sobre la voluntad del Señor. Recuerdo el nombre de la calle y la esquina donde al estar conduciendo mi auto, escuché esa voz que he oído a través de los años. Me dijo: "Firma el contrato y verás un milagro". Cuando regresé a la oficina, les comuniqué lo que había oído del Señor, tomé las hojas, las firmé y le dije a Gloria que las enviara a Guadalajara. Además, ella habló para decirles que el contrato iba en camino.

El hotel nos había dicho que si llenábamos sesenta habitaciones dobles, podíamos tener todo el centro de convenciones y las diferentes salas de juntas sin costo adicional. ¡Sesenta! ¡Qué paso de fe! Pero, había oído de Dios. Empecé a llamar a diferentes personas para invitarlas como oradores y conferencistas.

MÚSICA '89

De uno en uno llenamos la agenda con buenos oradores, músicos y maestros para diferentes cosas. Ese primer año tendríamos cerca de veinte invitados. Al paso de los años, tendríamos que modificar la manera de organizarlo.

Cada noche estaría en la alabanza el equipo más extraordinario que teníamos en México: el de Chuy Olivares. También estaría Miguel Cassina, David Bell, el grupo Mitzvah, César Garza y tantos otros. Un magno evento creado especialmente para músicos. Desde ese primer congreso, tuve el cuidado de invitar a una persona que le diera una presencia "pastoral". Un hombre mayor con ministerio reconocido y comprobado con el tiempo. Ese primer año invité a uno de los hombres que más ha impactado mi vida personalmente.

Conocí a Víctor Richards en uno de los congresos de jóvenes que organiza su hijo, Chris, llamado Visión Juvenil. Un par de años antes había tenido el privilegio de participar en este increíble evento que ha tocado literalmente millones de vidas.

En México, Visión Juvenil fue uno de los instrumentos más poderosos para movilizar a la juventud cristiana a creer que Dios los ha hecho triunfadores. Siempre se sale de este evento, motivado, ministrado y lleno de la Palabra. Chris tiene la visión singular de llenar a los jóvenes asistentes con la Palabra por un espacio de cuatro días y confiar que las semillas que han recibido en ese tiempo den mucho fruto para el reino. A través de todos estos años, hemos visto cómo Dios usa ese congreso para bendecir a tantas vidas.

La familia Richards no tan sólo había tenido un fuerte impacto en mi vida, sino que habíamos desarrollado una amistad que valoraba muchísimo. El entusiasmo del hermano Víctor es algo que, hasta la fecha, me inspira. Cuando lo veo orar por una persona o predicar, lo hace con sumo entusiasmo. ¡Qué inspiración es para los "hermanos menores" en el Reino!

Quería que mis compañeros en la música y la alabanza fueran contagiados con este entusiasmo. Además, una de las cosas que veía como una gran necesidad en nuestro México era la de trabajar en pro de cerrar la brecha que existe entre los músicos y sus pastores. Sabía que un hombre como el hermano Víctor podía darnos buenos consejos acerca de cómo hacerlo. Cuando lo invité, me dijo que sería un honor para él ser parte de este evento. Pero la verdad sea dicha, el honor fue para nosotros.

Raquel Barrientos diseñó un folleto de superlujo. Con un milagro tras otro vimos cómo Dios sostuvo este evento. No teníamos dinero para imprimir el folleto después de diseñado. Sin embargo, Dios proveyó. Después, necesitábamos el dinero para hacer el envío. Dios proveyó. En la oficina nos hacía falta una computadora para almacenar los nombres y las direcciones de las miles de personas que nos habían entregado hojitas de papel en los eventos. Dios proveyó. Alguien nos debía un dinero por la venta de unos casetes y decidieron pagarnos con una computadora. Después, necesitábamos una persona que supiera manejar una computadora. Dios proveyó.

Un jovencito que tenía pocos años de conocer al Señor, llamado Coalo, estudiaba computación. Se ofreció de voluntario para venir todas las tardes, después de sus clases, para ingresar nombres y direcciones. Así fue como él llegó a CanZion y hasta la fecha no se ha ido.

Vimos un milagro tras otro durante esos emocionantes meses antes del Congreso Música '89. En realidad, éramos los peores candidatos para organizar un congreso de tal magnitud. En primer lugar, el hecho de vivir en una ciudad lejos de donde se llevaría a cabo el evento presentaba muchos problemas. En segundo lugar, nunca habíamos organizado más que retiros pequeños para el grupo de jóvenes en la ciudad de Durango. En tercer lugar, no teníamos dinero. Era una perfecta oportunidad para ver que Dios se llevara toda la gloria.

Lo que sucedió, nadie lo esperaba. De pronto, empezaron a llegar sobre tras sobre con solicitudes de registros al congreso. En algunos, se habían registrado de diez a quince personas de la misma congregación. Todos los días, llegaban los paquetes llenos de inscripciones. Todas las tardes, Gloria pasaba los nombres a un libro enorme que había comprado para el registro de las inscripciones. Después, Coalo ponía toda esa información en la computadora.

Día tras día veíamos enormes cantidades de sobres llegar. Uno por uno, Gloria acomodaba la gente en las habitaciones del hotel. Una tarde que llegué a la oficina, Gloria me cuenta un nuevo problema. ¿Quién se hubiera imaginado que hubiéramos tenido ESTE problema? Me dijo:

—Van a faltar habitaciones en el hotel.

—¿Faltar?, —le pregunté.

—¡FALTAR!, —casi me lo gritó de la emoción.

Rápido llamamos al gerente que nos había atendido y le contamos nuestro dilema. Inmediatamente nos autorizó veinte habitaciones más para nuestros congresistas y nos avisó de unas nuevas cortesías que tendría con nosotros por estas otras habitaciones. De hecho, antes de iniciar el congreso tendríamos necesidad para ciento veinte habitaciones del hotel sede, y se contrataron cuarenta más en un hotel cercano. ¡Estábamos felices!

Lo que había empezado como una idea de invitar a catorce amigos, al día de iniciar el congreso, teníamos 2.100 personas inscriptas. Lo que sucedió el día que dio inicio el congreso, sólo puedo llamarlo "santa confusión".

UN DÍA DE DOBLE SORPRESA

Desde muy temprano en la mañana empezaron a llegar desde todo México. Nos habían asignado un espacio en el lobby del hotel con una mesa donde recibiríamos a los que habían mandado sus inscripciones por correo y otra mesa donde atenderíamos a los que llegaban sin haberse inscripto.

Cuando bajé de mi habitación esa mañana, había cientos de personas "acampadas" en el lobby del hotel, esperando ser atendidas. Tenían maletas y cara de haber viajado toda la noche. Saludé a muchos de ellos, preguntando de qué ciudades habían llegado. Rápidamente me di cuenta que habían venido de todos los estados de nuestro país. ¡Se estaba escribiendo algo histórico! Con entusiasmo todos esperaban grandes cosas del Señor para este magno evento.

Cuando al fin pudimos atenderlos, habíamos causado un enorme problema para el hotel. ¡Era un mar de gente! Parecía un hormiguero. Nadie podía entrar ni salir del hotel. No importaba qué tan rápido atendíamos a la gente, seguían llegando y las filas eran largas. Lo que había empezado siendo un día muy ordenadito, terminó en un caos absoluto. Nos gritábamos, corriendo de un lado para otro, tratando de hacer lo mejor para recibir a la gente.

El hotel no sabía qué hacer con nosotros. Sus clientes, no congresistas, se estaban quejando de la marabunta que habíamos creado. Fue increíble. En cierto momento, entre la gente oigo gritar una voz que reconozco: "Marcos, ¡qué gran problema le hemos creado al enemigo, Satanás!" Era Víctor Richards con su característico entusiasmo. Entre la gente me hizo señas que me enviaba un abrazo. Me gritó algo más y se marchó para su habitación. Afortunadamente, habíamos reservado todo un piso para nuestros invitados especiales.

Todo el día estuvo lleno el lobby del hotel. Hasta las cuatro de la tarde no se desalojó. A esas alturas, yo estaba con el encargado de montaje en el salón principal con el nuevo problema que teníamos que enfrentar: ¿Cuánta gente podría entrar? Mientras en el lobby se inscribía gente, yo bajaba para decirles: "Pueden recibir a cincuenta más". Después, volví a subir para ver cuántas sillas más podíamos colocar. Bajaba para dar el aviso. Mientras, la gente esperaba con paciencia para saber si podrían entrar o no.

Después de un par de horas de ayudar a acomodar sillas y correr para dar el aviso, me dice el encargado: "Sr. Witt, son todas las sillas que entran. El total de sillas que tenemos aquí adentro son 2.100. No puedo poner una más". Con eso, le avisé a los que estaban registrando a la gente, "Sólo tenemos lugar para 2.100. No más". Luego, subí a la habitación para prepararme para la primera reunión del primer congreso de nuestra historia: Música '89.

Miriam había pasado unos días con su familia en Wisconsin. Esa tarde llegó en el vuelo de Minneápolis a Guadalajara. Tenía muchos deseos de verla para decirle todo lo que había pasado con el Congreso.

Quería que viera las filas de personas que habían bloqueado el lobby. Ella, como siempre, había sido una de las personas que más me había apoyado en esta idea loca que el Señor me había dado. En los momentos que había querido entrar la duda, Miriam me recordaba que había sido una visión de Dios, no mía. Como fiel intercesora, siempre me mantuvo a mí y al Congreso en oración. Ya no viajaba conmigo tanto como antes porque mi hija, que estaba por cumplir dos años, estaba sintiendo muy fuerte la inestabilidad de una falta de consistencia en el horario. Miriam sintió muy claramente que el Señor la estaba llamando a dedicar unos años a nuestra familia.

Cuando nos vimos esa tarde, ella venía con una sorpresa muy grande para mí. ¡Estábamos esperando a nuestro hijo Jonathan! Por eso y por todos los eventos de ese día, el 8 de agosto de 1989 es un día indeleblemente impreso en mi memoria.

Después de tomar un baño y vestirme para bajar a la reunión, me acerqué a la ventana de nuestra habitación. El hotel nos había dado como cortesía la suite presidencial ubicada en el último piso del hotel. Desde ahí, podía ver toda la gente que estaba haciendo fila para entrar al congreso. Estaba orando cuando el impacto de lo que estaba viendo me golpeó. ¡Qué momento! ¡Inolvidable!

Mis oraciones fueron interrumpidas por el sonido del teléfono. Era Mauricio Palacios, el encargado de los ujieres. Me informó que la fila salía del salón principal donde sería la reunión, bajaba las escaleras al lobby del hotel, salía a la banqueta de la calle principal y daba la vuelta a la esquina. Me llamaba para avisar que estaban acomodando a la gente. Se estaba tardando porque tenían que hacerlo con mucho cuidado por el espacio tan reducido. Le di las gracias y regresé al lugar donde había estado a un lado de la ventana. Permanecí ahí hasta que llegó la hora de bajar.

Esa noche y las demás fueron inolvidables. Durante el día habíamos preparado un sinfín de talleres de capacitación y ayuda práctica para músicos. Cada salón del hotel estaba ocupado con alguno de los talleres que ofrecimos en ese primer congreso. Se enseñó sobre producción y arreglos musicales, sonido, percusión, guitarra, teclados, canto y una variedad de muestras prácticas sobre dirección de alabanza, fundamentos básicos sobre alabanza y adoración, entre otros.

Cada noche, el equipo de alabanza de Casa de Oración, la congregación que pastorea Chuy Olivares, nos dirigía en tiempos de adoración al Señor, y Víctor Richards y David Bell nos traían la Palabra. Las personas que asistieron a ese primer congreso fueron testigos de un tiempo impactante, lleno de la presencia del Señor. En verdad, sin saberlo, habíamos hecho historia. Este sería el primero de otros congresos similares que se organizarían en muchos lugares de América Latina. Fue una semana de mucha adrenalina y de mucho trabajo. Todas las noches nos reuníamos con los que se encargaban de las finanzas para saber la condición de la economía del congreso y revisar las cuentas que debíamos en el hotel. Cada mañana, nos juntábamos con todos los que trabajaban en alguna de las áreas del evento. Mauricio Palacio, Gloria Quiñones, Pedro Delgadillo, Jesús Huizar y muchos más. Cada una de las personas que se involucraron en el congreso lo hicieron con entusiasmo y entrega. Tengo un agradecimiento profundo con cada uno de ellos. Su trabajo y compromiso tocó miles de vidas.

En medio de tanta actividad, sucedería algo en mi vida que me tomaría de sorpresa en algunos pocos años. Estaba viajando más, durmiendo menos. El ministerio seguía creciendo a un paso acelerado y como tenía las fuerzas de mi juventud pensé que podía mantener el mismo ritmo que siempre había tenido, sin pagar alguna consecuencia. El arrojo que me había caracterizado me ayudó a levantarme cada mañana para enfrentar el nuevo día con todos los desafíos que estábamos viviendo.

Nunca habíamos construido una compañía cristiana de servicio al Cuerpo de Cristo. Era como lanzarme de la azotea de mi casa con el paraguas todos los días. Nuevos retos y desafíos cada mañana. Cada día era sumamente emocionante y la adrenalina me mantuvo en pie en muchísimas ocasiones.

Comprendíamos que estábamos cometiendo muchos errores en el camino. Algunos de ellos tardaríamos años en corregirlos. Sin embargo, al darnos cuenta de cada error, lo enfrentábamos para arreglarlo lo más rápido posible. Muchos de ellos requerían que nos sentáramos a pedir perdón a mucha gente y tratar de corregir lo mal hecho.

Así fue como mis días se convirtieron en larguísimas jornadas de trabajo cuando estaba en Durango, además de todos los viajes de ministerio a las diferentes ciudades de México que eran más y más frecuentes. Era emocionante pero fatigante. No sabría cuánto, hasta haber pasado por una tormenta personal muy intensa que vendría en unos pocos años.

Era agosto de 1989. Tenía 27 años.

APLICACIÓN PERSONAL

36. Marcos decidió arriesgarse con la grabación *Adoremos* y producir algo diferente que llegara al corazón de los jóvenes. Pero, Marcos nunca se imaginó la magnitud de las críticas y los malos entendidos. Como cristianos tenemos que tener mucho cuidado de no juzgar sin tener o conocer todos los datos pertinentes a una situación. ¿Eres culpable de hacer eso? Simplemente pide perdón.

37. Estando en Illinois, EE.UU., Marcos recibió una palabra profética que incluía dos promesas a las cuales él se ha aferrado hasta el día de hoy. ¿Qué promesas o palabras proféticas ta ha dado el Señor? Aférrate a ellas.

38. El proyecto *Adoremos* fue todo un éxito y el Señor fue fiel en cumplir sus promesas y los deseos de Marcos de alcanzar a los jóvenes. Sin embargo, las críticas llegaron y el enemigo se aprovechó para asomar la cabeza del pequeño monstruo. Esta vez no le fue fácil a Marcos callar su voz. Al final supo confiar en que sí había escuchado del Señor, pero el monstruo regresaría. ¿Cuáles son los monstruos en tu vida? ¿Lo sabes callar o se te hace difícil creer en lo que dijo Dios?

39. Algo que pocos conocen es el compromiso de Marcos y Miriam para dar inicio a otros ministerios y ayudar en el cumplimiento del propósito de Dios en las vidas de otras personas. Ese compromiso los ha llevado a no tomar dinero de la venta de sus casetes, sino dejar el dinero dentro del ministerio para seguir produciendo más música, tanto de Marcos como de otros líderes. Eso es un principio bíblico que a la larga nos hace beneficiarios de todas las riquezas del Señor. ¿Hay algo que Dios te está pidiendo que siembres en Su reino?

40. El viaje a la India fue toda una aventura. Sin lugar a dudas servir al Señor no es nada aburrido. No temas en entregarle toda tu vida a Dios. Él pondrá en tu corazón Sus deseos y luego se deleitará en cumplirlos. Sí, servir al Señor es toda una aventura.

Ministrando en la India en 1989.

En 1991, durante la grabación de *Tú y Yo* en Ciudad Juarez.

Capítulo nueve

El comienzo de una tempestad

Realmente no supe cuándo empezó. Estaba tan ocupado en todo lo que el Señor me había encargado que no me di cuenta de la tempestad que comenzaba a formarse dentro de mi vida. Fue muy sutil y lenta la forma en que el enemigo empezó esta tormenta. Mucho tiempo después me daría cuenta de todos los desafíos que esta tempestad traería a mi vida. Mientras tanto trabajaba con entusiasmo y entrega en la visión que el Señor me había dado.

CanZion Producciones crecía a pasos agigantados. Más y más personas se añadían al ministerio entre los años ´89 – ´90 en adelante. Algunas de ellas siguen en el ministerio hasta el día de hoy. Personas como Noé Velázquez, Gloria Quiñones y otros amigos que Dios trajo al ministerio.

Uno de los jóvenes que había llegado para ayudar con la limpieza en la oficina se llama Saúl Morales. Él permaneció en el ministerio casi 10 años antes de seguir con su llamado de pastor de jóvenes en la congregación a la cual pertenece.

Cuando llegó a colaborar en CanZion, era un joven de 15 años y no había manera de saber todo lo que Dios había depositado en él. Habilidades que vendrían a representar una gran bendición para CanZion y para millones de vidas que cantarían algunos de los cantos que Dios le había dado.

Después de varios años en diferentes áreas, Saúl tomó el cargo de director de todo lo relacionado con derechos de copia, derechos de autor y regalías. Estuvo en ese puesto por muchos años, convirtiéndose en un

233

perito del tema. Además, Dios le dio varios cantos hermosos como: "Tu mirada", "Mi alma anhela estar", "Amante de ti Señor". ¡Cuántos de nosotros fuimos tocados por estas melodías tan ungidas! Estoy tan agradecido al Señor por personas tan extraordinarias, como Saúl y otros, que dieron su tiempo, sus talentos y su vida para este ministerio.

CRECIMIENTO ACELERADO

Después del primer Congreso Música ´89, el ministerio creció de manera acelerada. Pasaron varios meses antes de lanzar a la venta el *Proyecto A/A,* que fue recibido con una enorme aceptación. Los números de ventas que habíamos obtenido con el proyecto *Adoremos* fueron rápidamente superados por esta nueva grabación.

Unas semanas antes de lanzar la producción a la venta, decidimos comenzar con la difícil tarea de la distribución propia de nuestro material. A estas alturas, sólo habíamos editado los proyectos: *Canción a Dios, Instrumento de Adoración I, II, y II, Adoremos* y el más reciente para ese tiempo, *Proyecto A/A.*

Quizá si nos hubiésemos dado cuenta del enorme desafío que significaba la distribución, posiblemente no nos hubiéramos atrevido. Pero muchas veces, Dios se aprovecha de nuestra ignorancia para ayudarnos a tomar decisiones que de otra manera quizá nunca haríamos. Este fue el caso.

La relación que habíamos sostenido con Arturo Allen y Piedra Angular había sido buena y siempre les estaremos agradecidos por el apoyo que nos brindaron en esos primeros años del ministerio de CanZion Producciones. Aprendimos mucho de Arturo y Piedra Angular. Definitivamente Dios los usó para ayudarnos a crecer en lo que Él nos había encargado. Sin embargo, sentíamos que el tiempo para empezar esta nueva etapa del ministerio había llegado. Nos lanzamos por fe, sin saber realmente lo que nos esperaba.

César Garza y yo seguíamos desarrollando una fuertísima amistad. Como resultado de las dos grabaciones que habíamos hecho juntos, entablamos una amistad tan fuerte que podía atravesar cualquier tormenta y seguir intacta.

La creatividad de César, su amor por la obra del Señor y miles de otros detalles le hacían ganarse el respeto y la admiración de mucha gente en todo el país. Pronto se convirtió en uno de los productores más respetados en la música cristiana de todo México. Con mucho agrado vi como Dios lo levantó a esa alta posición de respeto y admiración. Sabía, sin duda, que él y yo trabajaríamos juntos en muchas más cosas conforme pasara el tiempo.

El *Proyecto A/A* funcionó exactamente como habíamos pensado, tuvo una enorme aceptación entre los jóvenes. A todos lados a donde íbamos, las personas pedían los cantos que estaban grabados en el *Proyecto A/A*. Esta producción llegó a tener un récord altísimo en ventas. Pero para mí, lo más importante era que veíamos a los jóvenes sentados en las primeras filas de las reuniones, tal y como había sido la visión de César y mía cuando empezamos a planear y organizar tanto la grabación de *Adoremos* como la de *Proyecto A/A*.

Con sumo gozo podíamos ver a los jóvenes en todas las reuniones a donde íbamos, buscando la presencia del Señor a través de la música y la alabanza. El deseo profundo de mi corazón era comunicarles los principios sencillos y bíblicos acerca de la adoración. En cada lugar al que me invitaban a predicar, les hablaba de los principios básicos acerca de lo que significa ser un "verdadero adorador".

Los proyectos musicales nos ayudaban a tener una plataforma para comunicar estos principios bíblicos sobre alabanza y adoración. De hecho, en muchos lugares los jóvenes me decían que habían asistido a la reunión únicamente porque habían oído algunas de las grabaciones que habíamos hecho. Nos decían, con sinceridad, que no habían asistido necesariamente porque se interesaban en el tema que se estaría compartiendo en el evento. Sin embargo, me comentaban que mientras estaban en la reunión disfrutando de la música, habían sentido hambre y sed por conocer más acerca del Señor y de cómo acercarse a Él. ¡Esta era la meta!

Teníamos el deseo de que la música sirviera como un "gancho" para atraer a los jóvenes y así enseñarles acerca de lo hermoso que es entrar al Lugar Santísimo de Su presencia para adorarle. Utilizábamos el estilo de música contemporánea como una estrategia para ayudar a los jóvenes a tener un mayor interés en conocer la presencia del Señor.

Lamentablemente, algunos nunca comprendieron esto y se dieron a la tarea de atacar libre y abiertamente lo que habíamos hecho en estas dos grabaciones. Esos ataques y críticas llegarían a cobrar un alto precio en mi vida en un futuro no muy distante.

TORRE FUERTE

Me habían platicado acerca de ellos, pero nunca había tenido el gusto de conocerlos. Me habían dicho que por muchos años formaron parte del grupo de músicos del renombrado artista mexicano Luis Miguel. Al hablarme de ellos, me decían que eran hombres jóvenes que habían tomado una decisión firme de seguir a Jesucristo, dejando atrás el mundo del prestigio y de la fama, que eran suyas por virtud de ser los músicos oficiales de Luis Miguel.

Nuestras vidas cruzarían camino una noche en la que fui invitado a ministrar en una congregación de la Ciudad de México llamada Casa del Alfarero. El anfitrión era un hombre con quien había tenido algo de comunicación y con quien había empezado una amistad a distancia. El nombre de esa persona es Edgar Rocha.

Me llamó la atención el entusiasmo de este hombre y su forma de ser tan amable con toda la gente con quien tenía contacto. Además, tenía una extraordinaria unción a la hora de predicar y dirigir la alabanza. No tardé en enterarme que en verdad el hermano Edgar es un hombre ungido por el Señor, lleno de la Palabra y con un fuerte deseo de que la gloria de Dios llene las naciones de la tierra. Años después, formaríamos una amistad y una alianza ministerial que bendeciría a muchísimas personas.

Aquella noche en La Casa del Alfarero, prediqué y canté algunos de los temas que se encontraban grabados en los proyectos: *Adoremos* y *Proyecto A/A*. Recuerdo claramente haber visto a un grupo de aproximádamente siete personas en la primera fila, que obviamente habían llegado juntos a la reunión.

Al finalizar, el hermano Edgar se acercó y me preguntó si estaba dispuesto a conocer a los que habían sido músicos de Luis Miguel. Me sorprendió saber que habían presenciado la reunión esa noche y estaba muy ansioso por conocerles.

Resultó ser que eran los que habían estado sentados en la primera fila. Cuando me presentaron a Héctor y Heriberto Hermosillo junto con sus esposas, empezó, casi en ese instante, una amistad por la que muchas veces le di gracias al Señor.

Esa misma noche, después de una deliciosa cena en un restaurante de la ciudad, nos fuimos a la casa de Heriberto, donde tenían un pequeño estudio de grabación que estaban deseosos de poner a las órdenes del Reino del Señor.

El testimonio de ambos me impactó de manera profunda. Habían trabajado por años en el mundo del espectáculo acompañando a cantantes renombrados no tan sólo en México sino en toda América Latina. Habían viajado como músicos y directores de música de varias bandas de cantantes muy conocidos.

Esa noche mientras hablaba con ellos me enteré de su extraordinario amor por el Señor, por Su obra y por Su música. Tenían un profundo deseo de que el Señor se glorificara a través de música bien hecha, bien grabada, bien preparada y llena de la unción del Espíritu Santo.

No tardé en identificarme plenamente con Héctor y Heriberto, ya que son hombres apasionados por el Señor y por Su música. Pronto estábamos hablando de proyectos, de sueños y visiones y de cosas que podríamos hacer juntos en el ministerio.

Su pastor los había acompañado junto a varios de los hombres que habían sido importantes en la decisión que tomaron de entregar su música cien por ciento a la obra del Señor. Se puede imaginar la cantidad de proyectos y de planes que soñamos esa misma noche. Fue un deleite para mí poder trabajar por muchos años con estos dos hombres de Dios, músicos extraordinarios y amigos por sobre todo.

FESTIVAL DE PRIMAVERA

Mi amigo Juan Salinas seguía viviendo en la ciudad de Torreón, pero Dios se estaba moviendo sobre su corazón.

Una de las actividades en las que yo había participado era un festival de música cristiana que Juan visionó, planeó y organizó en su ciudad. Le habíamos puesto por nombre Festival de Primavera, porque se realizaba el primer día de esa estación del año.

El festival tenía como visión central el compartir la música cristiana que comenzaba a surgir con fuerza en México. Un evento de excelencia serviría para alcanzar a la localidad. El primero de estos festivales fue un éxito extraordinario. Se había organizado en uno de los parques centrales en la ciudad, con una importante asistencia.

En ese primer festival participaron grupos musicales como Mitzvah de Monterrey, Dunamis de la Ciudad de México, una cantante mexicana muy amada llamada Ruth Ríos y otros grupos de la misma ciudad de Torreón. ¡Había nacido un evento que bendecía a mucha gente!

Recuerdo cláramente que ese primer festival fue sonorizado por un joven llamado Abdo Sabag. Su servicio para con nosotros, su entusiasmo al hacer el trabajo y su cuidado por los detalles, me había impresionado.

Desgraciadamente, muchos ministerios musicales se olvidan que las personas que trabajan en el sonido son parte integral e importantísima del ministerio. Esto trae muchos malos entendidos y roces entre los músicos, los cantantes, dirigentes de alabanza y los que están en el sonido.

Sin embargo, mi experiencia esa tarde con Abdo Sabag había sido tan agradable que su nombre se grabó indeleblemente en mi memoria. Le pedía al Señor que nos trajera ingenieros de sonido como él al Reino.

En el segundo festival de primavera que celebramos en la ciudad de Torreón fue donde, por primera vez, se presentó en público un grupo musical recién formado y que tocaría en las naciones de América Latina. El grupo se llamaba: Torre Fuerte.

El plan era que Torre Fuerte prepararía algunas de las canciones que yo había grabado en el proyecto de *Adoremos* para acompañarme en vivo. En el Festival de Primavera se darían dos cosas por primera vez: 1) Torre Fuerte tocaría en público algunas de las canciones que Dios les había dado y, 2) Marcos Witt estaría acompañado de una banda en vivo. Ese había sido mi sueño desde hacía mucho tiempo, poder ministrar con músicos en vivo.

En ocasiones, cuando Jorge, Chuy y yo viajábamos, nos juntábamos con algunos de los músicos locales para formar una pequeña banda, pero era de manera informal e improvisada. Desde aquellos años que canté en el grupo con David Bell en San Antonio, no había ministrado con músicos tan extraordinarios como Héctor, Heriberto y Alvarito. ¡Qué emoción sentí ese fin de semana en Torreón! Después de saber lo que es ministrar con ese nivel de músicos, se me hizo difícil regresar a mis pistas y mi piano. Sin embargo, sabía que eso era con lo que el Señor me había bendecido en ese momento y le di gracias por Su provisión.

Uno de los acontecimientos más significativos para nosotros en esa ocasión tuvo que ver con el profesional que hacía el sonido, a quien había conocido un año antes en el mismo festival. Uno de los hombres que había acompañado a Torre Fuerte desde la Ciudad de México, se autodesignó la tarea de no terminar el evento sin que este ingeniero de sonido se convirtiera a Cristo. Todo el tiempo estuvo pegado a su lado hablándole del evangelio. No sé si fue porque se cansó de oír a este hermano, pero antes de terminar el fin de semana, Abdo había entregado su vida a Cristo.

El tiempo demostró que fue una decisión firme. Hasta el día de hoy, tengo la dicha de contar con el apoyo de Abdo en casi todas las giras que organizamos tanto en México como en otros países del mundo.

Además de ser un enorme apoyo a mi propio ministerio, sus talentos fueron de suma bendición para innumerables ministerios en todo el continente. Abdo encontraría a su hermosa esposa Rosi y seguirían juntos con la misión de bendecir el Cuerpo de Cristo con lo que Dios les ha dado. ¡Qué fruto tan hermoso se dio ese fin de semana!

Torre Fuerte y yo hacíamos buen equipo. Después de esa ocasión en Torreón, donde ministramos juntos por primera vez, hubo muchas otras oportunidades en las que Dios nos dio la posibilidad de trabajar unidos. Lugar tras lugar, la música y el mensaje de Torre Fuerte, combinado con el ministerio de adoración y de la Palabra que el Señor me había dado, sería factor para que, literalmente, miles de personas aceptaran a Cristo.

¡Qué divertido era servir al Señor al lado de estos hombres de Dios! Me gusta trabajar con ellos. En más de una ocasión nos encontramos tirados en el piso, escuchando alguna música, comentando algún tema y fortaleciendo la amistad que Dios nos había regalado. También, en muchas oportunidades caíamos al piso de la risa por diferentes cosas que sucedían. Héctor y Heriberto tienen un asombroso sentido del humor. Siempre se están gozando. ¡Qué privilegio fue para mí formar parte de este gran equipo de hombres en sus primeros años de ministerio!

PARTE DEL CRECIMIENTO

Al año siguiente del Congreso Música '89, tuvimos la idea de intentar ayudar en la capacitación musical a los músicos en diferentes regiones del país. Se me ocurrió organizar una serie de eventos que se llevaron a cabo una sola vez, llamado Capacitación '90.

Durante el Congreso de Música '89, nos habíamos dado cuenta de la sed que había entre los músicos por hallar a alguien que les ayudara a mejorar sus habilidades musicales. Al mismo tiempo, nos enteramos de que era virtualmente imposible poder hacer un buen trabajo de capacitación durante los días del Congreso. Era demasiada gente, muy pocos los instructores, y el tiempo y los espacios eran muy reducidos.

Inicialmente, cuando tuvimos la idea de los congresos de capacitación, pensamos que podían seguir creciendo y siendo de bendición a diferentes localidades. Comenzaríamos en las ciudades de Morelia, Torreón y Tijuana.

En cada una de ellas habíamos desarrollado una buena amistad con algunas congregaciones locales que estaban dispuestas a ayudarnos para este evento. Con la ayuda de mi amigo Mauricio Palacios, nos preparamos para organizar estos mini-congresos.

En cada ciudad tuvimos una muy buena aceptación. Muchas personas asistieron al evento. Preparamos material para dar clases de piano, canto, guitarra, sonido, composición y dirección de alabanza. Pablo Casillas nos ayudó con los talleres de guitarra, mi mamá con los de canto, Raúl "Salomón" Taboada con los de sonido, Miguel Cassina con las enseñanzas de composición y dirección de alabanza, y yo con los talleres de teclado, con la asistencia de un joven llamado Gustavo Escorza.

Cada noche teníamos una reunión a la que invitábamos a todos aquellos que quisieran asistir. Cantábamos, adorábamos y bendecíamos al Señor con muchísima gente que se acercaba de toda la ciudad. ¡Qué noches tan gloriosas experimentamos juntos en la presencia del Señor!

En la clase de composición con Miguel, se crearon muchos cantos que enseñábamos esas noches y que aún se siguen cantando en muchos lugares. El único desafío que tuvimos con estos eventos fue que el costo de las entradas no alcanzaban a cubrir todos los gastos que se generaban, por lo tanto tomé la decisión de no volver a hacerlos.

A raíz del congreso de Capacitación '90 nacieron unos videos instructivos que han bendecido a muchas personas. La inquietud de capacitar y adiestrar a los músicos para que fueran excelentes en su servicio al Señor continuaba en nosotros.

Conocí a Jim Cook por medio de Arturo Allen. Él trabajaba en una compañía disquera norteamericana llamada Word Incorporated. Este era un sello que manejaba a reconocidos cantantes cristianos como Michael W. Smith, Amy Grant, Sandi Patty y muchos otros. En algunas ocasiones, Jim había asistido a uno de los eventos que organizábamos en México y allí desarrollamos una buena amistad.

Nos conocimos mejor luego de varias conversaciones que sostuvimos respecto a un convenio de distribución internacional que Word ofrecía para nuestro material. Después de varias visitas a Dallas, donde tenían sus oficinas centrales en aquel entonces, Miriam y yo sentimos paz de parte del Señor para firmar el contrato de distribución que duraría tres años. Durante este tiempo, veríamos cómo funcionaban las cosas para asegurarnos si seguíamos trabajando juntos o no.

De hecho, como el trabajo de distribución en México había crecido más allá de nuestra expectativa, no dábamos abasto para atender otros países que empezaban a solicitar nuestro material. Tanto en Costa Rica, Panamá y Guatemala buscaban nuestras grabaciones, dado que los habíamos visitado en un par de ocasiones.

El convenio con Word nos permitiría concentrarnos en la distribución en México, mientras que ellos se encargaban de los demás países. Para una empresa como Word, era un terreno nuevo y aprenderían con nosotros muchos de los desafíos de la distribución de música en América Latina. Para nosotros fue una gran bendición que una compañía tan grande como Word tuviera el interés en apoyarnos de esta manera. De hecho, había sido una puerta que Dios abrió, ya que yo nunca había tocado a la puerta de ellos, sino ellos a la mía. Sabíamos que Dios usaría esta relación comercial para bendecir a mucha más gente y así fue.

Las invitaciones venían con más y más frecuencia. Durante cinco años llené con un año de anticipación mi calendario. Gloria Quiñones hacía un excelente trabajo al ayudarme a contestar las cartas de invitación y responder las llamadas telefónicas de aquellos que querían que participáramos en algún evento en su congregación o ciudad.

El Señor me había dado el sentir de llenar el calendario únicamente un año por adelantado. La razón de esta decisión era poder ser sensible a Su Espíritu, en caso de que Él nos quiera en algún lugar diferente. Siempre tuve la flexibilidad de decirle al Espíritu Santo: "Heme aquí". Si de pronto llenara mi calendario más de la cuenta, quizá no me encontraría disponible a Su llamado y esto es algo que he cuidado con mucho esmero a través de los años.

Cada semana, Gloria y yo nos sentábamos a revisar las docenas de invitaciones que llegaban diariamente. De igual manera, cada carta que entraba a nuestro correo era atendida personalmente. Si estaba dirigida a mi nombre la contestaba personalmente. Después, cuando el volumen de cartas creció más allá de mi habilidad de responderlas, junto con Gloria diseñamos un sistema que me iba de viaje con las cartas de los hermanos, las leía y le dictaba en una pequeña grabadora una respuesta a la persona que había escrito. De esta manera, sabíamos que estábamos ministrando a cientos de personas por medio de la palabra escrita.

Hasta la fecha, a pesar del número incalculable de cartas que recibo cada día, sabemos que cada una de esas personas merecen una respuesta personal. Hacemos un gran esfuerzo para contestar cada una. En ocasiones tardamos un poco por la gran cantidad, pero tarde o temprano lo hacemos.

Noches de Alabanza e Intercesión

Una de las invitaciones que recibí en el año 1991 fue a la ciudad de Oaxaca. Conocí al hermano Fidel en una reunión de la Ciudad de México. Él me había invitado a participar en una serie de eventos de su congregación durante un fin de semana. Uno de ellos era un desayuno evangelístico en el que predicaría y cantaría. Luego regresé a la habitación del hotel que me habían reservado y me dispuse a preparar la palabra que hablaría esa tarde en la reunión de jóvenes.

En esta ocasión me encontraba solo en la habitación. Mi tiempo de oración se convirtió en una carga de intercesión enorme que empecé a sentir por el país. Alrededor de la ciudad de Oaxaca existen unos cerros hermosos. En muchos de ellos hubo sacrificios paganos a dioses extraños que ofrecieron los pueblos prehispánicos. Podía observar muchas de estas montañas desde la ventana de mi habitación. Dios empezó a mostrarme la necesidad que había en nuestro país de tomar autoridad en el espíritu sobre principados, potestades y gobernadores de maldad en las regiones celestes. Esa tarde, nació una estrategia que usaría el Señor para movilizar un gran ejército de intercesores por México.

El Señor me habló de la relación estrecha que hay entre la alabanza y la adoración con la intercesión y la guerra espiritual. De hecho, me mostró que la alabanza es guerra. Me desafió a unir la alabanza con intercesión para ver victoria espiritual en México. Este fue el inicio de uno de los proyectos más intensos que desarrollamos. Se llamó Noches de Alabanza e Intercesión.

La primera persona con quien hablé de este sueño fue el hermano Víctor, de Vino Nuevo, en Ciudad Juárez, al extremo norte de México. La razón para hablar con él era bipartita: 1) Percibir su consejo, para saber si él podía dar testimonio en su espíritu de que era una visión de Dios y 2) enlistar su ayuda en el desarrollo de este sueño.

El hermano Víctor y la hermana Gloria han tenido una carga intercesora durante muchos años por mi país. A pesar de que son extranjeros, aman y oran por este país con más pasión e intensidad que muchos mexicanos. En varias ocasiones impactaron mi vida al oír y ver el amor que le tienen a México.

Ellos empezaron el movimiento llamado "Intercesores por México", que tiene como fin el animar y movilizar a las iglesias en la oración. Con frecuencia publican un boletín que contiene información importante acerca de la visión intercesora y llamando a la iglesia a interceder por diferentes asuntos relevantes.

Después de comentarle lo que me había ocurrido en la ciudad de Oaxaca, le hablé de una visión de cubrir todo México por medio de una convocatoria al pueblo cristiano a la adoración e intercesión por el país. Después de hablarlo sólo unos cuántos minutos, el hermano Víctor me dijo que sentía que esto era algo nacido en el corazón de Dios para México. Habíamos puesto en marcha algo que movilizaría a miles de personas a la oración e intercesión por nuestro país.

LA VISIÓN EN MARCHA

Lo primero que teníamos que poner en marcha era una banda. En el Congreso de Música '90 juntamos unos músicos para tocar durante las reuniones. De vez en cuando me acompañaban a algún evento importante, pero no era una banda que se dedicaba tiempo completo a nuestro ministerio. Además, muchos de ellos estaban involucrados en ministerios y trabajos propios. Con excepción del guitarrista, Gerray West, todos los demás vivían en otras ciudades.

Luis Chi Sing, de Tijuana, me acompañaba en el bajo. César Garza en los teclados segundos. En el piano líder estaba yo. El baterista era alguno de los que podíamos encontrar disponible. Con frecuencia me ayudó Luis Mellado. Sin embargo, para poder hacer estas giras donde visitaríamos más de 65 ciudades de la nación, necesitábamos orar para que el Señor nos enviara músicos para el ministerio.

Conocí a Gerray y Anita en uno de los viajes a Monterrey durante la grabación de *Proyecto A/A*. Él tenía muchos años como músico en el estudio donde habíamos grabado ese proyecto. Durante algún tiempo hablamos acerca de la posibilidad que Gerray viniera a Durango para ser parte del grupo de CanZion. Además de poder ayudar en el equipo de música, lo haría también en tareas administrativas que crecían día a día.

Su llegada representó una gran ayuda para Miriam y para mí. Rápidamente formamos una buena amistad con esta hermosa familia. En verdad, Dios los envió en un tiempo preciso, justo cuando estábamos experimentando uno de los momentos de mayor crecimiento que habíamos tenido. Gerray fue una de las personas que nos ayudó muchísimo en la organización de todas las Noches de Alabanza e Intercesión.

La primera gira que tuvimos empezaría en la Ciudad de México en la congregación de una de las personas con quien había desarrollado una estrecha amistad, el pastor Benjamín Rivera. Planeamos estar un día antes del evento para ensayar con los músicos que habíamos logrado reunir. En esa ocasión, nos acompañaban Gerray, César, Juan Salinas en el bajo (Luis Chi Sing estaba ocupado con otro compromiso) y Víctor Velázquez en la batería. Lo que puedo decir de esa banda es que tocamos con mucho entusiasmo.

En estos años, la congregación de Benjamín se reunía en una gran carpa amarilla y allí ensayábamos. Mientras preparaban el sonido y los instrumentos para comenzar el ensayo, Dios me visitó con un canto que sería el coro lema de todas esas noches de alabanza e intercesión. En menos de cinco minutos, el Señor me había dado la letra y la música.

Dios está llamando a la guerra
Nos está impulsando hacia fuera
Acudiremos al llamado del Señor
Tomaremos las armas que Él nos preparó

Tú y Yo
Somos un pueblo
Tú y Yo
Preparados
Para mostrar las grandezas del Señor
Para tomar la tierra que Él nos entregó
© 1990 CanZion Producciones

Con esta, nuestra declaración de guerra, salimos a esa primera gira listos para llamar a la batalla al Pueblo de Dios. Tendríamos un tiempo de alabanza y adoración, después el hermano Víctor predicaría sobre el poder de la oración e intercesión.

En cada localidad solicitamos a los hermanos tener listos los nombres de las personas que estaban en puestos importantes de gobierno para poder orar específicamente por ellos. Normalmente, poníamos los nombres en filminas para poder proyectarlos y de esa manera todas las personas podrían unirse en ferviente oración con nosotros.

Después de cantar el himno nacional y honrar los símbolos patrios, orábamos por el gobierno federal, después por el estatal y municipal. Luego, orábamos por los pastores y líderes espirituales de cada ciudad. Terminábamos tomando autoridad sobre diferentes potestades del aire y declarando la victoria de Cristo sobre esa ciudad.

Habitualmente, estos tiempos de oración duraban de 30 a 40 minutos y eran dirigidos por el hermano Víctor, por algún pastor de la localidad o por mí. Eran momentos muy intensos de lucha en el espíritu. Terminábamos exhaustos.

Luego de la oración, continuábamos con alabanza y celebración. En cada gira, recorríamos de cinco a seis ciudades en la misma cantidad de días. Una ciudad por día. Era un trabajo realmente fatigante. Empezamos en octubre de 1990. Teníamos muchísimas carencias.

Transportábamos el equipo de sonido en un camión rentado y esto nos costaba mucho dinero. Cada gira contaba con músicos diferentes porque no teníamos una banda estable en nuestro grupo. Nos hacía falta especialmente un baterista porque no habíamos encontrado quien se comprometiera a viajar tanto con nosotros. Todos los que habían participado tenían otras ocupaciones. Igualmente, pronto necesitaría un segundo tecladista porque César estaba comprometido con otros proyectos y no podía entregar tanto tiempo para viajar junto a nosotros.

Así nos mantuvimos durante todo un año que representó unas cinco giras de alabanza e intercesión. Como siempre, Dios proveyó. No muy rápidamente pero muy a tiempo.

"TÚ Y YO" EN VIVO

Una de las personas que había ido a vivir a Durango en 1990 era mi amigazo Juan Salinas. Dios había movido a Juan para estudiar en el instituto bíblico Cristo para las Naciones en Dallas, Texas. Después de dos años de estar ahí, Juan y Ruth, su esposa, vinieron a formar parte del equipo de CanZion, ocupando Juan el cargo de productor.

Él llegó con una visión fresca y con muchas ganas de hacer crecer este ministerio. Desde el tiempo que había estado César con nosotros, no habíamos tenido un productor de tiempo completo. Juan se dispuso a compartir sus sueños con nosotros y a contagiarnos con algunas de las visiones que Dios le había dado.

Uno de ellos era el deseo de poder captar las expresiones de alabanza de diferentes congregaciones en formato "vivo". Es decir, sin hacer las grabaciones en el estudio sino con la congregación presente, para que se pudiera percibir el ambiente de adoración en la misma. No teníamos mucho conocimiento de cómo hacerlo, pero teníamos muchas ganas.

Yo había conocido a una persona que trabajaba en la compañía disquera llamada Integrity y le hablé para obtener información sobre qué hacer para lograr esta grabación. Nos comunicaron con uno de los ingenieros que hacía el trabajo de preparación "en vivo" y fue muy gentil en darnos algunas buenas ideas para nuestra grabación.

La primera congregación en la que pensamos para hacer esta grabación fue Vino Nuevo, iglesia que pastorea el hermano Víctor. En ese tiempo viajábamos juntos en las giras de alabanza e intercesión y habíamos desarrollado una gran amistad. Cuando le contamos acerca de nuestro deseo de hacer este tipo de grabaciones, como siempre, él nos animó tanto con su entusiasmo como con su consejo. Su apoyo en este proyecto fue lo que marcó la diferencia en poder desarrollarlo. Estaremos siempre en deuda con él.

Con un préstamo que nos hizo un amigo del ministerio, pudimos comprar algo de equipo para comenzar lo que llegaría a ser nuestro primer estudio. Adquirimos algunos módulos de sonidos, unos secuenciadores, unas mezcladoras, efectos y otras cosas.

En el Congreso de Música '90, Juan Ortega, un hermano que nos visitó desde Estados Unidos, nos regaló una grabadora Fostex de 16 canales. La había tenido por mucho tiempo en una de sus oficinas sin usar y después de ver el impacto que nuestra música tenía en la vida de miles de personas, sintió del Señor sembrar esta herramienta en nuestro ministerio. ¡Qué regalo! Con esa grabadora hicimos varios proyectos que tocarían millones de personas. Con ella y el equipo que habíamos adquirido, armamos nuestra primera grabación "en vivo". Le pusimos por nombre *Tú y Yo en Vivo*. De hecho, al primero que oí nombrar el proyecto de esa manera fue al hermano Víctor.

Las canciones habían sido cuidadosamente escogidas, teniendo en mente que queríamos hacer una grabación original en español, sin cantos traducidos del inglés. Esta había sido una de las normas que establecimos en CanZion. Nuestra visión es grabar música inédita y/o original, que nunca antes haya sido grabada. Permitimos solamente un pequeño porcentaje para grabar cantos traducidos de otros idiomas o que hayan sido grabados antes.

En el Congreso Música '90 incorporamos varios cantos nuevos que impactaron sobremanera. Entre ellos estaban "Tu amor por mí", escrito por mi hermana Lorena y "De gloria en gloria", compuesto por uno de los jóvenes de nuestra congregación en Durango.

Otra melodía que impactó fue una que compuso Juan Salinas llamado: "Haz cambiado mi lamento en baile", y el mismo "Tú y Yo". Estos eran los cantos favoritos del congreso ese año. Sin lugar a dudas, el más impactante fue el que compuso un jovencito que había pasado el verano en mi casa.

Nos habíamos conocido en una ciudad cerca de donde vivía con sus papás, que eran misioneros norteamericanos. El propósito de su estadía con nosotros ese verano era ayudar en los preparativos del congreso y acompañarme a algunos viajes con el fin de poder tener una especie de "discipulado" con él.

Muchas mañanas pasábamos tiempo en mi oficina, conversando acerca de los sueños y las visiones que Dios había puesto en nuestro corazón. A su corta edad, era una persona sumamente enfocada al llamado de Dios sobre su vida y con un entusiasmo contagiante. Una mañana, en mi oficina, le pedí que tocara algunas de las alabanzas que el Señor le había dado. Al principio se negó porque le daba vergüenza. Él sentía que su habilidad como compositor no estaba desarrollada y que sus canciones eran muy sencillas.

Finalmente, logré convencerlo. Cuando escuché el primer canto, supe que había oído algo que tocaría a muchísimas personas. Ni él ni yo sabíamos el impacto que esta alabanza tan sencilla tendría en la vida de millones. Esta es la letra del canto que entonó esa mañana Jason Morris:

Cuán Bello es el Señor
Cuán hermoso es el Señor
Cuán bello es el Señor
Hoy le quiero adorar
La belleza de mi Señor
Nunca se agotará
La hermosura de mi Señor
Siempre resplandecerá
© 1990 CanZion Producciones.

Cuando terminó de cantar, me quedé en un silencio profundo y le dije que teníamos que enseñar ese canto en el Congreso Música '90. Cuando lo hicimos, lo cantábamos una y otra vez, con lágrimas en los ojos y con adoración profunda. Ahora se ha vuelto un canto que entonan en todo el mundo. Se canta en francés, italiano, alemán, japonés, chino, inglés, ruso y portugués. Estos son los idiomas a los que sabemos que ha sido traducido, quién sabe si no lo cantan en muchos otros. ¡Qué regalo al Cuerpo de Cristo! No podía faltar esta alabanza en la grabación de *Tú y Yo en Vivo*.

La congregación de Vino Nuevo tiene el mismo entusiasmo que su director. Todo el mundo está feliz. Un ambiente eléctrico reina en ese lugar. La noche que grabamos el proyecto *Tú y Yo* quedó marcada en nuestro corazón para siempre.

Con un grupo de más de 18 personas detrás de mí, con la música que sonaba por medio de una pista preparada entre Juan Salinas, César Garza, Luis Chi Sing y yo, juntos cantamos y adoramos al Señor con todas nuestras fuerzas. ¡Qué noche de gloria! Yo estaba muy nervioso porque nunca antes había hecho algo similar. Desde lo que iba a decir hasta lo que iba a cantar, todo estaba apuntado en una carpeta. Esta sería la primera de muchas grabaciones similares.

¡Qué privilegio para mí haber podido tener esa primer experiencia tan especial en un lugar como es la iglesia Vino Nuevo!

EL PROYECTO DE INTEGRITY

No hacía mucho tiempo que habíamos terminado la grabación de *Tú y Yo* cuando sucedió otro evento importante en nuestro ministerio. Un día, cuando llegué a la oficina, la recepcionista me dijo que una señorita llamada Lori Black, de Integrity Music, me había llamado por teléfono. A la compañía disquera la conocía muy bien porque tenía muchísimos de los proyectos que ellos habían grabado. De hecho, uno de mis amigos, David Morriss, había sido un compositor de base para ellos y el director de alabanza en la grabación #17 en la serie de alabanza en vivo que ellos tenían. Casi no pude creer que me llamara. ¿Cómo se habrán dado cuenta de que existíamos? ¿Cómo conseguirían nuestro teléfono? Son algunas de las preguntas que hasta la fecha no tuvieron respuesta. Sólo Dios lo sabe.

Cuando respondí a su llamada, Lori me comentó que había escuchado el *Proyecto A/A* y que la había conmovido grandemente. Le llamó la atención la excelencia con que estaba grabado, los arreglos y las canciones. Me preguntó si podríamos conocernos.

Esa llamada telefónica fue el inicio de una linda amistad que duró a través de los años. Dios usó a Lori para desarrollar las primeras grabaciones de alabanza y adoración que Integrity hizo en español. Trabajar con ella fue un deleite.

En esta compañía hacían las pistas en el estudio (igual como lo que hicimos con *Tú y Yo*, las llevaban a la congregación donde se grabaría, instalaban micrófonos entre la gente y captaban los aplausos y el júbilo del público. Mucho de lo que hacía el director de alabanza lo "limpiaban" en el estudio, tratando de mantenerlo lo más cerca posible al original. Para cuando terminaban de limpiar y arreglar no era una grabación del todo "en vivo".

La experiencia de trabajar con Lori y Jeff Hamlin, productor del proyecto *Te exaltamos,* nos enriqueció y nos enseñó a hacer las cosas con la mayor excelencia posible. Trajimos muchas ideas para poder desarrollar la línea "en vivo" que había soñado Juan Salinas. También nos dimos cuenta que muchas de las cosas que habíamos hecho con la grabación de *Tú y Yo,* sin saberlo, habían sido acertadas. Sin embargo, soñaba con el día en que pudiéramos hacer una grabación donde no se "limpiara" ni se cambiara lo que se había grabado con la gente, sino que quedara todo lo posible tal y como se había grabado. Esto no sucedería hasta varios años después.

AMIGOS Y MÚSICOS

Conocí a Randall en Costa Rica en una ocasión que fui invitado a participar en el Congreso Fuerza Juvenil de 1990. Una de mis tareas era dirigir tiempos de alabanza y adoración, además de compartir varios talleres y sesiones generales. Llamé a mi amigo Danilo Montero para que reuniera un grupo de músicos que me ayudara a dirigir la alabanza. Como siempre, el increíblemente servicial Danilo juntó a varios jóvenes que tocarían conmigo en las noches y en las sesiones de las mañanas.

Desde la primera nota que canté la noche de apertura, me impresionó la persona que estaba en la batería. Tocaba con una autoridad extraordinaria. Sus golpes eran seguros, decisivos y bien dados. Ésta era una cualidad que siempre me había gustado en un baterista. Recuerdo que en un momento, me di la media vuelta para ver quién era esta persona pero no recordaba haberla visto, porque estaba detrás de un mar de platillos. Ah, pero qué bien tocaba.

La segunda noche, no tocó él. Lo supe al momento de empezar la primera alabanza. Se notaba la falta de autoridad con los platillos. Hacía falta el baterista de la primera noche. Le comenté esto a Danilo y me dijo que esa persona tenía clases en la universidad y le era un poco difícil asistir a todas las reuniones. "Ni modo", pensé por dentro. Cada noche que ministraba, anhelaba ese baterista de la primera noche, pero me fui acostumbrando.

De pronto, la última noche del congreso, al dar la primera nota, me di cuenta que había regresado "el baterista". Cuando miré a Danilo, me regaló una gran sonrisa y me dijo que lo había conseguido. ¡Qué rico tocamos! Pasarían muchos meses antes de poder conocer personalmente a ese baterista.

Danilo estaba grabando un nuevo proyecto en la Ciudad de México y el baterista que lo acompañaba era un muchacho llamado Randall González. Yo estaba de paso en la ciudad para ministrar en una congregación y después de la reunión salimos a cenar juntos. A mi lado se sentó Randall. En un momento de la conversación, supe que él era el baterista "de la primera noche". Le pregunté a qué se dedicaba en esos días y me contestó que estaba en un momento de transición. No estaba trabajando ni estudiando.

Los pensamientos que pasaron por mi interior fueron algo así como: "¡Qué increíble sería tener un baterista así en el grupo!". Si lo dije en voz alta, era un poco en son de broma, pensando que alcanzar este sueño era demasiado pedir.

Después de unos minutos, el pastor de música de la congregación donde Randall es miembro, se acercó a mi oído y me dijo: "Invítalo". No podía creerlo. Me lo repitió: "Invítalo. Él ahora está disponible para involucrarse en algo". Como soy una persona a la que no le tienen que decir las cosas dos veces, miré a Randall y le hice una invitación formal. Quedamos en que cuando viajara a Costa Rica en diciembre de ese año, formalizaríamos todo. Mientras tanto oraríamos para conocer la voluntad del Señor al respecto.

Más o menos al mismo tiempo, Miriam y yo participamos en un evento que se llamaba *Ministrando al Padre,* que organizó mi amigo Richard Hays en la ciudad de Monterrey. Allí, Richard reunió a algunos músicos de su congregación y de otras para tocar. Entre ellos se encontraba un jovencito de 17 años que tocaba el teclado.

Una noche durante la adoración, Miriam y yo estábamos sentados en la parte de atrás del auditorio porque estábamos cuidando a nuestro bebé, Jonathan, mientras Eddie Espinoza dirigía la alabanza. De pronto, Eddie se quedó callado, mientras se seguía escuchando suavemente la música del piano que tocaba. En ese momento, Eddie voltea al pianista y le ordena: "Profetiza con tu piano". Lo que sucedió a continuación fue algo que vi pocas veces, pero nunca con una persona tan joven como la que tocaba. La unción del Señor llenó ese lugar de una manera poderosa. Mientras tocaba, las personas levantaban las manos y se escuchaban los sollozos de mucha gente a todo nuestro alrededor. En verdad, este pianista estaba ungido. Le hice un comentario a Miriam al respecto y los dos podíamos sentir la poderosa presencia del Señor en aquel lugar. Al terminar la reunión, pregunté sobre el tecladista y me dijeron que era hijo de un pastor y que les estaba ayudando en el evento. Su nombre era Melvin Cruz.

Me propuse conocerlo mejor y al día siguiente platiqué con él por primera vez. La pregunta que me hacía por dentro era si este joven podría ser el tecladista que necesitábamos. Meses después, sus padres lo traerían a la ciudad de Durango para formar parte de nuestro equipo de músicos que estaba creciendo. El día que llegaron con Melvin, no sabía que me habían traído a la persona que llegaría a ser uno de mis amigos más íntimos.

Cuando visité Costa Rica en diciembre de ese año (1991), tuve varias conversaciones con Randall, sus papás y su pastor. Todo apuntaba hacia su llegada a Durango. Randall había buscado señales del Señor que le sirvieran para conocer Su voluntad. Todas se habían cumplido, sólo restaba viajar.

El acuerdo que tuvimos era que viniera por un año y después de eso, evaluaríamos si se quedaba o no. En verdad, yo no estaba seguro si continuaríamos viajando con la banda para las noches de alabanza e intercesión, aunque había sido mi sueño desde hacía muchos años. El tener músicos de base era una extraordinaria bendición que el Señor me estaba dando.

Randall llegó en el mes de febrero de 1992, igual que Melvin. Nuestra primera gira juntos nos llevaría por una ciudad llamada Hermosillo, allí conoceríamos a una persona que sería parte de nuestra gran familia ministerial, Emmanuel Espinosa.

"La Griselda"

Con la llegada, primero de Gerray West y su familia, y después de Randall y Melvin, teníamos un equipo de músicos de base con el que podíamos contar. Luis Chi Sing estaba viviendo en México, D.F. y se unía a nosotros cuando salíamos de viaje. Abdo Sabag, con su equipo de sonido, partía de su ciudad y nos encontrábamos en las giras.

Unas personas de los Estados Unidos nos habían ayudado a comprar un camión en el que podíamos llevar el sonido de Abdo, para no tener que contratar ese servicio por fuera. Encontramos uno usado, al que le colocamos una caja en la que cabía todo el equipo y como era de color gris, alguien le puso "La Griselda". Su primer chofer sería Samuel Chaparro.

Un día le hablé al pastor de nuestra congregación para saber si había algún joven que necesitara trabajo, ya que Samuel requería de alguien que le acompañara en los viajes, ayudándolo a conducir y a subir y bajar bocinas. Me comentó de un joven que yo había visto en las reuniones de la iglesia, pero nunca nos habíamos conocido. Se llamaba Jaime Morán.

Samuel y Jaime viajaron juntos en "la Griselda" gira tras gira, recorriendo gran parte del país con nosotros. Años después, Dios los llevaría a otros puestos muy importantes dentro del ministerio. Esos dos hombres demostraron un amor tan grande por el ministerio al trabajar arduamente en cargar y descargar bocinas, instrumentos y aparatos, noche tras noche, durmiendo en la cabina de "la Griselda" para cumplir con el horario tan apretado que teníamos entre ciudades. ¡Qué entrega! Hasta la fecha lo siguen demostrando.

La banda empezó a tomar más y más fuerza. Al principio tocábamos bastante inseguros porque nos estábamos acostumbrando el uno al otro. Pero, con cada gira y con cada ensayo, mejorábamos en gran manera. El hecho de poder contar con los mismos músicos en cada gira ayudó mucho para consolidarnos más (musicalmente hablando).

Poco a poco nos fuimos integrando como un equipo. Para mí, ellos se habían convertido en mis mejores amigos. Los tiempos que pasábamos juntos en los viajes eran de mucha bendición. Todos estábamos convencidos de que Dios nos había encargado una misión especial al ir por tantas ciudades levantando intercesores por México.

Los itinerarios eran tan intensos que muchas veces dormíamos tres o cuatro horas por noche. Nunca escuché una queja o una murmuración de los labios de ninguno de ellos. Como soldados, siempre marchábamos a la siguiente ciudad con gozo y gratitud de estar edificando el Reino del Señor.

En cada ciudad, se reunían miles y miles de personas. Muchos de ellos se inscribieron en el plan de Intercesores por México.

En 1992, decidimos mover el Congreso de Música a la Ciudad de México. Todos los centros de convenciones de la ciudad de Guadalajara nos habían quedado chicos y necesitábamos ir a un lugar donde podíamos crecer. La única opción fue México D.F.

Contactamos un auditorio que se llama Juan de la Barrera, allí habíamos participado en el evento de Visión Juvenil, D.F. Era un gimnasio donde entraban alrededor de 7.000 personas. En el último congreso que hicimos en Guadalajara reunimos a más de 3.000 personas y no había lugar para una más.

Irnos al D.F. era un paso de fe bastante grande.

Los talleres y las reuniones del día se celebrarían en las instalaciones de un colegio cristiano que quedaba cerca y en las noches, nos iríamos todos al gimnasio. En ese primer año, se duplicó la cantidad de personas que se registraron para los talleres y en las noches teníamos auditorio lleno. En verdad, pudimos ver desde el primer día de ese Congreso, que Dios nos había guiado a mudar el evento a México.

Un Congreso de ese tamaño requiere de un sinfín de personas para poder llevarlo a cabo. Todos los que colaboraban en CanZion, junto con sus cónyuges, se iban toda la semana para México y cooperaban en lo que había que hacer.

Además, un ejército de voluntarios de diferentes congregaciones de la ciudad se unió a nosotros. Los jóvenes de la iglesia Amistad Cristiana y del Centro Familiar Cristiano nos ayudaban con ujieres. En realidad, sin la asistencia de estas congregaciones hubiera sido literalmente imposible realizar el Congreso.

Uno de los jóvenes que conocí esa primera semana fue el chofer del colegio cristiano donde se llevaban a cabo los eventos de la mañana. Se llamaba Jesús Sánchez, pero todos le decíamos "Chucho". Él nos ayudó a transportar el equipo de trabajo del hotel al auditorio.

Todas las mañanas esperaba fielmente en la puerta del hotel a todos los que íbamos a empezar el congreso. Chucho sabía ganarse el corazón de la gente. Siempre tenía una sonrisa y nunca lo oíamos quejarse de nada. ¡Qué deleite fue trabajar con este hombre durante esa semana!

Espíritu de compañerismo

El Congreso Música '92 fue el primero donde tocamos con la banda estable que había comenzado en el mes febrero de ese año. Poco a poco empezábamos a notar el crecimiento musical que cada uno estaba alcanzando.

César Garza hacía tiempo que no viajaba con nosotros porque Dios le había dado una nueva visión que pronto saldría a la luz: Alas de Águila. Torre Fuerte crecía en su ministerio y había comenzado, desde hacía tiempo, a salir a otros países para bendecir el Cuerpo de Cristo.

La congregación de Chuy Olivares continuaba en fuerte crecimiento y él se encontraba más y más ocupado en ella. Chuy había ido a vivir un año a Argentina con Jorge Lozano y cuando regresó, su congregación experimentó un fuerte crecimiento. Miguel Cassina estaba siendo de mucha bendición a gente de todo México y otros países. Todos estábamos experimentando fuertes cambios en nuestros ministerios.

Otra persona que hacía tiempo que esta grabando proyectos y ministrando a muchos era Marco Barrientos. Fue más o menos en esos años que conocí a una persona que Dios usaría para bendecir a muchos ministerios de música. Se llamaba Ronny Huffman.

Él vivía en Los Angeles y Fermín García, otro productor que Dios levantó en esos tiempos, me lo había presentado. También para ese tiempo tuve el honor de conocer a un hombre que vivía en la ciudad de Miami y que se levantaría fuerte en años venideros: Jaime Murrell. ¡Cuánta gente Dios levantó en la música cristiana! ¡Qué bendición!

En uno de los congresos de Guadalajara, Dios había puesto en el corazón de Luis Mellado reunir a los que estaban involucrados en ministerios de música para tener un tiempo de convivencia y comunión. El habernos encontrado para confraternizar y conocernos el uno al otro fue una bendición.

Creo con todo mi corazón que una de las razones por las que Dios usó tanto a los músicos de México para bendecir a otras naciones del mundo, fue porque había entre nosotros un espíritu de compañerismo y no de competencia. Nos veíamos como amigos y compañeros, no como competidores.

Dios había unido nuestros corazones en amor para apoyarnos el uno al otro. A pesar de que algunos teníamos visiones distintas del otro y aún convicciones diferentes, no permitimos que esto fuera un factor de desunión. Nos gozábamos mutuamente con los logros y las victorias de cada uno.

Al finalizar el Congreso Música '92, continuamos con el trabajo intenso de las giras de alabanza e intercesión. Además, estábamos grabando más y más música. La línea de alabanza "en vivo" tenía una muy buena aceptación. Con la ayuda de Word podíamos alcanzar a otras naciones. El proyecto *Tú y Yo* había sido una explosión en Sudamérica y las invitaciones que empezábamos a recibir para ir allá aumentando cada día. Tarde o temprano tendríamos que viajar a Sudamérica, pero por lo pronto quemaba una sola cosa en mi corazón: cubrir las principales ciudades de México con el mensaje de que era hora de levantarse en guerra espiritual. Ese era mi enfoque.

ÁNGELES PROTECTORES

Desconozco los detalles de cómo se dieron las cosas para que aquel chofer que habíamos conocido en el Congreso de Música '92 viniera a trabajar a CanZion. A Chucho le encantaba conducir. Ése era su deleite. Le gustaba estar en la carretera. Necesitábamos un chofer para "la Griselda", porque Samuel había aceptado un puesto dentro de CanZion para trabajar en mercadeo. Se había suscitado una necesidad en el área de ventas que requería la apertura de una oficina y un sistema de distribución en la misma Ciudad de México. Siendo un ministerio basado en una provincia de la nación, necesitábamos tener más presencia en la capital.

Así fue como Samuel diseñó, junto con otros hermanos y amigos del ministerio, el sistema de distribución que implementamos llamado: Más Que Música. Con ese nuevo trabajo que requería de su total atención, Samuel ya no pudo viajar con nosotros en las giras. Jaime Morán viajaba también, pero recorriendo aquellos lugares recónditos donde poca gente va y a los que habíamos reconocido que nuestro material no estaba llegando con facilidad.

El nuevo chofer de "la Griselda" era Chucho. La primera gira que le tocaría sería por el sur de México. Visitaríamos las ciudades de Oaxaca (donde Dios me había dado la visión), Salina Cruz, Tuxtla Gutiérrez, San Cristóbal de las Casas y de ahí participaríamos en un congreso organizado por Juan Carlos Alvarado en Guatemala. Los nuevos acompañantes de Chucho eran Juanito y Jafet, dos jóvenes que nos habían ayudado mucho con el montaje del equipo de sonido.

Después de ministrar en la ciudad de Salina Cruz nos acostamos tarde, como de costumbre, tan solamente para descansar un poco antes de emprender el viaje de varias horas para la ciudad de Tuxtla Gutiérrez en el estado de Chiapas. El plan era que de madrugada, Chucho y los muchachos fueran adelante de nosotros para llegar a tiempo y así comenzar a instalar el sistema de sonido.

Uno de los miembros de la congregación Vino Nuevo, el hermano Aniseto, se había unido al esfuerzo de llevar nuestro mensaje a todo México. Él era dueño de un autobús grande en el que podían viajar cuarenta o más personas. Para nosotros, era un lujo poder viajar de esta manera.

El día que salimos de Salina Cruz, habíamos estado en la carretera unas dos horas cuando nos detuvimos para comprar un refresco y descansar.

Cerca de donde paramos había una caseta de la Policía Federal de Caminos. Después de estacionarnos, se acerca a nosotros uno de los policías para preguntar si éramos un grupo de música cristiana. Le dijimos que sí, a lo que nos anuncia: "El camión de sus compañeros se volteó a unos 40 kilómetros de aquí".

¡No lo podíamos creer! Le hicimos muchas preguntas para estar seguros que no estaba confundiéndonos con algún otro "grupo cristiano". Pero, de pronto sacó una licencia de conducir de entre todas sus cosas y me preguntó: "¿Usted conoce a esta persona?". La licencia pertenecía a Jesús Sánchez. Así confirmamos que el camión volteado era de Chucho y los muchachos.

Los próximos 40 kilómetros fueron de mucha oración. No nos habían dado ningún detalle acerca del accidente, sólo nos habían dicho que no había heridos. No conocíamos en qué condición había quedado "la Griselda" ni el equipo que iba adentro.

Todos comenzamos a orar con Abdo, quien iba en el autobús con nosotros, porque el camión llevaba lo que representaba para él toda una vida de trabajo. Sabíamos que si todo estaba destruido, el más afectado sería Abdo. Fueron los 40 kilómetros más largos que hemos recorrido.

Cuando llegamos al lugar del accidente, no estábamos preparados para lo que vimos. "La Griselda" estaba acostada de espaldas, con las cuatro llantas mirando al cielo. Había quedado a unos 30 metros de un barranco profundo. Los muchachos estaban todos bien, pero muy nerviosos por lo ocurrido.

Chucho nos explicó que la curva era muy cerrada y sin el pendiente adecuado. Debido a lo alto de la caja donde venía el equipo y al peso, al entrar a la curva se ladeó lo suficiente para terminar de espaldas. No circulaban a una alta velocidad lo que permitió que nada ni nadie se dañara. Sólo unas raspaduras en la carrocería y detalles que se podían arreglar con mucha facilidad.

Vimos la mano de Dios al darnos cuenta que al caer de espaldas y haberse deslizado unos diez metros hacia un barranco bastante profundo, se detuvo antes del abismo. Le dimos tantas gracias a Dios por los ángeles que había enviado para proteger a Chucho, Juanito, Jafet, el equipo y la camioneta.

Por espacio de más de cuatro horas, trabajamos para sacar los instrumentos y el equipo de sonido y trasladarlo a Tuxtla Gutiérrez, donde nos esperaban para la noche de alabanza e intercesión.

Bajo el sol más fuerte del día, sacamos el equipo y lo subimos a la carretera que quedaba a unos diez metros arriba. Nunca antes habían pesado tanto esas bocinas como esa tarde. Fue un momento que marcaría la vida de todos los que lo vivimos. Estábamos cubiertos de polvo y sudor trabajando juntos para seguir adelante llevando nuestro mensaje al Cuerpo de Cristo en México. Fue una bendición ver aun al hermano Víctor en ese barranco trabajando arduamente para subir los instrumentos.

Una camioneta nos ayudó a llevar algunos de los instrumentos y lo demás lo pusimos en el autobús donde veníamos nosotros. Chucho se quedó con "la Griselda" para ver cómo lo sacaba y luego tratar de alcanzarnos en Tuxtla Gutiérrez.

El papeleo burocrático de un accidente en México puede tardar mucho tiempo y conocemos de casos que han pasado días enteros intentando terminar todos los trámites. Hicimos una oración por él y nos marchamos para seguir con la noche de alabanza e intercesión.

CHUCHO: UN AMIGO DE TODOS

Llegamos poco antes de la hora anunciada para dar inicio al evento. Ya había mucha gente esperando. Nos dispusimos a bajar las bocinas y los instrumentos. Los músicos y yo nos cambiamos en un cuarto oscuro detrás del escenario que no tenía baño ni agua. Nos pusimos ropa limpia encima de nuestro sudor y de todo el polvo del barranco donde habíamos trabajado por casi cinco horas esa tarde.

Así salimos y comenzamos el evento sólo 30 minutos más tarde de lo acordado. Hicimos guerra como siempre lo hacíamos en todos los lugares. Les explicamos a los hermanos lo que había sucedido esa tarde y todos nos acompañaron en una oración para que nada detuviese a Chucho de poder llegar esa misma noche para seguir a San Cristóbal de las Casas al día siguiente.

Después de la predicación y el tiempo de intercesión, siempre teníamos un espacio de "fiesta" de alabanza. Cuando estábamos en una de las últimas alabanzas, miré al lado del escenario y ahí estaba nuestro querido Chucho con su sonrisa enorme, indicándonos que Dios había hecho el milagro. Todos los hermanos aplaudieron y alabaron al Señor cuando se los comuniqué: "¡La gira seguía!".

Chucho estuvo en nuestro ministerio, viajando por todo México en "la Griselda", por muchos años. En una ocasión me dijo que era un deleite para él estar conduciendo detrás de un volante durante horas. La razón por la cual me lo dijo fue porque lo había invitado a participar en otra área del ministerio, pero prefirió quedarse detrás del volante de "la Griselda".

Otra cosa que le gustaba mucho era trabajar en la iluminación de los eventos. Para uno de los congresos le ayudamos a comprar un equipo de luces. Era feliz sirviendo. Tenía un espíritu de cooperación absoluta.

Nunca escuché a Chucho hablar una palabra negativa ni una sola queja de nada. Siempre estaba contento. Era un hombre que no permitía que las circunstancias lo hicieran a él sino que él hacía las circunstancias. Todos los que tuvimos el privilegio de conocerlo podemos decir que marcó nuestra vida con su amor, amistad y espíritu de servicio.

Chucho se nos adelantaría a la presencia de Dios. Posiblemente el Señor necesitaba un chofer para alguien en el cielo. O, tal vez, había algunos eventos que iluminar. Lo que sabemos es que el paso que tuvo por nuestro corazón fue importante y nunca lo olvidaremos. Es imposible escribir la historia de CanZion sin mencionar a Chucho, una de las personas que edificó este ministerio con su extraordinario espíritu de servicio. Lo extrañamos.

LA TORMENTA CRECE

Siempre he sido una persona algo hiperactiva. Me gusta el trabajo. Especialmente, trabajar en edificar el Reino del Señor Jesús. Durante estos años, CanZion crecía cada día más, requería mucho de mi tiempo y esfuerzo para dar dirección y consejo a los colaboradores.

La fuerza que necesitábamos para cada gira era extrahumana. Cada noche era de una intensa batalla en el espíritu que duraba más de tres horas, además del viaje que hacíamos todos los días para llegar a la siguiente ciudad. En aquellos años, no tuve la sabiduría de dejar días de descanso entre algunas ciudades para reponer fuerzas y pronto empecé a sentir la fatiga de un ritmo de trabajo agotador.

Al finalizar una gira, regresaba a Durango, todos allí tenían problemas y situaciones que requerían de mi atención inmediata. Los días en la oficina eran largos. Cuando todos los colaboradores regresaban a sus casas, yo llegaba a la mía para pasar un tiempo con mi familia. Pero después de acostar a los niños, regresaba a la oficina y muchas veces me quedaba allí hasta la una o dos de la mañana para adelantar temas pendientes.

Al día siguiente, era mi costumbre ser una de las primeras personas en llegar a la oficina para poner de esa manera un ejemplo de puntualidad y asistencia. En esos años, dormía muy poco y el cansancio y estrés del ministerio crearon en mí una situación que me llevaría a una prueba difícil de soportar.

Desde mi juventud luché con una inseguridad en mí mismo a causa de diversas situaciones, como el problema de mi vejiga y otras cosas.

Durante toda mi vida luché por ser una persona "aceptable". Esto me llevó a disciplinarme en muchas áreas, especialmente en la música. Creía que al "hacer bien" algo tendría mayor aceptación entre las personas. Por mucho tiempo pensé que tenía que "impresionarlos" para que me "aceptaran". Esto me llevó a trabajar como un loco.

Además, mantuve una idea muy equivocada con respecto al descanso. Sin darme cuenta de lo que estaba haciendo, violé uno de los principios de suma importancia para el Señor: El cuidado del templo del Espíritu Santo, mi cuerpo.

Aunado a la idea que tenía que trabajar constantemente y no descansar, el enemigo empezó a molestarme en un área de mi vida que estaba desatendida. Mucho tiempo atrás, había sufrido unos rechazos muy fuertes que dejaron heridas profundas que no sanarían hasta años después. Fue a través de esos recuerdos tristes y desagradables que el acusador empezó a traerme culpabilidad y condenación, de esa manera entró a mis pensamientos y aún a mi espíritu para molestar.

Para finales de 1993, Satanás me había tendido una trampa llamada depresión en la que caí. Tardaría años en salir.

Era al final del 1993 y yo tenía 31 años.

APLICACIÓN PERSONAL

41. Marcos menciona que muchos ministerios musicales se olvidan que las personas que trabajan en el sonido son parte integral del ministerio. Esto ocurre no sólo en los ministerios musicales. A veces nos olvidamos que los que limpian la iglesia, los que preparan los salones de escuela dominical, los que ayudan con el transporte y tantos otros son una parte necesaria en cumplimiento de los planes de Dios. ¿Cuál es tú actitud hacía estas labores ministeriales?

42. El convenio de CanZion Producciones con Word fue una puerta que Dios abrió. Siempre debemos tener la sabiduría para reconocer las alianzas estratégicas que Dios pone en nuestro camino. Años más tarde llegó el momento en que CanZion decidió tomar otro rumbo, pero no cabe duda que Dios usó esa relación para bendecir a muchos. ¿Qué alianzas estratégicas ha puesto Dios en tú camino? No las desperdicies.

43. Marcos asegura que una de las razones por las que Dios usó a los músicos de México para bendecir a otras naciones fue porque había entre ellos un espíritu de compañerismo y no de competencia. Esa es una lección que todos debemos aprender. ¿Te gozas de los logros de tus compañeros o sientes celos?

44. A pesar de la invitación de Marcos a que participara en otra área del ministerio, Chucho prefirió quedarse detrás del volante de "la Griselda". Chucho supo reconocer su llamado sin importarle si ese ministerio era considerado "ilustre" o no por otras personas. ¿Sabes a que te ha llamado Dios?

45. Marcos vivió mucho tiempo aunado a la idea que tenía que trabajar constantemente y no descansar. Ese fue uno de los golpes finales que el enemigo utilizó para preparar una trampa para Marcos. ¿Cuáles son las prioridades en tu vida? ¿Qué es más importante, la obra o el Señor de la obra?

En el Estadio Vélez en Buenos Aires, Argentina.

En Guatemala junto a Danilo Montero, y Miguel y Adriana Cassina.

En 1992, junto a Jim Cook en las oficinas de Word Incorporated, las cuales para ese entonces estaban localizadas en Dallas, Texas.

Capítulo diez

El principio
de la victoria

Mucho de lo que sucedió a partir de 1993 es difícil de entender. Más complicado aún es tratar de explicarlo. Hasta este momento no he hallado todas las explicaciones de lo sucedido. Siempre me consideré una persona entusiasta y llena de energía para hacer todo lo que me proponía. Me encanta estar con las personas. Me gusta mucho conocer nuevos lugares y saber lo que Dios está haciendo en la vida de mucha gente. El sentarme a conversar por horas con alguien no era nada fuera de lo común, es uno de esos detalles que más disfruto del trabajo que Dios me ha dado. Pero a finales del año '93, algo comenzó a suceder dentro de mí que me llevaría a vivir como ningún hombre debe hacerlo.

Los viajes seguían. Las multitudes aumentaban. La música seguía fluyendo. CanZion seguía creciendo. Más y más personas se enlistaban a trabajar en este ministerio. El congreso que había comenzado con una lista de 14 nombres estaba cobrando una fuerza extraordinaria. Como resultado de nuestro congreso, muchos otros países y ministerios comenzaron eventos similares. Era un deleite ver la cantidad de personas que asistían a estas reuniones porque demostraban un hambre por saber cómo ser un verdadero adorador. Era lo que siempre había soñado y por lo que había orado durante muchos años. Entonces, ¿cuál era el problema? ¿Por qué estaba tan insatisfecho? ¿Por qué pasaba estos momentos de tristeza y soledad tan profundos? No me lo explicaba.

Cuando estaba en la oficina con los colaboradores, todo estaba bien. Cuando estaba en casa con mi esposa y mis hijos, todo estaba bien.

Cuando estaba sobre una plataforma ministrando, cantando o predicando la palabra, todo estaba bien. Pero, cuando estaba a solas en el hotel, después de los "grandes" momentos, después de haber ministrado a multitudes, me atacaba el enemigo.

En muchas ocasiones me tiraba en el piso a llorar y a clamar al Señor. Le preguntaba cuál era la razón de esto. Quizá era un aguijón en la carne, pensé. Muchas veces me quedaba dormido con los ojos hinchados de llorar y con la incertidumbre de saber qué era lo que me estaba sucediendo.

A la mañana siguiente, con cara de desvelado y muy poco descanso, seguía el itinerario y los compromisos de la gira. El cansancio se hacía más fuerte. El cuerpo empezó a resentirse.

ARGENTINA, UN PUEBLO ENTUSIASTA

En el mes de febrero de 1993, visitamos por primera vez a Argentina. Durante treinta días recorrimos varias ciudades de ese hermoso país. Viajaron junto a nosotros varios ministros reconocidos de México como Chuy Olivares, Chuy García y Jorge Lozano (él ya vivía en Argentina). También nos acompañó Juan Carlos Alvarado.

En ese lapso de tiempo celebramos 27 noches de celebración y dictamos siete congresos de tres días cada uno de ellos. En el transcurso tuvimos tres días de "descanso" que sirvieron para trasladarnos a la siguiente ciudad. Fue una intensa gira de arduo trabajo. Predicaba durante el día y celebraba al Señor con los argentinos cada noche. ¡Qué bella gente! ¡Qué bello país!

Más de 40 personas formaban la comitiva que viajaba a todas las ciudades. Con mi banda y los invitados que habíamos llegado del extranjero sumábamos unas diez personas. Los demás eran parte del equipo que trabajaba en la organización de los congresos, bajo la dirección de Adrián Lombar. ¡Qué organización!

Era impresionante ver en cada cuidad, día tras día, cómo trataban con miles de personas y registraban a los que se habían inscripto, además de organizar las noches de celebración. Fue una tarea extraordinaria. Ahí conocimos algo de la razón por la que Dios ha bendecido a la Argentina: son muy trabajadores y diligentes en todo lo que hacen. Además, hacen todo con mucho entusiasmo. Es contagioso.

Me impacta cómo los argentinos apoyan el mover de Dios. Era sorprendente llegar a ciertos auditorios y encontrar presentes a algunos de los ministros que Dios ha usado en gran manera para impactar muchos países del mundo. Hombres como Claudio Freidzon, Carlos Annacondia, Jorge Himitian, Omar Cabrera, Osvaldo Carnival, Carlos Mraida y Pablo Deiros sentados entre el público, listos para recibir. Fue una bendición enorme conocer a estos hombres de Dios. Contar con su bendición y apoyo fue más de lo que pude haber pedido.

Me impactó el hecho que reconocían una unción en mí a tal grado que no tan sólo apoyaban de manera oficial el evento, sino que asistían para escuchar las enseñanzas. Quizá es una de las razones por las que Dios los usa tanto.

Algo que aprendería acerca de los argentinos es que tienen una "batería" interminable. Pueden estar por horas alabando al Señor. No me cabe la menor duda que es otra de las razones por las que Dios los usa tanto.

La última noche que estaríamos en Argentina, en aquella primera ocasión, se me ocurrió decirles a los hermanos que esa noche alabaríamos a Dios hasta la hora que ellos quisieran. Todos gritaron y aplaudieron de gusto.

A las seis de la tarde comenzó la reunión, dirigí la alabanza, hicimos guerra y celebración. Después los llevé a un tiempo de adoración y exaltación del Señor. Al terminar eso, me dispuse a predicar la Palabra. Recuerdo bien que esa noche prediqué un mensaje acerca de ser moradores de Sión. Al terminar la predica, nos postramos, adoramos un buen rato más, oramos por muchas necesidades y después, seguimos con la fiesta. Como a las diez de la noche, me estaba empezando a cansar. Había estado al frente de todo, hasta ese momento. Les avisé a los hermanos que tomaríamos un pequeño receso y después Juan Carlos Alvarado continuaría la reunión.

Luego del descanso, Juan Carlos los dirigió unos 45 minutos, y me lo volvió a entregar. Yo hubiese querido que él lo dirigiera por más tiempo. Cuando retomé la dirección de la reunión, eran más o menos las 11:15 de la noche. La gente estaba súmamente prendida. Nadie se había ido, nadie se había movido. Entonces, empecé a cantar, adorar, celebrar, hacer guerra, adorar y orar. Nos paramos, nos sentamos, brincamos, gritamos de júbilo, nos postramos, celebramos, aplaudimos, cantamos, oramos, hicimos de todo.

Más o menos, a la una y media de la mañana, estaba empezando a sentir el cansancio fuertemente. Sin embargo, le había prometido a los hermanos que nos quedaríamos hasta la hora que fuera. Nunca imaginé que aguantarían tanto. Entonces, pedí que todos se dieran un abrazo o un saludo y aproveché ese momento para tomar un café muy fuerte junto con una barra de chocolate. Después de ese breve receso, empecé nuevamente.

Cantamos, celebramos, adoramos, etc. Cerca de las tres y media de la mañana, no daba más. Por culpa de este mexicano tuvimos que terminar la reunión, pero qué noche de gloria vivimos. Llegamos al hotel a las cinco y media de la mañana. ¡La jornada de alabanza había durado 9 horas y media! Estoy seguro que es un récord.

Durante esos treinta días hicimos amistades que durarían toda la vida. Hombres como Humberto Golluscio, Rubén D'Amico, Adrián Lombar, Carlos Rivero y muchos más. Después de convivir juntos en un autobús (en Argentina les llaman "micro"), día tras día, noche tras noche y de trabajar en conjunto para bendecir una nación, comenzamos a sentir un gran amor el uno por el otro. Ministramos a decenas de miles de personas. Al final de la gira, habíamos bendecido a más de 125.000 vidas.

"PODEROSO"

Durante las giras de alabanza e intercesión, que continuaban durante el '93, habíamos visitado una pequeña ciudad muy calurosa de México llamada Iguala, Guerrero.

Después de haber instalado el sistema de sonido, nos reunimos con todos los músicos en un pequeño cuarto y hablamos de la noche anterior y de los detalles que tendríamos que corregir en la música.

A un costado del salón alquilado para esa reunión había una gran piscina. Los muchachos habían viajado descargando bocinas y haciendo prueba de sonido, y tenían deseos de meterse al agua por un rato.

Cuando nos aseguramos que todo estaba en orden para el evento se fueron todos a nadar. Yo sólo me quedé en aquella pequeña habitación donde nos habíamos reunido a conversar. En mi cabeza sonaba una melodía. Era distinta a otras que había tenido. Esta tenía una cierta agresividad que no es característica de las canciones que he compuesto. Después de un rato, una letra se agregó a aquella melodía: "Po – de – ro –so" . . . hmmmmmm . . . Así fue cómo el Señor me regaló esta alabanza:

Poderoso . . . Poderoso
El León de Judá

Nunca perderá . . . Porque es el
Poderoso . . . poderoso
Es el Santo de Israel
Nada temeré . . . Porque es el
Poderoso . . . Poderoso
Cristo es el Rey . . . No hay nadie como Él
Es Poderoso . . .
Sobre Satanás . . . Él tomó la autoridad
Es Poderoso
Ante Su poder . . . Las tinieblas han de caer
Es Poderoso
Sobre el trono está . . . Coronado en Majestad
Él nos prometió que pronto regresará.

© 1992 CanZion Producciones

Los músicos aprendieron rápido el canto y lo comenzamos a enseñar en los diferentes lugares a donde íbamos. Casi instantáneamente tuvo una fuerte aceptación, cuando lo cantábamos temblaban los auditorios con el rugir de la alabanza en boca de los hermanos.

YO QUIERO SER UN RADICAL

Otro canto que cantábamos mucho en todos lados era uno que se llama: "Señor, hazme un radical". Habíamos estado en el Congreso Visión Juvenil que organiza Chris Richards cada año. Yo había predicado y ministrado en la alabanza. Desde 1988 tuve el gozo de participar en este evento y se había vuelto parte de nosotros. Amamos esta visión.

El hermano Víctor Richards (papá de Chris), predicaba un mensaje acerca de ser radicales para el Señor. De ser diferentes. De ser arrojados por la causa de Cristo. Mientras hablaba sacaba de una bolsa varios objetos que utilizaba como ayuda visual a su predicación. Uno de ellos era una caña de pescar. Hablaba cómo los cristianos debemos convertirnos en pescadores de hombres. Nos explicaba acerca de las diferentes carnadas que podemos utilizar en una caña para que queden enganchados los peces. Lo aplicaba a cómo ser buenos comunicadores de la Palabra usando estrategias para poder ser buenos pescadores de hombres.

El hermano Víctor es uno de los mejores predicadores que conozco. Estábamos todos riendo, llorando, meditando y tomando decisiones de servir al Señor más radicalmente.

Mientras él hablaba, comencé a sentir la música y la letra. Realmente, reflejaban todo lo que él decía en su predica. En un momento dado, el hermano Víctor comenzó a hacer el ruido de revoloteo de una gallina, reflexionando cómo algunos cristianos sólo hacemos mucho ruido pero nunca emprendemos el vuelo. Con cada detalle de su predicación se fue construyendo el canto. Al terminar su charla tenía la canción. En uno de los recesos me acerqué a mi piano y empecé a ponerle música.

Señor, hazme un radical
Como el águila volar
No quiero revolotear
Señor, hazme un radical
Dame una caña de pescar
Quítame los ojos del pecar
Llena mi vida de pasión
Dame entrega y visión
Yo sólo soy un eslabón
En el traer la salvación
¿Cuál es la forma para mí
De pescar las almas para Ti?
© 1992 CanZion Producciones

Esa noche enseñé el canto al auditorio y me di cuenta que había nacido otra alabanza que impactaría multitudes enteras.

Fue durante ese tiempo que había terminado la grabación de uno de mis proyectos favoritos: *Te anhelo*. Con cantos como: "Motivo de mi canción", "Te necesito más", "Necesitas conocerle" y "Te anhelo", era la grabación más fina que habíamos hecho hasta ese entonces.

Los hermanos Hermosillo produjeron tres de los cantos, Fermín García cinco y Ronny Huffman dos. Utilizamos varios estudios en diferentes ciudades. Fue en ese proyecto donde me lancé a hacer algo "radical": Incluí un "rap" sabiendo que esa decisión traería mucha crítica. Sabía perfectamente que mucha gente no aprobaría esa canción. Sin embargo, la estrategia seguía siendo buscar la manera de identificarnos con los jóvenes para poder enseñarles cómo adorar al Señor. Funcionó.

Por cada palabra de crítica acerca del rap, recibí diez de ánimo acerca del proyecto. De hecho, me conmovía cómo muchos padres de familia me escribían carta tras carta agradeciéndonos que pensáramos en sus hijos al hacer música. Ellos me daban testimonio de cómo sus hijos de pronto habían encontrado interés por escuchar música de alabanza debido a que la hacíamos con un sabor contemporáneo y juvenil. Esto me llenaba de mucho gozo porque era el objetivo. Sin embargo, la crítica estaba empezando a cobrar caro en mi vida. En el proyecto "Te anhelo" tuvimos tantos problemas y retrasos de diferentes tipos que comencé a sentir a ese viejo monstruo asomar la cabeza y empezar sus acusaciones.

Para estas alturas, ya no lo callaba como lo hacía en los años de mi juventud. Sólo lo escuchaba y me mantenía en silencio. Cuando oraba le entregaba al Señor mis angustias. Muchas veces sentí el consuelo directo de la mano poderosa del Señor.

¡ALGO LOCO!

¡Nos propusimos algo loco! Durante el Congreso Música '93 grabaríamos nuestro primer proyecto absolutamente en vivo. Nunca lo habíamos hecho así hasta ese entonces. Todos estábamos bastante nerviosos por cómo sería esta experiencia. Nos sentábamos a planear y organizar pero, aún así, sentíamos el peso de la responsabilidad por lo que nos habíamos propuesto.

Después de ensayar todos los cantos, fuimos a la Ciudad de México a preparar el evento. Los congresos crecían en fuerza y magnitud. Venían personas de todos lados. Poco a poco, el congreso se estaba dando a conocer en muchos lugares del mundo y venían para adorar al Señor junto con nosotros.

Una de las parejas que nos visitó en el '93 fueron los pastores César y Claudia Castellanos de la ciudad de Bogotá, en Colombia. Había escuchado hablar de ellos pero nunca los había conocido personalmente. Junto con ellos vino otra pareja que trabajaba en el ministerio: Alfonzo y Mercy Ortiz. Nos dijeron que habían venido para ver lo que Dios estaba haciendo a través del congreso porque ellos serían anfitriones de uno similar en Colombia.

Ya habíamos concretado fechas para visitarlos en el mes de septiembre de ese año. Alfonzo Ortiz me había pescado en alguno de los eventos por ahí y concertamos las fechas para mi primera visita a Colombia. ¡Qué agradable sorpresa cuando llegaron al congreso para sentarse y observar lo que Dios estaba haciendo! En esos días había empezado una gran amistad.

La noche de la grabación en vivo aprendimos mucho. Principalmente, que las cosas pocas veces funcionan como se previeron. A última hora surgen muchos problemas e imprevistos. Después de haber grabado los dos "lados" del casete, los ingenieros me mandaron un aviso de que todo el "Lado B" se tendría que hacer nuevamente.

Cuando le comuniqué esto a la gente, comenzaron a aplaudir y silbar como si les hubiera dado mucho gusto. De hecho, nos comentaron que les había parecido poco el tiempo de la grabación y que estaban contentos que podían repetir, por lo menos, una parte de ella.

Así que, tomé la decisión de invitar al predicador de esa noche primero y después seguir con la grabación. El predicador era Jorge H. López, de Guatemala. Qué bendición son Jorge y Elsy al Cuerpo de Cristo. Entre los líderes principales en la iglesia cristiana de América Latina, se destaca Jorge López.

Cuando terminó de predicar, seguimos con el "Lado B" de la grabación que incluía cantos como "Hermoso eres", "Tu fidelidad" de Miguel Cassina y "Exáltate" de Samuel Luna.

Cuando finalizamos, estábamos todos de rodillas adorando al Señor y experimentando un momento de gloria en Su presencia. Esto quedó plasmado en la grabación. Nuestra primera experiencia de grabar totalmente "en vivo" fue un rotundo éxito y la aceptación que tuvo este proyecto rebasó todas nuestras expectativas. Hasta la fecha, *Poderoso En Vivo* sigue estando dentro de los diez proyectos más vendidos de CanZion Producciones.

1994

Fue un año de muchos cambios. Parecía que alguien le había puesto el botón de "acelere" a mi vida. Los días eran más y más largos, los desafíos más y más grandes. Las noches se hacían más intensas. La soledad empezó a abrazarme con más fuerza. A pesar de estar rodeado de tanta gente, me sentía muy solo.

Durante todo el año 1993, luché con las depresiones y estaba aprendiendo algo muy peligroso: Cómo mantener una máscara frente a todo el mundo. Eso no me gustaba porque siempre me había caracterizado por la honestidad y la transparencia. No me sentía cómodo al tener que sonreírle a todos sin que esa sonrisa naciera de lo profundo de mí, como siempre había sido hasta ese entonces. Sin embargo, la presión incorrecta de "superhombres" que se pone sobre los ministros de Dios, nos lleva a empezar a creer la mentira.

De pronto, cuando nos encontramos con problemas y necesidades, no tenemos a quién acudir porque todos están esperando que seamos fuertes y superespirituales. Trístemente, durante todo este tiempo, debía seguir funcionando y "cumpliendo" porque era mi deber, a pesar de que tenía una necesidad extraordinaria de descansar y buscar ayuda.

Siempre tuve un alto sentido de la responsabilidad. Este fue uno de los factores que me mantuvo durante estos tiempos difíciles. Sin embargo, fue una espada de dos filos también. En ocasiones debería haber cancelado compromisos, cambiado fechas o hacer otros ajustes para poder retomar fuerzas, pero no lo hice. Seguí haciendo y dando como si estuviera bien.

Recuerdo una ocasión en la que tenía un compromiso en la Ciudad de México con un renombrado evangelista. Llamé a los organizadores para decirles que estaba en cama con fiebre alta y no podía moverme. Les pedí que comprendieran mi situación y me permitieran ausentarme. No era mi práctica hacer eso. Pero en esta ocasión mi esposa, al verme tan enfermo, consideró que debía quedarme en cama y me animó a llamarlos.

La respuesta que obtuve de los hermanos fue "no". Me dijeron que debía ir porque me habían anunciado por medio de publicidad. Cuando colgué el teléfono pensé por dentro que algo está muy mal, si la publicidad es más importante que los individuos. Me levanté de la cama, empaqué mi maleta y tomé el vuelo a la Ciudad de México para "cumplir" con el compromiso.

UNA NUEVA OFICINA, UNA NUEVA DISTRIBUIDORA

Estábamos llegando al final de nuestro contrato de distribución con Word para finales de 1993. Había pensado en volver a firmar uno nuevo cuando me llegó una propuesta de trabajar junto a unos amigos que conocí en la ciudad de Houston, Texas.

Gerardo Cárdenas y su hermano Víctor, tenían una pequeña compañía de producción y distribución de música cristiana y habíamos trabajado juntos en algunas cosas. Los dos son hombres de mucho arrojo y entusiasmo.

La propuesta que me hicieron era realmente interesante, así comenzamos a hablar acerca de cómo sería trabajar juntos. Después de muchas reuniones comprendí que era algo que Dios estaba poniendo en nuestro camino para bendecirnos. En diciembre del '93 firmamos un convenio que nos hacía colaboradores en el Reino.

En enero de 1994, la oficina de Houston, Texas, había nacido. Empezamos a trabajar allí con un hermoso equipo de colaboradores. Casi de inmediato pudimos ver la sabiduría de Dios en la decisión de haber unido esfuerzos. Las ventas en Estados Unidos y América Latina no sólo duplicaron sino que crecieron en un 400 por ciento en ese primer año.

Víctor y Gerardo se entregaron fuertemente a la visión de CanZion y a edificar el Reino del Señor a través de la música. Qué bendición es contar con su apoyo y amistad a través de los años.

En febrero de ese mismo año, sucedió otro acontecimiento trascendental en CanZion. Llegó a nuestro ministerio un jovencito, recién cumplidos los 18 años, llamado Emmanuel Espinosa. Poco sabíamos del impacto que esta persona tendría sobre nuestra vida y el ministerio de CanZion en general.

Cuando lo había conocido dos años antes, sabía que tenía un talento extraordinario en la música porque había realizado un proyecto entero para su hermano Pacco, cuando apenas tenía 15 años. En ese proyecto, Emmanuel había tocado todos los instrumentos: la batería, los teclados, las guitarras, los sintes, el bajo y, además, había hecho todos los arreglos. Era sorprendente.

En un par de ocasiones hablamos con él de diferentes cosas y me comentó sobre su vida, sus planes y anhelos. Me impactaba su seriedad con Dios y el deseo de servirle con su música. Fue así como a finales del '93 lo invité a trabajar con nosotros como uno de los productores y bajista del grupo. Luis Chi Sing trabajaba de lleno con Luis Mellado, estaba por casarse y tenía deseos de dejar de viajar.

Cuando Emmanuel me dio el "sí", faltaba una semana para un viaje a Honduras. Le pedí que escuchara todos los CD's que habíamos grabado hasta entonces y que estuviera listo para cualquier cosa. Lo interesante de esto es que ¡yo NUNCA lo había oído tocar! Lo había invitado "por fe", basado en la recomendación de Héctor Hermosillo, como un buen bajista.

Cuando subimos al escenario en Tegucigalpa, Honduras, en febrero de 1994 y Randall empezó el conteo de la primera canción, fue la primera vez que oímos tocar a Emmanuel. No habíamos cantado el final de la primera estrofa del primer canto cuando nos dimos cuenta que la decisión de invitarlo había sido correcta. ¡Qué bendición ha sido este joven para nuestra vida!

CCDMAC (Centro de Capacitaciones
y Dinámicas Musicales)

Uno de los proyectos que apoyé muchísimo a finales de 1993 fue el que nació en el corazón de César Garza llamado *Alas de Águila*. Había un deseo de su parte por ministrar a adolescentes. Diseñó cada canto con un mensaje dirigido a ese grupo de jóvenes. Una de las maneras de ayudarlo fue organizar una serie de eventos que yo abriría y luego presentaría al grupo. De esta manera, aprovechábamos la plataforma que Dios me había dado para traer credibilidad y respeto al ministerio de César.

También participé en algunos de los coros del proyecto. Una de las ciudades que visitamos se llama Puebla. La noche que se presentó *Alas de Águila* allí, asistió una hermana que conocí en alguna de mis muchas visitas a esa ciudad. Junto con sus hijos, Carlos y Arody, la hermana Febe me preguntó sobre la escuela que queríamos empezar.

En algún que otro evento le habíamos dicho a la gente acerca de nuestra visión de comenzar una escuela donde se pudieran capacitar jóvenes para el ministerio de la música. Ella lo había escuchado y eso la tocó profundamente. Me explicó que todos los días, sus hijos y ella pedían al Señor por esa escuela. ¡Me quedé sorprendido!

La idea de la escuela nació originalmente en el corazón de una de mis hermanas. Un día, Lorena me comentó lo bonito que sería tener una escuela de esa naturaleza. Cuando me lo dijo, ella estaba en la universidad estudiando la carrera de música, de la cual se recibió. Después que lo dijo, pensé que al terminar sus estudios podríamos apoyarla para abrir una escuela así. Sin embargo, antes de finalizar su carrera le pregunté acerca de aquel comentario que me había hecho sobre una escuela y me dijo que realmente ella no sentía ser la persona que estuviera al frente de algo así, pero que lo apoyaría.

Para mí, eso cambiaba todo porque yo realmente no tenía el tiempo para estar frente a un proyecto de esa magnitud. El "error" (lo pongo entre comillas, porque con Dios no hay ese tipo de "errores") que cometí fue comentarlo en público y permitir que corriera la voz de que algún día habría una escuela así. No obstante, cuando Lorena me dijo que ella no podría hacerse cargo, en mi corazón le di muerte a esa visión. Además, en la Ciudad de México, Miguel Cassina había empezado una escuela para capacitar músicos para el Señor.

En muchas ocasiones, cuando la gente me preguntaba al respecto, les

273

daba la dirección de la escuela de Miguel. Pero cuando la hermana Febe me preguntó, le dije que ese sueño había muerto. Le comenté sobre la escuela de Miguel. Para mi sorpresa me contestó: "Nosotros oramos por TU escuela hace muchos años" (hizo énfasis en la palabra "TU"). Sabemos que algún día Dios te apoyará para abrirla. Así que, reaviva ese sueño".

Sin darse cuenta, Febe fue la chispa que Dios usó para encender nuevamente la visión de la escuela. Toda esa noche y al día siguiente sus palabras retumbaban en mi cabeza. "Hemos estado orando por la escuela que TÚ vas a abrir", me había dicho.

Al día siguiente, mientras conducía a la ciudad de Cuernavaca, durante todo el camino medité profundamente en esas palabras. Dios había encendido nuevamente el fuego en mi corazón. ¡Teníamos que darnos a la tarea de capacitar músicos y salmistas! Nunca imaginé los desafíos y las bendiciones que vendrían como resultado de ese sueño.

Pasaron varios meses y aún sonaban en mi cabeza las palabras de Febe. Se había convertido en el pensamiento más importante en mi cabeza. Todos los días hablaba con el Señor de esto. Le preguntaba, ¿Cómo podríamos lograr una escuela? ¿Quiénes me ayudarían a llevarla adelante? ¿Habría personas que quisieran estudiar en una escuela así? ¿Cómo se financiaría un proyecto de esa magnitud?

Para cada pregunta que le hacía a Dios sólo encontraba la misma respuesta: "Hazlo". No tenía en claro el cómo, el con qué, ni el con quién, sólo sabía que el Espíritu Santo me inquietaba fuertemente y que había llegado el tiempo para cumplir esa visión

Una escuela, una realidad

Una mañana, mientras transitaba por las calles de Durango, después de haber dejado a mis hijos en el colegio, oraba en voz alta pidiéndole al Señor que pusiera en mi espíritu el nombre de alguna persona que pudiera llevar adelante un proyecto así. Con una claridad absoluta escuché el nombre: Edgar Rocha. Inmediátamente le pregunté al Señor sobre él. Se me hacía imposible que Edgar pudiera dejar el puesto que tenía en una congregación grande e importante en la Ciudad de México para venir a vivir a Durango y dirigir una escuela.

Cuanto más pensaba en él más podía ver que alguien así sería fundamental para encabezar el proyecto. Tenía todas las cualidades necesarias: músico, maestro de la Palabra, pastor, entusiasta y contaba con muchos años de experiencia en el ministerio. Parecía la persona adecuada. Sólo faltaba saber si él estaría dispuesto a un cambio tan radical. Sin saberlo, Dios había estado ordenando las cosas para la llegada de Edgar.

Dejé pasar un tiempo antes de hablarle. Cuando lo hice, Edgar me comentó que hacía tiempo que sentía que Dios estaba preparándolo para un cambio. No había pensado en algo específico y no había otras puertas abiertas. Le hablé de la oportunidad que tendríamos de impactar generaciones enteras para el Reino del Señor.

Yo conocía lo suficiente acerca de Edgar y su ministerio como para saber que pensábamos igual en muchas cosas. De hecho, había sido uno de nuestros oradores en varios de los congresos que organizamos.

En esa primera conversación me dijo que pondría mi ofrecimiento en oración. Le comenté que una de las cosas que sería muy importante para mí era poder tener un tiempo con su pastor para oficializar la invitación a través de él. El pastor René de Lizardi siempre ha sido amigo de nuestro ministerio y era importante contar con su bendición en este cambio.

Luego de varias conversaciones con Edgar, fui a la Ciudad de México para pedir la bendición del pastor De Lizardi. Después de los primeros 30 minutos de conversación, el pastor me indicó que él sentía que era algo que Dios estaba haciendo. Con esa respuesta nos dirigimos a la congregación donde ministré esa mañana. El pastor René informó sobre la ida de Edgar y su familia a Durango. Fue hermoso ver cómo todos oraron por él enviándolo con la bendición del Señor.

Después de su llegada, Edgar comenzó a reunir los elementos para un equipo de trabajo. Una de las primeras personas a las que llamó para invitar a formar parte del equipo de maestros fue a la hermana Febe, que había sido la persona que Dios usó para reavivar este sueño.

Desde luego, mi hermana Lorena fue otra de las personas que se involucró activamente. Gloria Quiñones, que había estado conmigo desde los inicios ahora sería la administradora de la nueva escuela. Con la ayuda de otros maestros y luego de meses de preparación fijamos el 19 de septiembre de 1994 como el día de apertura.

Rentamos un local muy bonito cerca del centro de Durango. Realizamos una serie de eventos donde se recaudaron fondos para comprar mobiliario, instrumentos y otras cosas necesarias para iniciar la escuela.

Por ejemplo, al recibir alumnos de fuera de la ciudad, teníamos que preparar casas donde vivirían. Pedimos muchas literas, colchones y una especie de armario donde los jóvenes podían guardar sus efectos personales. Mi esposa se encargó de equipar la cocina y el comedor. Después de contratar a las cocineras, Miriam trabajó muy cerca de ellas para planear las comidas.

Durante muchos días, Miriam colaboró en la cocina junto a las cocineras preparando el alimento para nuestros queridos alumnos. Todos se abocaron a la tarea de organizar para que cuando llegaran los alumnos todo estuviera en orden.

Dos noches antes de comenzar las clases, Melvin, Randall, Emmanuel y yo estábamos en la casa destinada a los varones, pintando y limpiando para que estuviera listo. Qué hermoso es cuando trabajamos todos juntos para una causa.

¡Finalmente llegó el día de apertura! Invitamos a mi gran amigo Pablo Casillas como el orador especial. En una breve ceremonia de apertura, el hermano Edgar, mi papá y yo cortamos el listón. Después pasamos a un patio donde alabamos al Señor y dirigí unas palabras de bienvenida a los 17 alumnos que habían llegado. Luego de la predicación, oramos por todos y terminamos adorando al Señor. ¡Qué día inolvidable!

En los rostros de esos alumnos había expectativa, temor, nerviosismo, todo en uno. Qué privilegio sería graduar a doce de ellos después de cuatro cortos años. Algunos de esos primeros alumnos siguen en la escuela, pero ahora como maestros. Dos de ellos comenzaron sus propias escuelas y otro, Melvin Cruz, será próximamente el director ministerial de la primera sucursal que abriremos en la ciudad de Buenos Aires, Argentina. En verdad, esos primeros alumnos tomaron un lugar muy especial en nuestro corazón.

Con la apertura de la escuela y la emoción de recibir a esos hermosos muchachos de distintos lugares de México, se calmó mucho la tormenta emocional que había estado rugiendo fuertemente en mi interior. Hubo un tiempo de sosiego sobre esa intranquilidad. Me di a la tarea de estar todos los días con los alumnos, con el hermano Edgar y con el pequeño equipo de trabajo que habíamos formado.

Uno de mis deleites era pasar cada noche por la casa de los varones para conversar con ellos y conocerlos más de cerca. Qué privilegio fue para mí involucrar mi vida en la de los alumnos. Ver cómo Dios los forma y hace de ellos hombres y mujeres de fe, es verdaderamente inspiracional.

EL ESCRITOR

Mi amigo Jim Cook, mientras todavía trabajaba en Word, fue quien me propuso que escribiera un libro. Me tomó por sorpresa cuando me lo dijo, siempre había soñado con plasmar mis mensajes en forma escrita, sólo que nunca imaginé que una casa editora quisiera publicarlo. Sinceramente, la propuesta me halagaba.

Durante parte del año '92 y el '93, trabajé para terminar mi primer libro que saldría un poco antes de terminar el año. Para mi sorpresa el libro fue un éxito. Las ventas fueron más allá de las mejores expectativas. Nunca imaginé ser un escritor, pero parecía que el pueblo cristiano tenía la amabilidad de establecerme como tal entre ellos.

Fue un enorme privilegio saber que ese primer libro, *Adoremos*, recibiese el primer lugar en ventas en su categoría para el año de 1994. Fue una experiencia muy agradable trabajar con Juan Rojas, de la casa editora Caribe Betania Editores, de quien aprendí mucho.

Juanito tomó de su tiempo para enseñarme algunas cosas importantes para ser un buen escritor. Con la ayuda de Gloria Quiñones, quien siempre revisó mis escritos a través de los años, pudimos entregar tres manuscritos que publicaría Caribe Betania Editores.

Mis primeras experiencias como escritor fueron con la revista IPI que había comenzado Arturo Allen. En el inicio me ofreció la oportunidad de escribir una columna que aparecía en cada edición, a la que llamé: "Pensándolo Bien". Mi idea para esa columna fue tomar vivencias diarias y aplicarlas a algún mensaje positivo y bíblico. Traté de utilizar en todos mis escritos un estilo sencillo y fluido. Desde esos tiempos mantuve una columna en alguna revista. La más reciente es "La Última Palabra" que aparece en cada edición de la revista *Vida Cristiana*. Se llama así simplemente porque se encuentra en la última página de la revista.

Con cada libro o escrito, encontré que aquellos que me criticaban ahora tenían material en blanco y negro que yo había escrito para armar una mejor ofensiva. Fue una absoluta sorpresa cuando, después de aparecer el libro *Adoremos*, me enteré que algunas personas habían desmenuzado cada detalle del libro, lo habían juzgado y analizado hasta las comas y los puntos. Nunca me imaginé que hubiera tenido tal impacto como para ameritar tal escrutinio.

En un país de Sudamérica, circuló un boletín de varias páginas donde detallaban cada uno de los puntos en los que no estaba de acuerdo con mi libro. Lo encontré interesante. Leer escritos atacando mis escritos . . . hmmm . . . Había entrado en una nueva arena de batalla.

El libro que más problemas me causó fue el segundo. A éste le puse por título: *¿Qué hacemos con estos músicos?*. Al poco tiempo de haber salido a la venta, comenzó una lluvia de críticas. Algunos pensaban que era demasiado confrontativo. A otros nos les gustaba el título. No me cabe la menor duda que ese libro llevó a la reflexión a más de uno.

Las críticas y los ataques estaban llegando a ser una parte de mi diario vivir. Eso fue algo de lo que nunca me habían hablado antes de entrar al ministerio. No creo haber estado preparado para tanta crítica. Lo increíble fue que muchos de los ataques provenían de personas a las que consideraba mis amigos. La crítica de alguien que no conoces es muy fácil de llevar. Pero cuando los que se supone te conocen empiezan a unirse a las voces de los que no te conocen, es muy difícil sobrellevarlo.

Parece ser que en la Iglesia del Señor Jesús somos muy rápidos para emitir juicio. Creo que es una de las arrugas que el Señor todavía tiene que quitarnos antes de Su venida, para poder estar "sin mancha ni arruga" para Él.

Truenos y relámpagos

Para finales de 1994, el ritmo de trabajo era más de lo que podía soportar una sola persona. Viajaba sin parar, predicaba en la escuela y en otros lugares, escribía libros, grababa proyectos, dirigía la empresa, abría nuevos terrenos de trabajo y trataba de ser un buen padre para mis hijos y un esposo para mi mujer.

Muy sutilmente, estaba cayendo más y más en el hoyo de la soledad y la depresión. Cada mañana me levantaba para seguir haciendo todo lo que tenía programado. Era cada vez más difícil mantener una estabilidad en mi carácter. Comenzaba a faltarme la paciencia, aunque ésta no haya sido una de mis grandes virtudes. Sin embargo, pude ver cómo poco a poco me ganaba el enojo, humillaba a algunos de mis compañeros en presencia de otros. Cometía errores en muchas decisiones. Todo a raíz de no aprender a tomar tiempo para respirar.

Mi cuerpo estuvo enfermo durante mucho tiempo. Cada fin de semana que ministraba regresaba a casa sin voz. Cuando no descanso, lo primero que me falla es la voz.

Durante esos años, no podía dormir. Me iba a la cama con muchos problemas en mi mente. Los ataques y las críticas me afectaban muchísimo. La cabeza del pequeño monstruo de la inferioridad estaba asomándose mucho durante ese tiempo. No podía más con él. Lo que en un tiempo podía reprender y sobreponer, poco a poco me estaba ganando.

Ciertas personas que estaban cerca de mí podían ver lo que sucedía, pero después me contaron que no sabían cómo acercarse para decirme que me detuviera un tiempo. Además, creo que mi estado de ánimo estaba tan mal que posiblemente les hubiera regañado por haberme sugerido el descanso.

En dos ocasiones, Miriam me confrontó con preguntas muy difíciles acerca de lo que ella veía. No sabía qué hacer por mí. Me preguntaba si podía ayudarme en algo. En lugar de tomar esas oportunidades para abrirme con ella y otros, hice lo que muchos ministros hacemos, me escondí más. Asumí la mentira de que nadie comprende nuestra situación. Siempre fui una persona que cuando atravesaba un problema, la solución era callarme y cerrar la puerta de mi habitación donde nadie podía molestarme.

Al mirar a mi alrededor, veía que las cosas iban viento en popa. CanZion crecía a pasos agigantados. Cada proyecto que hacíamos vendía decenas de miles de copias más que la anterior. Aún algunos de los esfuerzos por apoyar otros ministerios como los de Danilo Montero, Edgar Rocha, Jaime Murrell y Jorge Lozano estaba cobrando mucha fuerza. Cada grabación salía con más ímpetu que la anterior. Me sorprendía ver la gracia de Dios durante estos tiempos que fueron tan difíciles para mí.

En 1995 vendría el principio de la victoria sobre toda esa tormenta. Ya no podía seguir viviendo de esa manera. Eran demasiadas las personas afectadas. Tenía que tomar control sobre esta situación. No podía seguir conviviendo con la enfermedad. No podía pasar tres días en el hospital para salir directo a predicar a otro país. ¡Esto no era vida! El Señor previó las circunstancias necesarias para confrontarme con lo que tenía qué hacer. Sería un largo camino para recorrer, antes de llegar a un lugar de descanso.

¡En 1995 cumplí 33 años!

APLICACIÓN PERSONAL

46. El pequeño monstruo continuaba regresando y Marcos confiesa que ahora él sólo lo escuchaba y se mantenía en silencio. Aunque Marcos recibía consuelo de parte del Señor es obvio que poco a poco el enemigo había ganado territorio. La lección que todos debemos reconocer es que la mayoría de las veces los ataques del enemigo son sutiles y no repentinos. Es buena idea que tomes unos minutos para analizar tu condición espiritual.

47. En 1993, Marcos luchó con las depresiones y aprendió algo muy peligroso: Cómo mantener una máscara frente a todo el mundo. ¿Y tú? ¿Qué máscaras usas para esconder la verdad?

48. Cuando el ministerio comenzó a prepararse para la apertura del CCDMAC todos trabajaron juntos para una misma causa. Miriam se encargó de equipar la cocina y el comedor mientras que Marcos, Melvin, Randall y Emmanuel pintaban y limpiaban la casa de los varones. Líder, ¿cuándo fue la última vez que trabajaste hombro a hombro con los colaboradores del ministerio?

49. Marcos estaba cayendo más y más en el hoyo de la soledad y la depresión. Cómo resultado se le hacía más difícil mantener la estabilidad de su carácter y humillaba a sus compañeros en presencia de otros. El monstruo ya no era tan pequeño. ¿Qué tamaño tiene tu monstruo? Nunca es tarde para derrotarlo.

50. Miriam sabía que algo andaba mal y en dos ocasiones confrontó a Marcos acerca de lo que ella veía. En lugar de tomar esas oportunidades para abrirse con ella, Marcos se escondió más. Sin embargo aquí encontramos una lección que toda esposa debe reconocer: Miriam permaneció firme y continuó intercediendo por su esposo.

Cantando junto a
Vicente Montaño
durante "Una noche
para recordar".

Frente a mi
avioneta junto
con mi hermano
Jerry y mi abuelo
Witt (David Witt),
el papá de
mi papá Jerry.

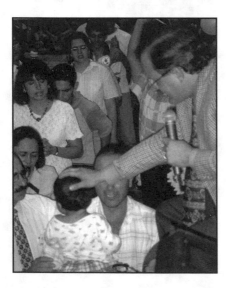

Durante un tiempo
de ministración mientras
orabamos por los enfermos.

Capítulo once

Una nueva
dimensión espiritual

A comienzos de 1995, Emmanuel Espinosa y yo nos encontrábamos profundamente involucrados en la producción de un nuevo proyecto que llevaría por nombre: *Recordando: Una Misma Senda*. Dios me había mostrado el versículo en el libro de Jeremías donde dice:

> "...Paraos en los caminos, y mirad, y preguntad por las sendas antiguas, cuál sea el buen camino, y andad por él, y hallaréis descanso para vuestra alma" Jeremías 6:16.

Tenía un fuerte deseo en mi corazón de construir un puente entre las personas que decían que lo nuevo era lo único que debíamos cantar y aquellos que opinaban lo contrario. Cada generación debe reconocer que si hoy conocemos al Señor es porque hubo hombres y mujeres antes de nosotros que Dios usó para pavimentarnos el camino.

En todos lados escuchaba cómo algunas personas de la "vieja guardia" ridiculizaban los cantos de la nueva generación, asimismo muchos de la "nueva" generación les decían a los de la "vieja guardia" que lo "único" que Dios hacía era lo nuevo. En mi humilde opinión, ambos necesitan encontrar un justo medio. Le corresponde a nuestra generación reconocer a los que nos precedieron, dándoles honra y reconocimiento. Debemos tener un espíritu de agradecimiento por todo lo que ellos han hecho para que el Evangelio crezca en nuestros países como lo ha hecho.

La estrategia con esta nueva grabación era decirle a los jóvenes (la "nueva" generación): "escuchen estas alabanzas que cantaron nuestros padres y disfrútenlas". Muchos de ellos, oyeron por primera vez las canciones en ese proyecto. Quería comunicar a los hermanos más grandes el mensaje que: "los respetamos, los amamos y estamos agradecidos por todo lo que han hecho para prepararnos el camino por donde debemos andar". Muchos de ellos nunca se habían atrevido a comprar un casete de Marcos Witt.

Con el proyecto de *Recordando: Una Misma Senda,* pudimos, efectivamente, construir un puente y disipar algo de la tensión que existía entre ambos grupos. A través de los años he recibido muchísimos comentarios de sendos campos de pensamiento que me han hecho saber que la estrategia funcionó. ¡A Dios la gloria!

Aunado al proyecto de grabación, comencé a pensar en todos esos hombres que habían sido un impacto en mi vida de niño y adolescente. Eran los hombres que estaban preparando el camino para todos los que ahora estamos en la música cristiana hispana. Nació en mi corazón el deseo de organizar un evento donde tomáramos tiempo para reconocer y agradecer a algunos de estos hombres.

Cuando lo comenté con algunas de las personas más cercanas, me sorprendí con su respuesta. Todos sentían que lo tenía que hacer. Entonces, me di a la tarea de encontrar los números telefónicos y llamarlos uno por uno. Con cada llamada, podía ver que Dios estaba en esa idea. Al finalizar la conversación telefónica con Juan Romero, me quedé mucho tiempo mirando el aparato. Sus palabras habían tocado profundamente mi corazón. Más o menos lo que me dijo fue lo siguiente:

> *"Marcos, me faltan las palabras para explicarte lo que siento. He atravesado por un tiempo difícil en mi vida personal y ministerial. Cuando uno llega a mi edad, comienza a creer que no le importamos a nadie. Todos se han olvidado de uno. Es cierto que Dios tiene que levantar nuevas personas para hacer la obra. Sin embargo, estaba sintiéndome un poco olvidado. Ahora me llamas para decirme que quieres reconocer públicamente mi esfuerzo en la obra del Señor. Estoy profundamente conmovido".*

Juan Romero lloró conmovido en esa conversación. ¡Qué lástima que en nuestra cultura occidental no reconocemos más a nuestros ancianos! Sabíamos que organizar una noche para agradecer a estos hombres era tan poquito en comparación de todo lo que habían hecho en el Reino. De todas maneras, quisimos hacerlo para establecer, por lo menos en nuestros tiempos, un precedente que hablara de la necesidad que tenemos de dar honra a quien honra merece. Las generaciones jóvenes somos demasiados propensos a pensar que todo lo hemos logrado con nuestro propio esfuerzo. Nada es nuestro, todo lo tenemos porque Dios es grande en misericordia.

SUEÑOS CUMPLIDOS

En el proyecto *Recordando* se me cumplieron dos sueños importantes. El primero era cantar a dúo con un hombre que admiraba desde mi niñez: Vicente Montaño. Desde pequeño escuchaba con frecuencia sus grabaciones. Admiraba la forma como él podía hacer cualquier cosa con su voz. Me gustaba la expresión de su voz. Una y otra vez ponía los discos (esos platillos voladores negros) y los estudiaba con atención.

Recuerdo el día que conocí a Vicente. Fue más o menos en el año de 1988, en la ciudad de Los Angeles. Me habían invitado a participar en un evento llamado "La Noche del Orador", organizado por el periódico *El Orador*. Carlos Alvarado, un argentino de mucho arrojo, había comenzado un periódico cristiano con la visión de bendecir el área de Los Angeles y organizaba un evento llamado la "Noche del Orador" para celebrar su aniversario.

Fue un privilegio para mí ser uno de los participantes en aquella primera "Noche del Orador". Otro de los que participaron fue Vicente Montaño. Cuando me lo presentaron temblaba de la emoción porque lo admiraba mucho. Me sorprendí al darme cuenta lo joven que era. Tenía tantos años oyéndolo, que pensé que sería un hombre mayor de lo que es. Me impactó su gentileza y sencillez. Creo que una de las palabras que mejor lo describen es "caballero".

El segundo sueño que se me cumplió fue cantar acompañado de mariachi. La música de México es algo que llevamos muy adentro. No importa por qué país de América Latina esté uno, la música mexicana ha tocado cada rincón del continente. Toda mi vida había deseado cantar con mariachi. Finalmente sería concedido.

Cuando hablábamos con Emmanuel sobre cuál mariachi seleccionar, me comentó que conocía a uno muy bueno en la ciudad de Tucson, en el estado de Arizona, Estados Unidos. Era de la familia Moreno. Nunca había tenido la oportunidad de conocerlos, pero tenía varias de sus grabaciones. A través de los años me fui haciendo de una colección muy grande de casetes y discos de música cristiana porque me llamaba mucho la atención lo que otros estaban haciendo. Es una costumbre que tengo hasta la fecha. Cuando llego a un país o a una ciudad, me gusta saber a quiénes Dios está usando en la música en esos lugares, y luego los escucho en mi oficina. De esa forma conocí el trabajo de la familia Moreno. Durante muchos años se escucharon las canciones del "Dueto Moreno".

Emmanuel planeó hacer un viaje a Tucson para grabar dos canciones del mariachi y un requinto con Saulo Bonilla, hermano del muy conocido cantante Manuel Bonilla. Ese viaje cambiaría la vida de Emmanuel para siempre.

La familia Moreno es muy grande. Hay doce hijos e hijas. Todos están, de alguna manera, involucrados en la música. Todos tocan en el mariachi. Casi todos cantan. Los hermanos Moreno han sabido involucrar sus hijos en todo lo que hacen y tienen una de las familias más hermosas (e interesantes) que he conocido en mi vida.

Una de las hijas, que tocaba violín en el mariachi, se llama Linda Luz. Fue en alguna de esas sesiones de grabación que estos dos empezaron a "echarse el ojito". Emmanuel llamaba a Durango para decirnos que tendría que quedarse más porque faltaban ajustar ciertas cosas en la grabación. Después de haber ido una vez a Tucson, para nuestra sorpresa, nos avisó que tenía que regresar porque algo había salido mal en la grabación. Hmmmm . . . No me explicaba todos estos "errores". Después fue que me enteré el porqué de tanto "error". Yo creo que Linda estaba desentonando el mariachi a propósito para que Emmanuel tuviera que quedarse más tiempo . . . Nunca lo sabremos con certeza. Ahora, ya no importa. ¡Son esposos! Qué increíble pareja es. Como Emmanuel es casi como un hijo para mí, los hermanos Moreno y yo nos llevamos como "consuegros". Los papás de Emmanuel fueron a la presencia del Señor cuando él era muy jovencito, por lo que nos dio el honor de ocupar el lugar de sus padres en la boda. Cómo me ha honrado ese muchacho.

Grandes preparativos

La primera noche del Congreso Adoradores '95 la destiné a lo que llamamos "Una Noche para Recordar". Sería el programa especial para honrar a cuatro grandes hombres que fueron de mucha bendición e inspiración en la música cristiana hispana: Juan Romero, Manuel Bonilla, Juan Isáis y Vicente Montaño. Habíamos planeado un evento de gala. Todos estaríamos con nuestra mejor vestimenta. Personalmente renté un traje especial para esa ocasión. Se había planeado la filmación de un video que se pudiera ver muchas veces después de finalizada la noche. Era uno de los eventos más grandes que habíamos planeado hasta la fecha. Mis músicos habían ensayado durante varios días porque prepararon todos los cantos para la noche para recordar (cuatro por cada hermano reconocido), el material de mi nuevo proyecto *Recordando* y la música de un nuevo material de Jaime Murrell llamado *Cristo Reina*. También habíamos programado grabar un video para Jaime Murrell, el día siguiente de Noche para Recordar. La planeación y organización para todo esto era masiva.

Dos días antes de comenzar el congreso, visité el puerto de Mazatlán para poder tomar un descanso antes del evento. Cada año, por costumbre, llevo a mi familia a visitar a mis suegros en el estado de Wisconsin en Estados Unidos. Mi esposa, casi siempre, vuela desde la ciudad de Minneápolis para encontrarme en la Ciudad de México para el Congreso. Por eso es que me encontraba solo en aquella ciudad del Pacífico, organizando mis pensamientos para la Noche para Recordar y recuperándome de unas giras intensas que habíamos hecho ese verano. Una de ellas fue a España. Había llegado muy enfermo, pero continué con la gira.

Casi todo el año 1995 estuve enfermo. Cada semana luchaba con la fiebre, con la gripe o cualquier otra cosa por el estilo. Ese año fue uno de los más difíciles de mi vida, en cuestión de enfermedades. De hecho, a la primera ceremonia de fin de cursos del CCDMAC no pude asistir por estar en la cama con una fiebre altísima. Llamé por teléfono, el cual pusieron cerca de un micrófono para saludar a los alumnos y familiares que se habían reunido para esa histórica ocasión. Esa misma noche, terminé en el hospital. Estuve ahí por tres días. El día después de salir del hospital, viajamos a España. Fue uno de los viajes más difíciles de mi vida. Esa fue la pesadilla que viví todo el año 1995.

Cuando estaba en Mazatlán, una noche decidí ir a un restaurante muy recomendado de la localidad. Nunca lo había visitado y quería conocerlo. Como es una ciudad de playa, Mazatlán recibe muchos turistas norteamericanos. Una de las cosas que a estos visitantes les gusta hacer es beber mucha cerveza mexicana. El restaurante que había elegido era uno de esos lugares de ambiente un poco "destrampado" (por no conocer una mejor palabra). Estaba sentado tranquilamente a la mesa, terminando de cenar, cuando de pronto siento que algo me golpea fuertemente en la parte trasera de mi cabeza.

Instintívamente, mi mano fue a esa parte mi cabeza para sentir lo que había pasado y me percaté que me estaba saliendo mucha sangre. Al tratar de mirar a mi alrededor para saber qué había ocurrido, lo único que pude ver es que en otra parte del establecimiento había un par de norteamericanos que tenían un pleito y algunos de los meseros, junto con el gerente, estaban sacando a uno de ellos por la fuerza.

El joven estaba bastante pasado de copas. Mientras trato de pensar qué hacer, me doy cuenta que estoy solo en esa ciudad, que no conocía dónde había un doctor ni un hospital para que me atendieran. Estaba bastante confundido por lo que estaba sucediendo y el dolor que sentía en la cabeza era profundo.

Mi primera reacción fue correr a la gerencia del lugar y reclamarles por lo que había sucedido y hacerles responsables. Sin embargo, estaba muy preocupado porque salía mucha sangre de mi cabeza. Entonces se acercó un joven que había visto todo. Él venía acompañado de otra persona y me hicieron el favor de ayudarme a limpiar la herida y llevarme a un hospital. Agradecido, acepté su colaboración y nos fuimos al centro hospitalario.

Ingresé al quirófano pequeño de esa clínica, me acostaron sobre la mesa de operaciones, boca abajo, y el doctor comenzó a revisarme. Me dijo que la herida no era profunda pero que había necesidad de cerrarla con puntos. En ese momento, mientras estaba boca abajo en la mesa de operaciones, lo único que podía pensar era: "El video para Una Noche para Recordar. Se me va a ver horrible esta herida en el video".

Le expliqué al doctor que en los próximos dos días estaría en la Ciudad de México en un evento en la Arena México y que estaríamos haciendo un video muy importante. Le pedí si había manera de poder arreglar la herida sin que se notara mucho. Dijo que lo intentaría. Después pensé si el doctor me habrá creído o si pensaría que el golpe me había afectado. Sea como fuere, me tejió tres puntadas sin rasurarme mucho cabello para que no se notara demasiado. Si alguno de ustedes vio el video se dará cuenta que en la parte de atrás de mi cabeza hay algo de color oscuro. Pues, ésa es la herida de aquella infame noche en Mazatlán.

Cuando abrí el evento esa noche en la Arena México había unas 12.000 personas. Ese congreso que había empezado con una lista con 14 nombres, ahora comenzaba con 12.000 personas que habían venido de muchos lados del mundo. Indudablemente, ésa fue una noche para recordar. Había micro-planeado cada fase del programa. Tenía escrita cada palabra que iba a hablar en unas grandes cartulinas para no olvidarme de ningún detalle. Había personas dirigiendo cámaras, luces, sonido, un director de piso y otro director de plataforma. Habíamos hecho unas plaquitas conmemorativas que entregaríamos a cada uno de los cuatro invitados especiales. Recogeríamos una ofrenda para entregársela a ellos.

Cuando terminó Una Noche para Recordar, todos me felicitaron por el éxito que había sido. Les pudimos entregar una pequeña ofrenda a cada uno de los invitados. Toda la ofrenda de esa noche la dividimos en cuatro partes iguales para ese fin. Las dos noches siguientes el auditorio se llenó más y más (como siempre en los congresos). Para la última noche, la Arena México se colmó con cerca de 17.000 personas en alabanza al Señor. Todos me comentaban de la bendición que fue para su vida. Faxes, cartas y llamadas de felicitación llegaban de todos lados. Todos estaban muy contentos . . . menos yo. Algo estaba seriamente mal.

UN NUEVO COMIENZO

Dos cosas pasaron que me hicieron reaccionar. La primera ocurrió una hora antes de empezar Una Noche para Recordar. Alguno de los colaboradores tomó una decisión incorrecta. Esto creó mucha tensión entre el equipo. Me enteré de esa decisión 45 minutos antes de tener que subir a la plataforma. Me llamaron a la habitación del hotel para decirme lo que había sucedido y para pedir un consejo sobre cómo arreglar el problema. Cuando colgué el teléfono, estaba furioso. Comencé a decir cosas muy feas. Realmente, no era siquiera la situación que había sucedido sino que la tensión de todo y el cansancio absoluto que tenía, todo ello me llevó a hacer, literalmente, un "berrinche". Mi esposa, Miriam, sólo se quedó sorprendida mirándome. Ella nunca me había visto así. De hecho, no suelo tener ese tipo de reacciones. Era algo muy fuera de lo normal.

Después de decir cosas de las cuales hace mucho me arrepentí, respiré profundamente y conté hasta un número que no recuerdo, me miré en el espejo, arreglé la corbata y salí para darle la cara a todo el mundo. Durante todo este tiempo Miriam me observó y sin callar su sorpresa me dijo que algo andaba mal. Minutos después estaba frente a 12.000 personas, dándoles las buenas noches y comenzando el programa como si todo estuviera perfectamente normal.

Ahora, usted se estará preguntando: "¿Y qué tiene de malo eso?". Es que pude darme cuenta de la máscara que me estaba poniendo para salir al público, y yo nunca he sido un hombre de usar máscaras. Siempre he sido una persona transparente y honesta en todos mis tratos.

Esa noche cuando enfrenté esa enorme plataforma, me di cuenta que estaba cayendo en el error que siempre había criticado en otros: Falsedad. Importante es hacer notar que no era falsedad en que había dejado de creer en mi Señor. Tampoco era falsedad desde el punto de vista que no estaba contento de estar ahí esa noche con esa gente. Era falta de transparencia el estar iracundo unos momentos antes, y poner la máscara luego para aparentar ser: "El gran hombre de Dios". Ahí estaba la falsedad y me golpeó en la cara esa noche.

La segunda cosa que sucedió, que me hizo saber que tenía que hacer algo, fue dos noches después de finalizado el Congreso Adoradores '95. Miriam había regresado a la casa de sus padres, donde estaban nuestros hijos y yo la encontraría allí en un par de días, luego de haber terminado los detalles finales del evento. Mi vuelo pasaría por Houston, donde me quedaría una noche. Había hecho una reservación en el hotel Marriott del aeropuerto en Houston. Esa noche tuve un sueño que me afectaría mucho. Soñé que vivía un "ataque" de ira similar al que había tenido antes del congreso. Solo que en el sueño, mi enojo estaba dirigido hacia uno de mis hijos.

Soñé que había levantado mi mano para golpearlo y lo había herido profundamente. Entonces desperté, estaba sudando frío y el corazón me latía a mil por hora. Esa noche, en el hotel Marriott del aeropuerto de Houston, hablé seriamente con el Señor y le dije que era tiempo de ponerle fin a todo esto. Ahí fue donde empecé a tomar decisiones radicales para iniciar un camino que me llevaría, mucho tiempo después, a la victoria tan anhelada. Al hablar con el Señor esa noche, con lágrimas en los ojos le prometí que jamás haría con uno de mis hijos lo que había soñado. Le prometí que con Su ayuda, iba a cambiar ciertos hábitos de vida y que me comprometía a cuidar mejor Su santo templo.

Cuando llegué a la casa de mis suegros, pasamos un par de días antes de regresar a Durango. Cuando salimos, sabía que había cosas de las cuales tenía que hablar con Miriam. Como el viaje es muy largo (de tres días) tenía mucho tiempo para conversar con ella. Le abrí mi corazón contándole todo lo que había sufrido en los últimos dos años y medio. De las depresiones, de las heridas que nadie sabía. Le hablé de la cantidad de veces que me tiraba en una cama o en el suelo del cuarto de un hotel para llorar y clamar al Señor. De las veces que me sorprendía la manera que Dios me usaba, a pesar de lo difícil que era para mí seguir funcionando. También le dije que estaba muy cansado de estar enfermo y que necesitábamos hacer algo para encontrar la solución a este dilema que estaba viviendo. Le conté acerca del sueño que había tenido en el hotel Marriott y de lo ridículo que me había sentido cuando había perdido la calma antes de Una Noche para Recordar. Le pedí perdón por las veces que me había preguntado acerca de lo que me pasaba y no había tenido el valor ni la honestidad de abrirme con ella. "Es tiempo de tomar decisiones difíciles", le dije. No podía regresar a Durango, allí hay un constante remolino de actividades que me absorbe. Sabía que si regresábamos allí, en unas cuántas semanas volvería a estar como siempre. No concebía seguir viviendo así.

Cuando llegamos a San Antonio, Texas, ya habíamos viajado durante dos días por la carretera. Nos detuvimos en esa ciudad por varias razones. Era el cruce de caminos que nos llevaría a Durango o a Houston, donde habíamos pensado ir para refugiarnos. Además, ahí vivían nuestros buenos amigos, David y Jodi Bell, y necesitábamos el consejo de nuestro pastor, el papá de David. Por último, me propuse llamar a mi papá para buscar su consejo y apoyo.

Después de dos días en San Antonio, estaba seguro que no podíamos regresar a Durango y tomamos el camino que nos llevó rumbo a Houston. Ahí, nos esperaban nuestros queridos amigos, Juan y Ruth Salinas. Nos quedamos en su pequeña casa durante dos semanas mientras buscaba un lugar para alquilar. ¡Cómo nos aguantó la familia Salinas! Más que eso, ¡cómo nos ministraron! Juan pasaba todos los días conmigo. Hablamos de muchas cosas. Lo que más nos bendijo fue tener un lugar de descanso y refugio. Estábamos comenzando a aprender lecciones que nos hacían falta para vivir en el balance que el Señor quiere que vivamos. Casi fue como empezar de nuevo.

UN DESCANSO REPARADOR

Después de llegar a Houston, no podía levantarme de la cama antes

291

de la una de la tarde durante un mes y medio. Para los que me conocen, saben que eso es de lo más extraño. Nunca he sido de mucho dormir, especialmente cuando hay mucho que hacer. Sin embargo, mi cuerpo había llegado a un punto de total agotamiento. Literalmente, ¡no podía más! Las primeras dos o tres semanas después de instalarnos en una hermosa casa que encontré, me quiso entrar el sentimiento de culpa. Oía voces que me decían: "¿Quién te crees? ¿Cómo piensas que mereces descansar mientras todos los demás tienen que seguir trabajando?" Encontré que era muy difícil detener toda la actividad a la que estaba acostumbrado. Por otro lado, mi cuerpo no podía más. Cuando intentaba levantarme en las mañanas, no podía salirme de la cama. En ocasiones, lograba levantarme para llevar a mis hijos al colegio cristiano donde los habíamos registrado, pero cuando regresaba volvía a la cama. No recuerdo nunca haber dormido tanto en la vida. Quizá desde que era niño.

Después del primer mes, empecé a sentir el efecto del descanso. Los pensamientos se me estaban aclarando. Comencé a recobrar las fuerzas. No me enfermaba tanto. La meta que nos pusimos era pasar un año en Houston, donde asistiría un día por semana a la oficina y cumpliría únicamente con las obligaciones que estaban en calendario desde tiempo atrás. Es decir, no tomaríamos más compromisos sobre la marcha (como solíamos hacer).

El primer lugar donde ministré después de haber tomado la decisión de descansar fue en Bogotá, Colombia. Cada año, desde 1993, fuimos parte del evento que organizaba la Iglesia Misión Carismática Internacional, pastoreada por César y Claudia Castellanos. Muchos se sorprendían cuando oían que nos habíamos mudado a Houston con el propósito exclusivo de descansar. Casi siempre, en los ministerios, hacemos cambios de esa naturaleza por razones de estrategia, no para descanso. Fue interesante medir las reacciones de mis consiervos cuando conocían de esta decisión que había tomado.

Un mes después fui a Bolivia con mis amigos, Alberto y Silvia Salcedo y Carlos Peñalosa. Una tarde hablábamos de la necesidad que tenemos los que estamos en el ministerio de cambiar nuestra ética de trabajo dejando más tiempo para nuestro descanso personal. Mi decisión de vivir en Houston los impactó grandemente.

Después de los primeros dos meses, me sentía muchísimo mejor. Ya no dormía tanto. Convivíamos mucho en familia. Realmente fue un refrigerio muy necesario. Una tarde tuve deseos de visitar un pequeño aeropuerto que no quedaba lejos de donde vivíamos, para preguntar cómo tomar lecciones para ser piloto de avión.

En mi familia siempre han habido pilotos. Empezando desde los abuelitos, siguiendo con mi papá, varios de mis tíos y tías, y mi hermano. Mi sueño durante años fue poder pilotear. Decidí invertir una mañana preguntando sobre los costos, el material, los instructores y conociendo las diferentes opciones de escuelas. Lo que comenzó como una visita informativa terminó con mi inscripción para estudiar.

Cuando volví a casa tenía en mis manos el pequeño maletín que le entregan a todos los nuevos alumnos. Miriam se alegró mucho cuando le di la noticia. Ella siempre fue un gran apoyo para todas mis ideas "locas" y nuevas. Ella comprendía cómo el poder volar sería de mucha bendición. Nos ayudaría mucho en recortar los tiempos de viajes y pondría en nuestras propias manos muchos horarios de itinerario.

¡A VOLAR!

Mi primera lección en una avioneta fue tres días después de haberme registrado. El que fue mi instructor se llama Chuck Simmons. Me sorprendió ver que desde la primera lección me puso en el asiento de piloto principal. Pensé que primero tomaría el lugar del copiloto hasta que aprendiera lo básico, pero desde el primer día me pusieron en la silla "caliente".

Ese primer vuelo transpiré muchísimo por los nervios pero también por la emoción. Ahí comenzó un amor profundo para la aviación que crece cada día más. Todos los días me levantaba para ver cómo había amanecido el cielo de Houston. Si veía un día claro, sin nubes, corría al aeropuerto para otra lección de vuelo. Casi todos los días pasaba horas estudiando libros, preparando los exámenes y alistándome para la próxima lección. Sin lugar a duda, había descubierto un talento escondido. Me gustaba volar y lo hacía bien.

Durante cinco meses, pasé mucho tiempo en el aeropuerto con mi instructor. Llegamos a tener una buena amistad. Cuando llegó el día para tomar la prueba final, estaba bastante expectante y nervioso ante esto nuevo que estaba viviendo. Me avisaron que el inspector que me tomaría la prueba y que llegaría a la una de la tarde para comenzar. La prueba consiste en tres partes distintas. Un exámen por escrito que tiene que haberse hecho antes de reservar tiempo con el inspector, el cual había terminado muchas semanas antes. Después, con el inspector hay dos partes principales: una parte oral, donde el examinador me hace todas las preguntas que quiera acerca del reglamento de la aviación y de mis conocimientos generales en el tema. Uno nunca sabe con anterioridad qué es lo que va a preguntar. Tenemos que estar listos para contestar cualquier cosa. En esta parte del examen, debemos explicarle al inspector detalles acerca de nuestro plan de vuelo y demostrarle que conocemos bien el manual y las características de la avioneta que vamos a usar. En la segunda parte del examen nos subimos a la avioneta y demostramos nuestra habilidad para hacer todas las maniobras que teníamos que haber aprendido. Para esta parte del examen, sí sabe qué es lo que espera de nosotros, y tenemos que estar listos para poder volar la avioneta dentro de ciertos parámetros establecidos. Hacía más de un mes que estaba preparándome para esto, así que pensé estar listo para todas las maniobras.

La noche antes del examen final, me hablaron de la escuela para avisarme que me faltaba hacer un cierto tipo de vuelo de 1.8 horas para poder tomar el examen final. Así que, temprano en la mañana me levanté y salí para el aeropuerto. Tomé una de las avionetas chiquitas (un Cessna 152) porque era más lenta (para poder hacer más tiempo) y me lancé en un vuelo para llenar el requisito. Todo el vuelo fui revisando lo que tenía que saber para el examen. Era un día emocionante para mí.

Cuando llegó el examinador de la FAA, nos fuimos a un pequeño cuarto que estaba en el hangar de la escuela. Ahí comenzó a preguntarme de todo. Con el manual del reglamento de la FAA en la mano, sacaba al azar cualquier tema y me pedía que se lo explicara. Por más de dos horas contesté sus preguntas. Después, cerró el libro, me preguntó sobre nuestro plan de vuelo y de la avioneta que usaríamos para el examen. De ahí, me indicó que fuera a preparar la avioneta para el vuelo. Había pasado la segunda etapa de la prueba. Mi estomago estaba contorsionado y en ocasiones me temblaban las manos. Hacía años que no estudiaba y me había olvidado lo que es un examen final.

Cuando se acercó el inspector a la avioneta, me dijo que era importante que yo supiera que si él tuviera que tomar control de la avioneta porque estuviésemos en peligro, el examen estaba reprobado automáticamente. También, me hizo entender que el responsable del vuelo era yo. Cualquier cosa que le pasara a la avioneta o a su persona era mi responsabilidad. En otras palabras, este hombre se lavó las manos de todo. Continuamos con el examen y le mostré todo lo que estaba haciendo para alistar la avioneta para el vuelo.

Cuando subimos, nos pusimos los cinturones de seguridad y comencé a explicarle todos los procedimientos necesarios antes de empezar un vuelo. Revisé el tablero, cada instrumento (con la lista de chequeo en la mano, por supuesto), explicándole al examinador todo lo que estaba haciendo. Nuestro plan de vuelo esa tarde era ir a Corpus Christi. En un examen, nunca se llega al destino final, pero el inspector necesita revisar la metodología del alumno con respecto a navegación y preparación del viaje. Sabía esto y tenía todo muy bien preparado, según yo creía.

El método que el inspector me dijo que tenía que usar para el vuelo ese día, tiene que ver con tener puntos de referencia en el mapa que nos indican que estamos en el rumbo correcto. Es decir, escojo una carretera, una torre de radio, un río, algún pueblito u otra cosa que esté señalado en el mapa, y de acuerdo a la velocidad que estoy desarrollando, puedo saber que me tardaré "x" minutos para llegar a "x" lugar. Al llegar a esos lugares, que yo escogí de antemano, le indico al examinador dónde estamos de acuerdo al mapa y después le muestro físicamente el punto de referencia que escogí. Él entonces revisa mi bitácora de vuelo y revisa nuestro progreso real, contra el progreso proyectado en el plan de vuelo para verificar si sé lo que estoy haciendo o no. Así es como se desarrolla esa parte del examen.

En mi bitácora de vuelo, había escogido varios puntos de referencia muy buenos que estaban en nuestra ruta: Una carretera de cuatro carriles (fácil de encontrar) y un aeropuerto pequeño (fácil de localizar). Hasta ese momento en mi breve carrera de piloto, nunca me había perdido. De hecho, la parte que más disfrutaba de mis vuelos era que mis cálculos siempre estaban exactos. Nunca me había fallado ninguno de ellos. ¡Extraordinario! Hasta ahora . . .

¡MANOS AL TIMÓN!

Todo comenzó bien. Luego de despegar, dirigí la avioneta (un Cessna 172) en la dirección adecuada para llevarnos a Corpus Christi. Mi primer punto de referencia era fácil de encontrar. En menos de cuatro minutos lo habíamos localizado y ya estábamos a la altitud que me había designado el inspector. Todo marchaba bien hasta ese momento. No había hecho nada incorrecto. Estaba empezando a sentirme más cómodo. Ya tenía más de tres horas y media de haber conocido a este señor y me di cuenta que era normal y que no tenía que tenerle miedo. Me relajé un poco y pensé por dentro: "Esto es pan comido".

Mi segundo punto de referencia era un aeropuerto. Fácil de encontrar porque una pista de aterrizar se ve de lejos. Además, es una de las primeras cosas que, como pilotos, nos enseñan a localizar. Para esto, yo nunca había volado en esa dirección. Siempre mi maestro me había llevado en otra dirección. Estaba volando sobre terreno desconocido. "¿Cuál es el problema?", pensé. "Yo puedo con esto". Empecé a buscar el aeropuerto por todos lados. Vi algo que parecía una pista, pero al acercarme a ello, no era. De pronto, empieza a salirme sudor en la frente. Estoy buscando como loco mi segundo punto de referencia: el aeropuerto. No lo hallo. Lo movieron. No está por ningún lado . . .

Me puse más nervioso. En mi afán de encontrar el aeropuerto, estoy volando el avión como un borracho . . . por todos lados del aire. Primero a la derecha, después a la izquierda, invadiendo todos los carriles. Estoy en apuros . . . No lo encuentro. De acuerdo con la bitácora del vuelo, hacía más de dos minutos que debíamos haber pasado por ese aeropuerto. "¿DÓNDE ESTÁ?" Dos minutos en una avioneta que está cruzando a una velocidad de 110 nudos lo hacen a uno recorrer bastante terreno. ¡Nunca vi el aeropuerto! Técnicamente hablando: ¡Estábamos perdidos! ¡Nos habíamos perdido en el vuelo más importante de mi breve carrera de piloto!

El único sonido que había en esa cabina era el del motor. Quizá el latir de mi corazón se oía encima de eso, porque ahora sí que estaba en apuros. De pronto habló el inspector: "¿A dónde nos llevas? Toma control de esta aeronave y DIME lo que estás haciendo". Su regaño rompió mi tensión. Fue entonces que me dijo: "Es obvio que nunca viste el aeropuerto. Toma tu mapa, y de acuerdo a él, di dónde estamos". Miré afuera . . . observé el mapa y empecé a decirle: "Bueno . . . Ese río que se ve ahí . . . aquí está en el mapa. Ese pueblo que se ve ahí . . . aquí está en el mapa . . . Debido a ello" continué, "Estamos . . . AQUI . . .". Le mostré un punto en el mapa. Me dijo, "Muy bien. . . . haz un giro de 180 grados y vamos a hacer las maniobras".

Las maniobras me salieron muy bien. Había estado practicando mucho mis aterrizajes porque quería que estuvieran bien. Muchos pilotos pueden reprobar el examen en un mal aterrizaje. La lógica es sencilla: De qué le sirve a un piloto despegar bien, volar bien para llegar a su destino, aterrizar mal y matar a todos lo pasajeros. Así que, yo había pasado largas horas arriba del aeropuerto ensayando los aterrizajes.

Cuando las empecé a ejecutar, pude darme cuenta que el examinador estaba contento con mi trabajo y me indicó que nos regresáramos al hangar de la escuela. El vuelo había durado cerca de 2 horas. ¡Estaba exhausto!

Cuando me detuve en la rampa y apagué el motor, no estaba seguro cuál era la decisión del examinador. Había cometido un error grave al no encontrar ese aeropuerto. Muchos pilotos se matan por no saber dónde están. El Sr. Hall me dijo: "Nos perdiste. Eso es grave . . . Sin embargo, supiste encontrarnos de nuevo y decirme donde estábamos de acuerdo al mapa . . . Eso es bueno. Tus maniobras están bien. Tus aterrizajes son extraordinarios. De hecho, nunca he examinado a un alumno con la cantidad de horas que tienes, que aterrice tan bien como tú. Por todo eso . . . voy a darte la licencia. Necesitas trabajar en tu habilidad de navegar". Luego se bajó de la avioneta.

Mi sonrisa lo decía todo. Chuck, mi instructor, vio mi rostro y sabía cuál había sido el veredicto. Cuando el examinador sacó de su maletín el papelito blanco, sabíamos que era un hecho. Todos conocíamos el color del papelito para los que habían reprobado: color rosa. Al entregarme ese papel blanco con mis datos, nos tomamos una foto del recuerdo al lado de la avioneta. Ese papelito blanco fue la licencia que me aprobaba para seguir siendo alumno de la aviación. Es un estándar que he mantenido a través de estos años: soy alumno. Sigo aprendiendo. Tomando cursos. Preguntándole a otros pilotos y leyendo mucho material que me ayuda a ser un buen piloto. Lo tomo muy en serio ya que sé que es un instrumento, un regalo que Dios me dio para poder hacer un mejor trabajo para Él.

Refrigerio interior

El tiempo en Houston estaba llegando a su fin. Los planes para regresar a Durango estaban en marcha. Estaba emocionado de regresar. Siempre me ha gustado mi ciudad. A pesar de que no tiene muchas comodidades o que no es una ciudad grande y cosmopolita, había sido mi hogar toda mi vida. Tenía deseos de estar de nuevo con los alumnos de la escuela, y con los colaboradores en CanZion. Estaba con nuevos deseos de trabajar. Con el cuerpo descansado, sentía la mente despejada y estaba listo para entrar nuevamente en el ritmo de las cosas.

Houston había servido como un tiempo de refrigerio para el cuerpo y para nuestra familia. Pronto me daría cuenta que eso es sólo una parte del refrigerio que me hacía falta conocer. Había un refrigerio emocional y espiritual que aún no había aprendido a vivir. Esa es la jornada más larga aún. Esa es con la que sigo luchando hasta el día de hoy. Sin embargo, Dios movería ciertas circunstancias que me ayudarían a empezar a conocer el refrigerio interior.

Fue en Adoradores '96, otra vez en la Arena México, que grabamos *Venció*. Habíamos conocido este canto en un viaje que hicimos a Bolivia con nuestros queridos amigos Toto y Silvia. En su equipo de alabanza se encuentra un joven llamado Martín Guifre, que fue muy reconocido como cantante en el mundo, antes de conocer a Cristo. Martín fue quién compuso este canto.

La primera vez que lo escuché, supe que teníamos que presentarlo en toda América Latina. Cada vez que la cantaban en Bolivia, la gente se ponía de pie, gritaba la palabra "venció" como si estuvieran diciéndoselo al diablo en la cara. Era impactante. Le pedimos a Martín si nos daba permiso de grabarlo y aceptó.

Otro canto que habíamos escuchado era el "Aleluya/Amo a Cristo". En un viaje que hicimos a República Dominicana conocimos a un dinámico pastor llamado Rafael Montalvo. Él dirigió la alabanza en varias ocasiones en el evento que celebramos en Santo Domingo. Uno de los cantos que cantaban mucho era "Aleluya/Amo a Cristo". ¡Cómo se movían los hermanos! ¡Cómo alaban al Señor en la República Dominicana! Sabíamos que ese canto sería de bendición también en América Latina.

Un canto que Dios me había dado en una prueba de sonido en la ciudad de Chihuahua, en México era el de "Gracias".

Me has tomado en tus brazos
Y me has dado salvación
De tu amor has derramado en mi corazón
No sabré agradecerte
Lo que has hecho por mí
Sólo puedo darte ahora, mi canción.
Te doy Gracias . . . Gracias Señor.
Gracias mi Señor Jesús
Gracias . . . Muchas Gracias Señor
En la cruz diste Tu vida
Derramaste todo ahí
Vida eterna regalaste al morir

Por Tu sangre tengo entrada
Ante el trono celestial
Puedo entrar confiadamente, ante Ti . . .
Para darte las gracias . . .
© 1996 CanZion Producciones.

Así fue como una por una se fueron perfilando las canciones que quedarían en un nuevo proyecto "en vivo". La noche de la grabación éramos más de 18.000 personas en la Arena México. Recuerdo que esa noche, nos visitó una presencia poderosa del Espíritu. En el canto de "Gracias", no podíamos dejar de cantar. Lo cantamos una y otra vez. En lo que a mí respecta, estaba muy agradecido con Él porque estaba empezando a vivir de nuevo. Podía sentir de nuevo. Estaba empezando a gustarme lo que hacía, de nuevo. Qué rico se sentía eso.

Una de las parejas que Dios trajo a nuestro ministerio se llaman Alfonzo y Mercy Ortiz. Los había conocido en los viajes que habíamos hecho a Colombia. En cada oportunidad veía las habilidades que Alfonzo tenía para organizar eventos y movilizar gente, y le decía al Señor: "Cómo me gustaría tener una persona así en el ministerio". Mi sueño era contar con alguien "como" Alfonzo. Nunca me imaginé que Dios me daría el privilegio de recibirlo a él directamente.

Cuando visité Colombia en el mes de septiembre de ese año (1996), tuve un par de conversaciones con el pastor César Castellanos acerca de Alfonzo. Para mí, siempre ha sido importante contar con la bendición de los pastores, antes de recibir a cualquier persona en nuestro ministerio. El hermano César me dijo que lo pondrían en oración. El domingo de esa semana me dio su aprobación y me dijo que lo consideraban como una siembra en nuestro ministerio. ¡Gloria a Dios! Poco tiempo después, estábamos recibiendo en Durango a esta bella familia que ha sido de tanta bendición para nuestra vida. Trajeron una fresca dimensión a nuestro equipo de trabajo.

En diciembre de 1996, recibí unos mensajes de e-mails que me preocuparon. Uno de nuestros amigos del ministerio estaba sufriendo. Lo notaríamos a raíz de una serie de circunstancias, había dejado a su familia y las cosas no estaban bien. Intentamos hablar en muchas ocasiones pero no era posible localizarlo. Miriam y yo, de repente, nos encontrábamos frente a una tremenda realidad: Yo había tomado tiempo para descansar el cuerpo, pero nunca había buscado ayuda para saber porqué había llegado a esa condición. Cuando vimos cómo el enemigo destruye familias de ministros, llevándolos a hacer cosas que

afectan miles (quizá millones) de vidas, de pronto sentí la urgente necesidad de afirmar mi matrimonio y mi vida interior.

Lloramos mucho durante esos días. Esa situación nos llevó a tener
una búsqueda más profunda con el Señor. En muchas oportunidades en
las que Miriam y yo abrimos nuestro corazón el uno con el otro, hablando cosas que nunca antes habíamos dicho. Me enfrenté a la realidad de
algunas heridas que había cargado por años en mi corazón y que tenía
que llevarlas a los pies de Jesús. Me estaban causando mucho dolor.
Había cargado con esos bultos por más de 16 años. Lo que más me
impactó fue ver cómo esas heridas habían cobrado tanta fuerza en mi
vida al grado que me estaban haciendo pensar cosas muy tontas. Qué
sutil es el enemigo para encontrar la manera de buscar nuestra destruc-
ción. Al enfrentarme con el adulterio de un consiervo que habíamos
conocido de cerca, Dios me enfrentó con la necesidad que tenía de
arreglar algunas cosas ANTES que se convirtieran en algo peor. Así fue
como iniciamos el muy necesitado refrigerio interior.

REVELACIONES INESPERADAS

Todo enero, febrero y marzo del '97 fueron de intensa búsqueda del
Señor. Miriam y yo nos encerramos varios días para tener momentos de
comunión con el Espíritu Santo. Literalmente, comenzamos a experimentar un avivamiento espiritual. Una de las cosas que me "forzó" el
Espíritu Santo a hacer fue buscar hombres que estuvieran cerca de mí y
hacerme responsable ante ellos. Dios usó a Gerray West para tomar
acción en ciertas áreas que estaban desatendidas. También, Randall y
Melvin fueron dos hombres a quienes busqué para tener una mayor
responsabilidad. Mi pastor, David Bell y mi papá fueron personas a
quiénes acudí durante este tiempo para recibir de ellos consejo, amor y
apoyo. Qué increíble es encontrar que hay (y siempre hubo) gente alrededor de nosotros que nos ama a pesar de todas nuestras deficiencias. No
he parado de darle las gracias a Dios por estas amistades verdaderas que
me ha dado. Hombres que se paran en la brecha por uno.

Una de las revelaciones que tuve, a raíz de lo vivido en estos meses, fue
la tendencia que había desarrollado de aislarme de mis amigos. Creo que
es una de las trampas que Satanás nos tiende. Nos hace pensar que
realmente no le importamos a nadie. Nos hace creer que los demás están
demasiado ocupados para recibirnos. También, nos hace pensar que
nosotros estamos demasiado ocupados para recibir a nuestros amigos.

Este fue un gran crror que estaba empezando a notarse en mi vida.

Recuerdo que en los primeros años de mi ministerio, tomaba mucho tiempo para llamar a mis amigos, escribirles, mandarles postales. Hacía mucho tiempo que no me reunía con ellos. La excusa: "Estoy muy ocupado". Durante esos meses, empecé a llamar a mis amigos de nuevo. Quería quedarme en sus casas. Reafirmé mis amistades y permití que Dios usara este tiempo para realinear lealtades con algunos que habían sido íntimos. Qué bueno fue retomar amistades que habían quedado relegadas. Dios estaba trayendo el muy deseado refrigerio interior por medio de todo esto.

En el mcs de febrero de 1997, mis amigos Benjamín Rivera y Fernando Sosa se encontraban en la organización de una cruzada para Benny Hinn en la Ciudad de México. Miriam y yo decidimos asistir. Deseábamos únicamente estar sentados entre la gente y escuchar de Dios. Siempre he tenido el anhelo de Su presencia. Es interesante notar que aún durante los años más difíciles, que fueron del '93 al '96, nunca disminuyó el deseo de conocerlo, de buscarlo, de estar junto a Él. Siempre hubo un cántico de gratitud en mis labios para Él. Ahora, con lo que me estaba pasando en los primeros días de 1997, el hambre por Él creció en forma radical. Tenía muchos deseos de estar más y más en Su presencia.

No estoy seguro qué fue lo que pasó en la cruzada con Benny Hinn. Lo que sé es que Dios me tocó poderosamente. Cuando este hombre oró por mí, sentí en todo el cuerpo como rayos de electricidad que se paseaban por todo mi ser. Tuve una sensación de hormigueo que sentía en los brazos y en las piernas. Nunca me había ocurrido algo similar. De hecho, habiendo crecido en un ambiente un poco emocionalista, estaba algo renuente a este tipo de expresiones. Cuando el Señor nos sacó de mucho emocionalismo, creo que nos fuimos al otro extremo. Había visto cómo Dios hacía ese tipo de cosas y a pesar de que NO estaba opuesto, simplemente pensé que era algo que yo en lo particular no requería. Sin embargo, esas dos noches Dios hizo algo conmigo que nunca antes había hecho. Me tomó por sorpresa.

La segunda noche, después de la reunión, nos habían invitado a participar en una cena con el hermano Benny Hinn. Cuando me extendieron la invitación, estaba ansioso de conocerlo más de cerca. Él me había dicho, la primera noche, que conocía de nuestro ministerio y, de hecho, me invitó a tener una breve participación en esa cruzada en el Palacio de los Deportes en la Ciudad de México. Al terminar la reunión de la segunda noche, yo estaba tan tocado por el Señor que no podía estar de pie. Aclaro que nunca en mi vida he probado alcohol. No sé lo que es estar "borracho". Me dicen que todo da vueltas y que uno no puede enfocar bien con los ojos. Si esos son los síntomas, entonces estaba borracho.

Entre dos hermanos me cargaron al auto. Cuando subimos, nos llevaban a la casa donde sería la cena. Al transitar por las calles de la Ciudad de México, empecé a tener revelación y profecía. Dios me empezó a mostrar cosas que sucederían en poco tiempo. Me habló de mis hijos. Los únicos que estábamos en el vehículo éramos Miriam, yo, y los dos hombres que nos conducían. Ellos iban en la parte de adelante de la camioneta.

Al estar profetizando acerca de mis hijos, los dos estábamos llorando profundamente. Dios me estaba renovando las fuerzas. Estaba sanando muchas cosas que habían estado desatendidas en mi vida. Esa noche . . . Ese paseo en la Suburban sería uno de los hitos de gran importancia en nuestra vida y ministerio. En retrospectiva, puedo ver que era el inicio de muchas cosas que Dios sigue haciendo en nosotros.

Una nueva dimensión

No estoy seguro del momento exacto en que empezó a suceder. Estábamos desarrollando las noches de celebración como siempre lo hacíamos. Una Noche de Celebración con Marcos Witt normalmente tiene alabanza y cantos de regocijo al inicio, un pequeño mensaje de exhortación, cantos de adoración, seguidos de oración por distintas necesidades. Después de esto, entramos en un tiempo de guerra y tomamos autoridad sobre diferentes principados y potestades. Dios me ha dado una carga grande por la gente que vive con la enfermedad y el dolor. Oramos por ellos. Al finalizar el tiempo de guerra, casi siempre tomo la oportunidad para hacer una invitación a conocer a Cristo. Terminando de orar por los que aceptan a Jesús (las estadísticas de nuestros eventos revelan que un 25% de los presentes toman una decisión para Cristo), les comparto otra palabra breve y nos vamos a un tiempo de regocijo y celebración. Así terminamos. Todo el evento dura de 3 horas y media a 4 horas.

En ciertos lugares donde habíamos realizado la Noche de Celebración, algunas personas nos hacían comentarios de sanidades que habían experimentado durante el evento. Al principio eran pocos, pero después más y más nos decían de las cosas que Dios había hecho. En una ocasión, en la ciudad de Piedras Negras, al norte de México, comenzó a llover fuertemente después de la segunda alabanza. Estábamos en una plaza de toros al aire libre, y todos empezamos a buscar la manera de tapar los instrumentos, las bocinas y a nosotros mismos. Los hermanos seguían cantando y alabando al Señor. En un momento dado, empezamos a oír algunos gritar: "Cristo . . . Cristo" al unísono.

Después de irnos de la ciudad, nos llegó el testimonio: Había un hermano entre la gente que era ciego. Cuando empezó a llover, dice que se limpió el agua de los ojos y empezó a ver algo borroso. Cuanto más se limpiaba, más claro podía ver. Hasta que llegó un momento en que gritó "Puedo ver . . . Puedo ver . . ." Fue cuando la gente comenzó a gritar "Cristo . . . Cristo . . .". Milagros de esta naturaleza estaban ocurriendo en los eventos. Decidí que era importante dar tiempo en las noches de celebración para oír algunos testimonios de lo que Dios estaba haciendo.

En cada ciudad veíamos una nueva dimensión del poder de Dios en las reuniones. Literalmente, estábamos experimentando una nueva dimensión. Era algo por lo que teníamos mucho tiempo pidiéndole al Señor. Finalmente, nuestros ojos lo estaban viendo. Un patrón muy interesante que vimos en todas las noches de celebración, era la cantidad de milagros que tenían que ver con los ojos, tumores y pies. Un día, comentando sobre esto con Miriam, ella me hace la siguiente referencia: "Marcos, recuerda que todo lo que sucede en el plano natural es un reflejo de algo en lo espiritual. Creo que Dios está queriendo sanar los ojos de la Iglesia, removerle los tumores (de pecado, inseguridad, orgullo y muchas otras cosas), sanar sus pies para que puedan hacer un trabajo más eficaz en llevar las buenas nuevas del Evangelio a toda criatura". Cuando me lo habló, sentí que era un "rhema" del Espíritu. No me cabe duda que es una de las cosas que Él está haciendo en estos tiempos, antes de Su gloriosa venida. ¡Gloria a Dios!

Durante todo el año 1997 y 1998, las multitudes crecieron fuertemente en los eventos donde estábamos. Ahora, ni los estadios de fútbol más grandes de las naciones contienen la cantidad de cristianos que asisten a las noches de celebración. Durante 1997, asistieron cerca de 800.000 personas a los eventos donde ministramos. En 1998 más de un millón se presentaron a alguno de nuestros eventos. Cómo me impacta ver cuando llego a los estadios, las filas de personas queriendo entrar para alabar a Dios.

Muchas veces me han preguntado ¿Por qué viene tanta gente a un evento de Marcos Witt? Mi respuesta sincera es que creo que la gente sabe que en cada uno de nuestros eventos se va a levantar en alto al Señor. Hay hambre y sed de la presencia de Dios. Cualquiera que haya asistido a un evento nuestro se da cuenta que no son "espectaculares", al contrario, a veces pecamos de sencillos. Deberíamos hacer más para el Señor (Él se lo merece). Sin embargo, estoy seguro que la gente sabe que el propósito central de mi ministerio es que Él sea levantado en alto y que Sus enemigos huyan de Su presencia.

El Salmo 68 ha llegado a ser una de las columnas más importantes en nuestro ministerio:

Levántese Dios, Sean esparcidos sus enemigos. Huyan de Su presencia los que le aborrecen. Como es lanzado el humo los lanzarás. Como se derrite la cera delante del fuego, así perecerán los impíos delante de Dios. Más los justos se alegrarán; se gozarán delante de Dios, y saltarán de alegría.

Mi deseo siempre fue y sigue siendo que Él se levante. Al hacerlo, todos SUS enemigos (que nunca olvidemos que no son NUESTROS enemigos), huirán de Su presencia. La enfermedad . . . huirá. El dolor . . . huirá. El gemir y la tristeza . . . huirán. Todos los enemigos del Señor . . . Huirán. ¡¡¡AMEN!!!

Es por eso que los justos podemos saltar y gozarnos en el Dios de nuestra salvación. Una nota interesante es ver la cantidad de personas que aceptan a Jesús como su Señor es nuestros eventos. Reconozco que muchos de los que pasan para hacer la oración lo están haciendo por segunda o quizá tercera vez, consolidando su compromiso con el Señorío de Cristo. Sin embargo, del 25% que toman la decisión, aproximádamente un 10% lo hacen por primera vez. Esto es extraordinario. Muchos me preguntan porqué se da este fenómeno. La razón es sencilla. Dijo Jesús que si Él fuese levantado sobre la tierra, traería a los hombres a Él. Lo que nosotros tenemos que hacer es levantarlo a Él. Él se encarga de traer los hombres a Sus pies.

Mientras tenga aliento, mientras tenga fuerzas esto es lo que haré por el resto de mi vida. Levantar al Señor en medio de las naciones y dejar que Sus enemigos huyan de Su presencia.

En agosto de 1998 yo tenía 36 años.

APLICACIÓN PERSONAL

51. Juan Romero compartió con Marcos unas palabras muy emotivas. Es triste pensar que muchas veces nos olvidamos de aquellos que han ido antes de nosotros y que nos han preparado el camino. No permitas que ese sea tu caso. No esperes a mañana para honrar a los que se lo merecen.

52. Juan y Ruth Salinas ayudaron a Marcos y Miriam cuando ellos más lo necesitaban. La casa de los Salinas se convirtió en un lugar de descanso y refugio para la familia Witt. ¿Es tu casa un lugar de descanso y refugio?

53. A través de las circunstancias de un amigo en el ministerio que había cometido adulterio y dejado a su familia, Marcos y Miriam se enfrentaron a una realidad: Habían tomado el tiempo para descansar el cuerpo, pero Marcos nunca había buscado ayuda para saber porqué había llegado a esa condición. Como resultado él se enfrentó a la realidad de algunas heridas que había cargado por más de 16 años. Marcos reconoció que tenía que arreglar las cosas *antes* que se convirtieran en algo peor. Todos debemos aprender a buscar las razones y las causas de nuestras heridas – sólo así podremos tratarlas adecuadamente y recibir la sanidad completa.

54. Marcos tuvo un encuentro muy grande con el Señor que eventualmente trajo una nueva dimensión a su ministerio. Finalmente, las heridas eran sanadas – no sólo en el corazón de Marcos, pero en el cuerpo y alma de las personas que asistían (y asisten) a las Noches de Celebración. El proceso de llegar a este punto muchas veces es difícil y doloroso, sin embargo Dios es fiel a Su promesa. No retrocedas cuando las cosas se hacen difíciles y dolorosas: Tu sanidad y el cumplimiento de Sus promesas te esperan.

Mi familia a finales de 1999. De izquierda a
derecha: Kristofer, Jonathan, Miriam, yo,
Carlos y Elena.

Epílogo

Pensamientos finales

ace más de un año y medio que comencé a escribir este proyecto. Muchas cosas han sucedido desde esa noche de agosto de 1998 que menciono en la introducción de este libro. En ese tiempo hemos visto cosas grandes y poderosas.

El 14 de octubre de 1999 viví la emoción de ver el Estadio Azteca colmado por más de 90.000 hermanos mexicanos proclamando a Jesús como Señor de nuestro querido México. Día histórico sin lugar a dudas.

El proyecto que grabamos la noche de agosto de 1998: *Enciende una Luz*, se convirtió en el álbum de mayor venta en la historia de mi ministerio.

En 1999 ministramos a más de 1.380.000 personas. Continuamos viendo señales y milagros en las noches de celebración.

Compramos un terreno y un edificio para el CCDMAC (Centro de Capacitaciones y Dinámicas Musicales) en México, y otro edificio en la ciudad de Buenos Aires para el CCDMAC en Argentina. Nuestro sueño es tener un CCDMAC en cada nación de América Latina.

Iniciamos la Convocatoria Internacional de Adoradores, en conjunto con el Congreso Adoradores. También comenzamos un nuevo programa de televisión. Grabamos un nuevo proyecto en Jerusalén, Israel y otro en el Estadio Azteca. Las invitaciones que llegan del mundo entero crecen cada día, lo interesante es que ahora no provienen sólo de países de habla hispana sino de cada continente en el mundo. Tantas cosas han sucedido en este año y medio desde que comencé a escribir este libro.

Al llegar a la culminación del escrito de esta primera parte de mi vida y ministerio, hay algunas cosas que quisiera mencionar para invitarlos a la reflexión. No puedo cerrar estas páginas sin expresar algunas de las que el Espíritu Santo quiere que declare. Las someto a su consideración con humildad, reconociendo que soy sólo una pequeña voz dentro del Cuerpo de Cristo.

Tardé más en escribir esta última parte que el resto de los capítulos porque quiero estar seguro que lo hago con delicadeza, elegancia y respeto. No me cabe la menor duda que el Cuerpo de Cristo en América Latina será quien recibe uno de los moveres más grandes que hayamos conocido. Estoy emocionado por el privilegio que Dios me dio de ser parte de la formación de la futura generación de líderes. Ellos verán que América Latina será un fuerte impulsor de este gran evangelio de Jesucristo.

Inicialmente, quiero asegurarle que esta es sólo la primera parte de la historia de mi vida y ministerio. Mientras escribo estas líneas sólo tengo 37 años y creo que lo mejor que el Señor tiene para mi vida está por venir.

Anhelo continuar sirviendo a Dios. Además, a lo largo de estos años, aprendí cosas acerca de mi Señor que cambiaron mi vida para siempre. Me di cuenta que al inicio de mi caminar con Él, en mi mente existían conceptos equivocados acerca de quién es Él y de lo que Él piensa y espera de mí. Con el paso de los años, Dios cambió muchos de esos conceptos y puso en su lugar otra manera de pensar. De hecho, así debe ser nuestro caminar con el Señor, aprender cada día lo que es vivir a Su lado.

Anhelo también tener siempre un corazón abierto para recibir los cambios que Él quiera enseñarme, porque estoy seguro que mañana me esperan retos y desafíos que nunca imaginé vivir. Mi deseo es poder tener la habilidad de dejarme moldear en todas esas circunstancias, para llegar a ser como Él es.

El Señor me dio la oportunidad de observar lo que está haciendo en América Latina. Cada año viajo a 16 países del continente americano, participo en muchísimos eventos, convivo con los principales líderes del mover cristiano, y tuve el privilegio que pocos tienen, vi de cerca lo que el Señor hace en todo el continente.

Del mismo modo pude observar muchas cosas en nuestra mentalidad de cristianos latinos, que necesitamos cambiar. Conceptos erróneos acerca del mover de Dios, del Cuerpo de Cristo y de la obra del Señor. No podría terminar este libro sin abrir mi corazón un poco más y considerar junto a usted algunos de estos temas.

Es imprescindible, para ser usados por el Señor, que abramos el corazón y permitamos que Él cambie nuestra manera de pensar. Lo que quiero escribir a continuación, lo hago sabiendo muy bien que me expongo a ser mal interpretado. Sin embargo, no lo escribo irresponsablemente sino sabiendo que el Señor puede usar mis palabras y los acontecimientos de algunas experiencias personales para moldear el pensamiento de los actuales y futuros líderes de Su Cuerpo en América Latina.

Algunas de las experiencias a las que haré referencia son dolorosas y penosas. Pero me pregunto: ¿De qué me hubiera servido vivir esas experiencias si no hubiera aprendido la lección que, a través de ellas, el Espíritu Santo quería enseñarme? ¿De qué me sirve ser parte de lo que veo en América Latina si no aprendo de ello? Todo tiene un propósito y uno de ellos es permitir que el Alfarero nos moldee, que nos cambie a Su imagen y semejanza.

Al abrir mi corazón en estos temas, lo hago sin una onza de alarmismo. De hecho, no soy alarmista. Estoy seguro de muy pocas cosas pero ésta es una de ellas, el Señor está firmemente sentado sobre Su trono y reina con poder y autoridad. No hay razón para alarmarnos sino que debemos confiar absolutamente en Él para que nos guíe a toda verdad y justicia.

Si algo escribo como palabra de precaución es para que el Señor nos despierte, en un sentir profético, a la necesidad que tiene el liderazgo en América Latina. Nosotros tenemos que cambiar el rumbo equivocado de ciertos conceptos. Lo hago con temor y temblor, y espero que el Señor encuentre en mí el primer corazón dispuesto a fluir con Su Espíritu.

EL "SUPERHOMBRE"

El primer concepto sumamente equivocado que hay en América Latina es el pensar que el hombre (o la mujer) de Dios es algún tipo de "superhombre" espiritual. Un ser que no comete errores, que no tiene problemas y que posee las respuestas a todas las dificultades de la gente. Es un hombre a quien "Dios sí oye" y a quien no se puede afrontar ni discutir. Es un hombre al que la gente pone en tan alta estima que, en ocasiones rebasa el límite del respeto y llega a rozar muy de cerca la idolatría.

¿Cuántas veces la gente pide que oremos por ella diciéndonos: "Pastor, pídale al Señor por mí porque a usted Dios lo oye"? Es fácil entender de dónde vino esta mentalidad, pero resulta imposible comprender porqué no trabajamos más arduamente en erradicarla. ¿Será porque apela a nuestro ego? ¿Será que nos hace sentir importantes y muy espirituales? ¿No sería mejor que tomáramos el tiempo para enseñarle a la gente que Dios no hace acepción de personas y que su oído está puesto para escuchar a cada uno? ¿No cree que esto formaría hombres y mujeres que dependan absolutamente de Dios y no de los hombres?

¿Por qué será que estamos tan preocupados en que la gente no sepa que tenemos problemas igual que ellos? ¿Pensamos que esto mina nuestra autoridad? ¿Creemos que cuando sepan que somos gente "normal" como ellos, nos van a menospreciar o abandonar?

La experiencia muestra todo lo contrario. Cuando la gente que nos sigue se da cuenta que luchamos igual que ellos, encuentra un punto de identificación entre ambos. Cuando saben que estamos pasando por batallas igual que ellos, nos admiran más. Toman fe y esperanza porque se dan cuenta que no están solos en su lucha.

Una vez le comenté a mi equipo de trabajo las luchas que estaba teniendo con la depresión. Al finalizar la reunión, uno de ellos, que había mantenido por años batallas muy importantes en su vida, se acercó para abrazarme y decirme que al oír que yo también batallaba, su espíritu de lucha había regresado. Tenía ganas de seguir luchando por su propia vida.

Al compartir esas experiencias con mis seguidores, en lugar de alejarlos, los acerqué. Entre más abierto fui con ellos, más fuerte se estrecharon los lazos del compromiso y del amor.

¡No existen los "superhombres"! En cada hombre o mujer que piensa ser uno, puedo mostrarle una persona que tiene muchas inseguridades y que, sin duda, está batallando en sus fuerzas para mantener la imagen de ser el "Súper héroe espiritual".

El cristiano que trata de presentar un cristianismo sin problemas y sin luchas no conoce las pruebas que atravesó el apóstol Pablo. Está viviendo un cristianismo extraño. Mi experiencia es que todos esos "súper héroes espirituales", tarde o temprano terminan expuestos y tristemente, todo mundo se da cuenta de los errores de los líderes cristianos. Si tan solamente hubieran entendido que sólo somos vasos de barro en las manos del Alfarero.

Una de las tristezas más grandes que tengo al pensar en este problema es que somos tantos los líderes que privadamente atravesamos luchas. Intentamos llevar nuestro problema a solas sin que nadie se dé cuenta, porque tenemos una "imagen" que sostener ante los demás. Si tan sólo pudiéramos sincerarnos y dejar que otros nos ayuden a llevar la carga. Ese es el trabajo del verdadero Cuerpo de Cristo, llevar las cargas los unos con los otros. No tenemos que llevarlas solos. El Señor ya hizo todo para que no tengamos que cargar con esos bultos. Si tan sólo pudiéramos comprender que no somos "superhombres espirituales".

<h3 style="text-align:center">¿RESPETO O IDOLATRÍA?</h3>

Muchos de los que servimos en el Reino nunca imaginamos que el Señor haría tantas cosas con nuestra vida. Cuando eso sucede, nos sorprendemos con la respuesta de mucha gente. No esperamos tanto respeto y admiración de aquellos que nos siguen.

Puedo recordar el lugar, la ocasión y hasta la persona que me pidió un autógrafo la primera vez en toda mi vida. ¡Qué sorpresa! Tuve que preguntarle dos veces qué era lo que me pedía porque mis oídos no creían lo que habían oído.

Después de ese primer autógrafo, firmé cientos de miles más y cada uno cobra menos significado. ¿Por qué lo digo de esa manera? Porque cuando veo cómo la gente se empuja, se enoja, se grita, se jalan el cabello faltándose al respeto sólo por la firma de un hombre, imperfecto y mortal, me pregunto si ya no se ha cruzado la línea que define la palabra "respeto" y se ha ingresado al país de la "idolatría".

Cada vez que veo esto me entristece de tal manera que no tengo deseos de estar con los que me piden autógrafos porque dudo seriamente de sus motivaciones. Prefiero, mil veces, pasar tiempo orando con las personas, ministrando a sus necesidades. Muchas veces aquellos que buscan el autógrafo empujan, gritan e interrumpen el tiempo de ministración.

¿Por qué me refiero a esta experiencia personal como desagradable? Porque creo que es un indicador del porqué existe en América Latina la mentalidad del "súperhombre espiritual". La gente necesita que le enseñemos que no podemos darle la gloria a nadie mas que al Señor Jesús. Si los que lideramos permitimos esa idolatría y no enseñamos sobre ello, seremos culpables de promover la idolatría en nuestro medio. Personalmente vi cómo algunos líderes reciben la gloria para sí. Les gusta, y no hacen nada para detener esa situación.

En una ocasión, mientras estaba en la plataforma de cierto país, la gente empezó a darle gloria a un hombre. En ese momento sentí que se me hacía un nudo en el estómago y me sentí mareado. Cerré los ojos y le pedí al Señor que nos ayudara a enseñarle a la gente a no darle gloria a los hombres. También le pedí por el hombre que estaba recibiendo esa gloria, diciéndole: "Señor no mires su pecado". Creo que él ni siquiera se dio cuenta de lo que acontecía, porque estaba acostumbrado a recibir esas aclamaciones.

Le pido al Señor que abra nuestros ojos y nos ayude a entender cuál es el límite del respeto. Ojalá el respeto de la gente fuera tan sano y tan correcto como para trabajar juntos en la edificación del Reino del Señor.

Cuando las personas se puedan dar cuenta que no hay superhombres en la obra de Dios, más y más gente se levantará para trabajar en la edificación del Reino. Mientras exista la mentalidad del Súper héroe espiritual, muchos ni siquiera intentarán hacer algo para el Señor, porque saben que no llenan los requisitos. Entra en ellos la apatía y cuando menos lo piensan, ya ni sirven al Señor. Por eso y muchas razones más, es imprescindible que erradiquemos esas mentalidades incorrectas del Reino.

El "éxito"

En la actualidad se enfatiza mucho el éxito, que se define por la cantidad de personas a quiénes uno ministra o cuántos seguidores tiene un ministerio. Todo eso acarrea consecuencias serias.

Resultado número uno: Una fe por obras. En algunos círculos, el cristiano no alcanza cierta "altura", por así decirlo, hasta que no obtuvo cierto "éxito" ganado de acuerdo a la cantidad de personas que le siguen. Por lo tanto, ellos creen que si la persona aún no ha logrado trabajar con un gran grupo de seguidores, no será recibido en el círculo exclusivista del "éxito".

Trabajan incansablemente PARA el Señor, tanto que se olvidan DEL Señor. La ética de trabajo ministerial que tenemos en el cristianismo nos lleva al cansancio extremo, en lugar de elevarnos al descanso del Señor. Se nos ha dicho por tanto tiempo que los que tienen más éxito son aquellos que tienen en las agendas más compromisos y mayor cantidad de ocupaciones. Si nos sigue mucha gente, tenemos éxito. Si nos sigue poca gente, tenemos que trabajar más para obtener el éxito que "agrada al Señor".

Semanalmente asistimos a eventos que se organizan con el fin específico de ver cómo podemos obtener más éxito en el ministerio. Si la motivación es correcta, esta clase de evento nos convierte en obreros más capaces y aptos para la obra del ministerio. Sin embargo, en muchísimas instancias, las motivaciones no son correctas y los asistentes se van de esos eventos sintiendo que están inactivos en el Reino porque les pusieron en la plataforma a un "Superhombre" que está haciendo "esto o aquello" y "si no estamos haciéndolo igual que él, entonces, somos unos fracasados".

Estas son "mentalidades peligrosas". En lugar de motivar a nuestros seguidores a trabajar por AMOR AL SEÑOR, les enseñamos a trabajar por amor al supuesto éxito y reconocimiento que pueden obtener por la cantidad de seguidores.

Conozco hombres y mujeres que se alejaron de esos eventos porque se dieron cuenta que no son los "Súper héroes" que les modelaron.

Resultado número dos: El énfasis puesto en el éxito concluye con una cantidad extraordinaria de ministros sumamente cansados en la obra del Señor, pero que continúan tratando de hacer más, para alcanzar el "éxito" y reconocimiento de los hombres.

El Señor nos enseña que debemos llevar Su yugo, porque Su carga es ligera. Sin embargo, pusimos yugos y cargas sobre nuestros hombros que no tienen nada que ver con el llamado que el Señor nos hizo.

Vivimos exhaustos, tratando de colmar las expectativas de aquellos que tienen alguna "norma" de lo que significa el "éxito". Es triste "valorar" a un hombre o a una mujer según lo que ha hecho para el Señor, en lugar de valorarlos sólo porque son nuestros hermanos en la fe. Estamos programados para estimar a la gente de acuerdo a sus logros, en lugar de valorarlos por quiénes son.

El Señor desea que entendamos que el verdadero significado de la palabra "éxito" es hacer la voluntad de Dios para nuestra vida. Conozco tantos hombres en América Latina que cumplen con la voluntad de Dios para sus vidas pero que nunca aparecerán en la tapa de alguna revista o en la primera plana de un periódico. El hecho que no sean conocidos internacionalmente no los hace menos destacados para la obra del Reino. De hecho, quizá sean hasta más importantes.

¡Qué bueno que hay hombres y mujeres en el Reino que cumplen con el llamado de Dios para sus vidas sin necesitar el reconocimiento de nadie!

Espero que esta tendencia crezca más, que los que estamos en una posición de alta visibilidad en el ministerio sepamos reconocer a los que están cumpliendo con sus labores, sin poner sobre ellos alguna "expectativa" humana sobre lo que es el éxito.

Espero que podamos comunicar corréctamente que nadie es indispensable en el Reino y que todos tenemos luchas y desafíos en nuestra vida personal. Si no fuera por la gracia de Dios en nuestra vida, nunca lograríamos lo que estamos haciendo.

Espero que sea algo que, más que hablarlo, lo vivamos. Conocí a muchos que dicen que "es por la gracia de Dios", pero sus hechos dicen que creen que es el resultado de su "superhabilidad" espiritual. Esta inconsistencia se nota de lejos. Es tiempo que cambie.

LECCIONES APRENDIDAS

LA GRACIA DE DIOS

Más o menos por el año 1995, comencé a tener conocimiento del significado de la gracia de Dios. Me di cuenta que Él había escogido usarme, y que no era yo quien había escogido ser usado por Él. De hecho, Él sabía todos los problemas que yo le traería con mis inconsistencias y mis inhabilidades, sin embargo, me escogió a pesar de eso. ¡Qué grande es Dios!

Aún no entiendo cómo es que sabiendo que yo le fallaría en muchas ocasiones, Dios decidió en Su gracia infinita, usar un vaso tan imperfecto como yo. La respuesta se encuentra en el conocimiento de Su favor inmerecido.

¿Cuándo quitaremos de nuestra cabeza la idea de que no somos nada?

¿Cuándo entenderemos que Él no nos escoge por algo que hayamos hecho?

¿Cuándo comprenderemos que Él escogió a lo necio, lo vil, lo débil, lo menospreciado y lo que no es?

Si existe alguna razón del porqué me usa es porque entro en una de las categorías arriba mencionadas. No hay ninguna otra razón.

Mucho de lo que me sucedió durante los años que viví con depresiones constantes, nunca podré entenderlo. Incluso he dejado de intentar comprenderlo. Además, mientras escribo estas líneas, hay luchas que sigo teniendo, ayuda que sigo necesitando.

¿Cuándo llegaré al fin de ello? Cuando estemos todos alrededor del trono eterno, porque dice en el libro de Apocalipsis que recién entonces se acabarán las lágrimas y las tristezas. Mientras continuemos aquí, seguiremos necesitando Su gracia, Su amor y Su buena voluntad para con nosotros.

Este conocimiento debería llevarnos a buscar Su rostro aún más cada día. Igualmente, debería ayudarnos a entender que sin Él, NADA podemos hacer. Todo lo que somos, todo lo que hacemos se lo debemos única y exclusivamente a Él.

Mucho se ha escrito acerca de vivir bajo la gracia. No tengo necesidad de volver a repetir cosas que se supone ya sabemos. Sin embargo, aún nos hace falta entender lo que escribió el apóstol Pablo: *"Bástate mi gracia; porque mi poder se perfecciona en la debilidad"* (2 Corintios 12:9). El Señor quiere que aprendamos que en nuestra debilidad, Él se hace fuerte.

Durante los años que luché tan severamente en contra de tempestades imponentes en mi vida, comprobé lo que es la gracia extraordinaria de mi Dios. En realidad estoy empezando a conocer lo que es recibir SUS fuerzas en mi debilidad.

EL DESCANSO DEL SEÑOR

El pecado más grande que cometí en mi vida fue el de no haber vivido en el descanso del Señor. Construí un estilo de vida donde traté de solucionar todo con mis propias fuerzas y a mi manera, en lugar de dejar que el Señor se encargara de las cosas. No fue hasta que tuve que atravesar por esas tremendas tormentas, que empecé a darme cuenta que tenía que aprender a descansar en el Señor.

Continúa siendo la lección más difícil para mí. Hasta el día de hoy no he superado el deseo de estar siempre queriendo trabajar. Soy un adicto al trabajo. Me gusta la actividad. Para gente como yo, es casi imposible detener todo y tomar tiempo para estar en el reposo del Señor. Sin embargo, sin ese descanso haremos muchas cosas dentro de nuestras propias fuerzas. No oiremos con claridad la voz del Señor en nuestra vida.

No requiere mucho discernimiento el ver que existe un activismo extraordinario en toda América Latina. El Cuerpo de Cristo está más ocupado que nunca. Tenemos programas, planes, eventos y congresos. Cada uno demanda nuestra atención, dinero y esfuerzo.

Es importante que el Cuerpo de Cristo tome el terreno que nunca antes pensó alcanzar. Sin embargo, no debemos caer en el error en el que cayó Marta: "Marta, Marta . . . afanada y turbada estás con muchas cosas. Pero sólo una es NECESARIA" *[énfasis del autor]*.

Jesús nos enseña que lo único indispensable es estar sentado a Sus pies aprendiendo de Él. No es que lo demás no sea bueno ni digno de admiración, sólo que no es indispensable. Lo único que no podemos sacrificar es el tiempo que pasamos sentados a Sus pies aprendiendo a ESTAR con Él. Esto es lo que escogió María y es lo que deberíamos escoger nosotros también.

Sinceramente, no me siento capaz de escribir más sobre este tema porque es algo que aún estoy aplicando a mi propia vida. Mientras escribo de esto, estoy intentando, con todas mis fuerzas, de implementar la lección en mi diario vivir.

EL PRECIO

En muchas ocasiones he pensado en el precio que pagué para estar en el ministerio. Ciertamente, nos hablaron de que el precio sería alto. Nos dijeron que tendríamos que rendir todo. Al haber crecido en una familia ministerial, seguramente sabía que había un precio. Sin embargo, hasta que no se vive no se comprende qué tan alto será.

Oí cómo muchos se lamentaban del precio tan elevado que significa estar en el ministerio. En ocasiones pensé que simplemente estaban lloriqueando. Lo que ahora sé es muy básico: Sí, el precio que pagué ha sido alto, pero nada comparado al que Él pagó por mí.

A veces me avergüenza pensar en el alto precio, cuando lo comparo con el hecho que Jesús dio Su vida por mí. ¿Qué podría dar yo que se compare a eso? Aún así, no entendía que el precio a pagar para estar donde estoy, sería altísimo, pero no tiene valor alguno cuando veo todo lo que Él ha dado para que yo esté donde estoy.

Nuevamente entonces, Él tiene que llevarse TODO el crédito y TODA la gloria. Sin lugar a dudas, lo poco que he pagado se compara a centavitos cuando veo todo lo que Él dio.

Por lo tanto, mientras tenga vida, mientras tenga aliento, seguiré levantando Su nombre entre las naciones. Anunciando las buenas nuevas de Jesús.

Seguiré motivando a mis hermanos en la fe a que se levanten para llevar estas buenas noticias a todos los rincones de la tierra.

Seguiré haciendo lo que sea necesario para levantar al Señor y que Sus enemigos huyan delante de Su presencia.

Seguiré encendiendo esa luz que Él puso dentro de mí hace muchos años.

Quiero que SU LUZ brille en todos lados a donde Él me lleve.
Este es mi deseo.
Es enero del año 2000. Tengo 37 años.

Apéndice

¿Cómo me puedo involucrar?
por Jerry D. Witt, Jr.

sta es la pregunta que muchos me hacen. Obviamente, cada candidato/a quien pregunta esto tiene una serie de "situaciones" personales muy únicas, por lo que no es posible tener una "fórmula" secreta perfecta para todos. Pero sí, se pueden sugerir algunas cosas generales para todos nosotros.

1. *Oración:* Sin restar importancia a la necesidad de oración en el Espíritu y Su guianza en ella, quisiera animar a todo cristiano a educarse en cuanto a lo que esté orando. O sea, que su oración no sea limitada por su falta de conocimiento. Hay muchos recursos disponibles (especialmente en inglés) para poder saber como orar por los musulmanes, los hindúes, transculturalmente según la raza, por nuestra nación, los medios de comunicación, etc. Tampoco quiere decir que nuestras oraciones sean *dictadas* por las circunstancias que nos rodean o se encuentran a la mano en la prensa, pero sí que hagamos un esfuerzo por "conocer" los lugares, las gentes, las situaciones por los cuales estamos orando. Primero, sugiero que se haga estudio del tema por el que está intercediendo (la etnia, el país, estadística, y cultura). Sobre este punto, es muy importante punto #3 de este estudio. Luego explico. Segundo, adquiera suscripciones adecuadas a los mismos (*Oremos por México, IPI, Vida Cristiana, Buenas Nuevas, Milamex,* entre otros).

2. *Ofrendas:* Esta es una ordenanza al cual pocos son realmente obedientes. De hecho, creo que ésta participación es la que se le hace más difícil a la mayoría de los seguidores de Cristo. Sin embargo, le recuerdo a todo cristiano el ¡DONATIVO DE JESÚS! ¡QUÉ REGALO, GRATUITO, TAN GRANDE! Todo por amor. Si examinamos II Corintios 8:1-15, nos daremos cuenta de dos cosas en las que exhorta el apóstol a los creyentes en Corinto en cuanto a la ofrenda: 1) la prueba del amor y 2) el cumplimiento de sus promesas. No los acusa ni obliga el apóstol, sino sencillamente les recuerda de su promesa hecha, y los reta a "comprobar" la sinceridad de su amor con sus dádivas. ¿Buena lección para nosotros, verdad?

3. *Viaje Transcultural:* Generalmente, se consideran tres términos de viaje misionero: A) Plazo corto – 1 a 8 semanas. B) Plazo medio – 2 a 12 meses. C) Plazo largo – 1 o más años. Hoy, gozamos de tantas agencias misioneras/transculturales los cuales constantemente están "reclutando" ayuda y voluntarios para sus viajes y actividades. Además, la facilidad y economía de viajar en nuestra generación nos obliga a considerar este punto. Algunos de los que conocemos son: operación movilización, juventud con una misión, halusa, terremoto juvenil Instituto Lingüístico de verano, huichol care, ID, Instituto Bíblico Antioquia, vida abundante de morelia, entre otros. Además, hay muchas iglesias e individuos a nivel nacional quienes están involucrados en hacer viajes a plazo corto y medio entre las etnias de nuestro país, así como a otros países. Además, nos encontramos rodeados de subculturas y grupos diferentes a nuestra cultura, simplemente porque vivimos en la generación más compleja (culturalmente hablando) de todas; esto por el transporte rápido y económico de la era moderna.

Resumen: Exhorto a usted considerar lo siguiente: ¡Todo cristiano tiene la capacidad de participar en los tres! Así es . . . en los tres. ¿Porqué creo esto? Porque he visto desde el más pobre (económicamente hablando) hasta el menos capacitado (en preparación académico escolar) cumplir con los tres. Muchas veces, hasta un indígena creyente quien vive en el bosque y sobrevive unas circunstancias extenuantes y difíciles frecuentemente nos pone la muestra de cómo obedecer nuestro Señor en las tres áreas examinadas. Entonces, ¿qué impide nuestra participación en estos también? He visto que lo que estorba más que cualquier otra cosa es **¡nuestras prioridades!** Es tan genuina tu participación en misiones, como lo sea tu pregunta.

¡Este material está cambiando el ministerio de los niños alreadedor del mundo!

Todo lo que usted necesita para dar 52 lecciones exitosas que cambiarán las vidas de sus estudiantes. Para edades 6-12. Cada tomo trimestral incluye:

- Trece lecciones interactivas
- Diez magníficas canciones infantiles de alabanza y adoración en cassette
- Once libretos de obras cortas
- Transparencias a todo color
- Trece ilustraciones de versículos bíblicos
- Puede usar este material en cualquier momento del año
- No se necesitan libros para estudiantes

En los Estados Unidos llame al
1-800-987-8432
Fuera de los EE.UU. (407) 333-7117
Órdenes por fax: (407) 333-7147

VC1999-017

Casa Creación

Presenta

*libros que edifican,
inspiran y fortalecen*

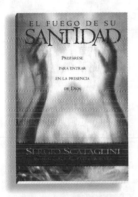

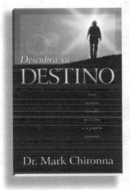

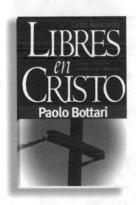

**CASA
CREACIÓN
ALIMENTANDO
SU ESPÍRITU**

www.vidacristiana.com

0233

Producciones Musicales
de Marcos Witt

Enciende Una Luz

Homenaje a Jesus

Venció

Es Navidad

Alabadle

Preparad el Camino

Lo Mejor de Marcos I

Lo Mejor de Marcos II

Lo Mejor de Instrumentales

Recordando

Tu y Yo

Proyecto AA

Poderoso

Adoremos

Cancion a Dios

Te Anhelo

Otras Producciones Disponibles

lo nuevo en CanZion Producciones

EDGAR ROCHA   **DANILO MONTERO**   **JORGE LOZANO**

Danza   Eres Todopoderoso   Omnipotente

PABLO CASILLAS   **ZONA 7**   "Lo Mejor de En Vivo"

Amigo   Como Me Ves   Colección Vol. 1,2,3

CanZion
PRODUCCIONES

CanZion Produccions 914 West Greens Rd., Houston, Texas 77067 Tel: 281 873 5080 Fax: 281 873 5084
CanZion Produccions México Apartado C-62 Durango, Dgo. 34241 México Tel: 18 172464 Fax: 18 180779

www.canzion.com